播音主持艺术入门训练手册
［第三版］

BOYIN ZHUCHI YISHU
RUMEN XUNLIAN
SHOUCE (DI-SANBAN)

仲梓源 ◎ 编著

中国传媒大学出版社
·北京·

第三版修订说明

《播音主持艺术入门训练手册》2009年出版,至今已十一年。十一年来,本书受到广大读者的关注和喜爱。很多读者反馈了使用本书的感受,提出了改进的建议。在此向广大读者表示衷心的感谢!

第三版主要做了如下更新:一是,替换部分时效性较强的稿件,主要是新闻练习稿件。二是,各章节均有局部增删和润色,使行文更加流畅,表述更加准确。三是,将CD换成二维码,方便读者用手机收听示范录音。

此次修订还会存在疏漏之处,恳请广大读者批评指正,以便下次修订时予以改进。

仲梓源

2020年6月26日于北京

第二版修订说明

承蒙读者厚爱,《播音主持艺术入门训练手册》从2009年出版至今,一直处于同类书籍销售排行榜前列,成为播音主持艺术类畅销教材。

许多读者向我反馈了阅读感受与学习体会,难能可贵的是大家提出了很多真知灼见和改进意见,这也是我修订此书的动力所在,在此向广大读者表示衷心的感谢!

本书的读者相当广泛,既有语言表达艺术相关专业的教师和学生,又有语言艺术爱好者和准备入行的学员,还有相当数量的希望提高口语表达能力的读者……总之,广大读者的学习热情和积极反馈让我倍感欣慰,也让我获得了继续前行的动力。

本书第二版的修订,在听取广大读者意见的基础上,结合实际情况和具体需求,在内容和篇幅上都进行了一些调整。另外,因为后来专门出版了《口头评述·模拟主持》,所以对本书第五章模拟主持的内容进行了精简,读者可以通过《口头评述·模拟主持》进行相关知识的学习和相关技能的训练。

希望广大读者继续给予批评指正,让我们更好地为大家服务!

仲梓源
2014年7月31日于北京

目 录

前 言 /1

第一章　语音发声 /1
第一节　语音 /1
　　一、声母 /1
　　二、韵母 /24
　　三、声调 /52
第二节　吐字 /64
　　一、吐字归音 /64
　　二、语流音变 /79
第三节　发声 /87
　　一、气息控制 /87
　　二、口腔控制 /90
　　三、共鸣控制 /91
　　四、声音弹性 /93
　　五、练声及嗓音保护 /94

第二章　表达基础 /97
第一节　准备稿件 /97
　　一、备稿六步 /98

　　　　二、示例分析 /100
　　　　三、实践练习 /105
　第二节　内部技巧 /114
　　　　一、要点概述 /115
　　　　二、示例分析 /119
　　　　三、实践练习 /131
　第三节　外部技巧 /141
　　　　一、要点概述 /141
　　　　二、示例分析 /144
　　　　三、实践练习 /163

第三章　有稿播读 /180
　第一节　诗歌朗诵 /180
　　　　一、要点概述 /181
　　　　二、示例分析 /183
　　　　三、实践练习 /191
　第二节　散文播读 /199
　　　　一、要点概述 /200
　　　　二、示例分析 /203
　　　　三、实践练习 /206
　第三节　寓言、童话、小说、戏剧 /211
　　　　一、要点概述 /212
　　　　二、示例分析 /214
　　　　三、实践练习 /223
　第四节　新闻播报 /234
　　　　一、要点概述 /234
　　　　二、示例分析 /236
　　　　三、实践练习 /240

第四章　口头评述　/251
第一节　即兴评述　/251
　　一、要点概述　/252
　　二、示例分析　/254
　　三、实践练习　/259

第二节　主题讨论　/261
　　一、要点概述　/261
　　二、示例分析　/263
　　三、实践练习　/266

第五章　模拟主持　/269
第一节　新闻节目　/269
　　一、要点概述　/269
　　二、示例分析　/271
　　三、实践练习　/273

第二节　社教节目　/274
　　一、要点概述　/275
　　二、示例分析　/276
　　三、实践练习　/278

第三节　文艺节目　/280
　　一、要点概述　/280
　　二、示例分析　/282
　　三、实践练习　/284

参考书目　/287

第1版后记　/288

音频目录

(注:文中铺灰的文字为示范朗读的内容)

01.声母	仲梓源、康 乐 /	3~21
02.韵母	仲梓源、康 乐 /	24~59
03.情景再现例一:一只巴掌拍响人生(片段)	彭舒阳 /	119
04.内在语例二:中国人失掉自信心了吗	仲梓源 /	122
05.对象感例四:狗猛酒酸	杨 璐 /	128
06.对象感例五:怎样吃苹果和糖果	康 乐 /	129
07.停顿例一:青蛙王子(片段)	杨 璐 /	144
停顿例三:新闻	康 乐 /	146
08.连接例五:哈利·波特(片段)	彭舒阳 /	147
连接例九:新闻	康 乐 /	149
09.重音例一:十二生肖的故事(片段)	杨 璐 /	150
重音例四:皇帝的新装(片段)	康 乐 /	151
重音例六:快乐王子(片段)	彭舒阳 /	153
10.语气例一:生命之树常绿(片段)	康 乐 /	155
语气例五:燕赵悲歌(片段)	彭舒阳 /	156
语气例六:苏州漫步(片段)	杨 璐 /	156
语气例八:在其香居茶馆里(片段)	彭舒阳 /	157

语气例十一:天子山一日记(片段) 康　乐／158

语气例十三:高山下的花环(片段) 杨　璐／159

11. 节奏例一:二马(片段) 康　乐／159

节奏例六:在和平的日子里(片段) 杨　璐／162

12. 古诗词例一:饮酒 仲梓源／183

古诗词例二:望庐山瀑布 彭舒阳／185

古诗词例三:江城子·密州出猎 杨　璐／186

13. 现代诗歌例四:炉中煤 杨　璐／188

现代诗歌例五:双桅船 康　乐／190

14. 散文播读例一:白杨礼赞(片段) 仲梓源／203

15. 散文播读练习:济南的冬天(片段) 仲梓源／206

16. 寓言故事练习:庄子知鱼乐 彭舒阳／223

17. 童话故事练习:狐狸和猫 康　乐／226

18. 小说片段练习:孔乙己 杨　璐／227

19. 即兴评述例一:说出你喜欢的一档"选秀节目"并谈谈你的看法

康　乐／254

20. 主题讨论例二:对国家法定节假日的看法

杨　璐、彭舒阳、康　乐／264

21. 模拟主持示例:新闻节目 彭舒阳／272

22. 模拟主持示例:社交节目 康　乐／277

23. 模拟主持示例:文艺节目 杨　璐／283

前 言

人类的交流离不开语言,广播电视新媒体的传播更是离不开语言的传播。播音员主持人作为语言传播的主体,成为影响传播效果的关键因素。

播音员主持人不仅要具备良好的声音条件和语言表达技巧,还要有思想内涵,要言之有物。

很多青少年朋友对播音主持艺术感兴趣,希望通过学习和训练考取专业院校或者成为一名播音员主持人。

《播音主持艺术入门训练手册》根据广大青少年朋友的实际情况,讲解了播音主持艺术的基础理论和基本技能,还附有大量的练习材料,以便读者能够通过训练将基础理论和基本技能融会贯通。本书既可作为播音主持短期培训的教材,又可作为播音主持从业者基本功训练的常备手册。

本书有五个章节:第一章,语音发声;第二章,表达基础;第三章,有稿播读;第四章,口头评述;第五章,模拟主持。每一章分"要点概述""示例分析""实践练习"三节内容。

"要点概述"主要是对理论知识和基础技能的集中讲授,通过凝练简洁和浅显易懂的阐释,让读者了解相关理论和技能要点。

"示例分析"是对播音主持创作过程和方法的详细讲解,所用示例都是电台、电视台正式播出的稿件或经典文学作品。

"实践练习"的所有稿件都是笔者精心筛选的,不乏文学史上的经典之作,希望读者在练习技能的同时得到优秀文学艺术的熏陶。

本书部分示例和练习稿件有示范录音,仅供读者参考。

书中疏漏和错误在所难免,恳请读者及专家学者批评指正!

最后,衷心祝愿有志于从事播音主持艺术实践的青少年朋友,学习进步、梦想成真!

仲梓源

2020年5月于北京

第一章　语音发声

播音员主持人主要在广播电视网络等各类媒体从事语言传播工作,媒体特性对有声语言表达有明确的要求,那就是准确清晰、圆润动听。如何达到这些要求,是很多播音主持艺术爱好者和初学者感兴趣的问题。在这一章里,我们就语音发声的基本理论做一个概述,然后通过大量的练习引导大家了解和掌握汉语普通话的吐字发声技能。

第一节　语音

语言艺术工作者的语音应该准确清晰、圆润饱满,这样才能够为有声语言的传情达意锦上添花。准确传情达意是我们的目的,规范标准的普通话语音是达到这一目的的重要途径和手段,所以我们应该掌握要领、勤学苦练,以此来改善自己的语音面貌。

一、声母

声母是音节的开头部分,俗称"字头"。在汉语普通话中,声母一般由辅音充当,如果这些辅音发音不到位,就很容易产生"吃字"现象,直接影响语音的准确清晰。要把声母发得准确清晰,也就是把"字头"叼住,就必须掌握声母发音的正确方法和要领,并且辅以大量的练习。先来了解一下声母发音器官有哪些(图1-1),21个声母的发音部位和发音方法(图1-2)。

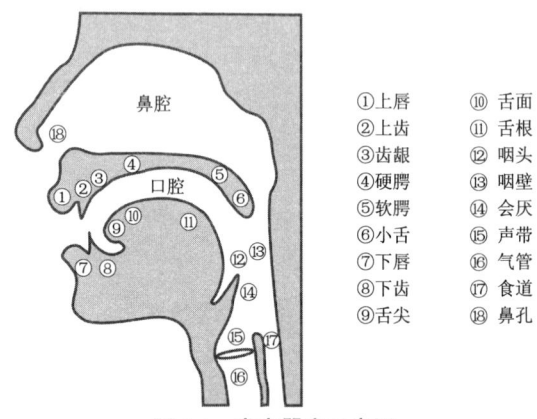

图 1-1 发音器官示意图

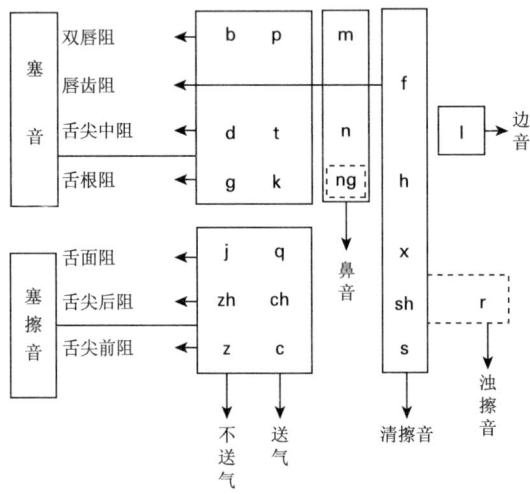

图 1-2 声母发音部位和发音方法

（一）声母发音部位及方法

1. 双唇音 b、p、m

发音部位：双唇紧闭形成阻碍。

发音要领：双唇有力，但是成阻时不能僵死，保持随时解除双唇阻碍的积极状态（图 1-3）。

声母

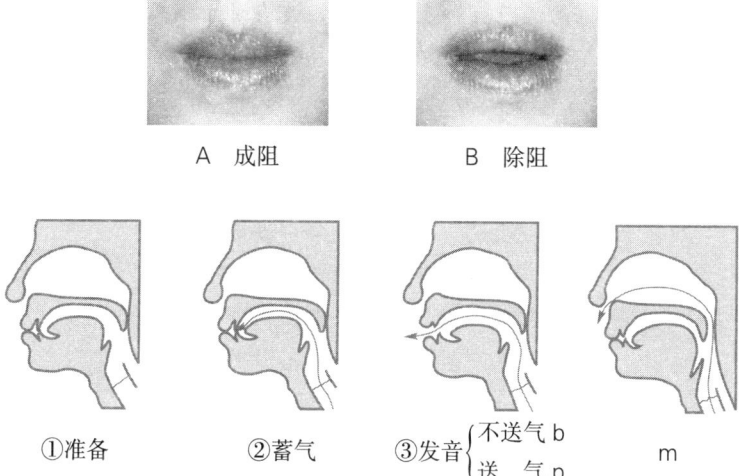

图 1-3　双唇音 b、p、m 发音示意图

b

单音节：巴　本　并　表　笨　帮
　　　　办　播　被　别　部　便

双音节：八宝　版本　宝贝　摆布　褒贬　背包
　　　　奔波　标榜　表白　臂膀　辨别　病变

注：①本书铺灰底的字词、句段附有示范录音，请听音频。
　　②本书发音器官示意图出处：徐世荣.普通话语音知识[M].北京：文字改革出版社，1980.周殿福，吴宗济.普通话语音图谱[M].北京：商务印书馆，1963.

四音节：包罗万象　跋山涉水　百发百中　暴跳如雷
　　　　半路出家　博采众长　不谋而合　不约而同

p

单音节：平　撇　篇　喷　片　品
　　　　跑　怕　牌　皮　破　普
双音节：爬坡　琵琶　婆婆　澎湃　批判　匹配
　　　　瓢泼　偏旁　品牌　拼盘　品评　乒乓
四音节：跑马观花　披星戴月　匹夫有责　抛砖引玉
　　　　萍水相逢　破涕为笑　评头品足　破釜沉舟

m

单音节：买　摸　满　忙　面　美
　　　　门　明　谋　觅　马　命
双音节：麻木　埋没　买卖　卖命　满面　谩骂
　　　　盲目　美貌　梦寐　明媚　命名　牧民
四音节：满面春风　莫名其妙　默默无闻　埋头苦干
　　　　门可罗雀　茅塞顿开　美不胜收　面目全非

八百标兵

八百标兵奔北坡，炮兵并排北边跑。
炮兵怕把标兵碰，标兵怕碰炮兵炮。

烙饼

一平盆面烙一平盆饼，饼碰盆，盆碰饼。

南门外有个面铺面冲南

南门外有个面铺面冲南，面铺挂了个蓝布棉门帘。
摘了蓝布棉门帘瞧了瞧，面铺还是面冲南，
挂上蓝布棉门帘瞧了瞧，面铺还是面冲南。

2. 唇齿音 f

发音部位：下唇与上齿接触形成阻碍。

发音要领：形成阻碍时不能用力过猛，只要自然触碰即可。送气时，唇齿触点迅速解除阻碍，控制好气流，以免形成杂音（图1-4）。

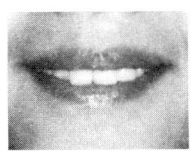 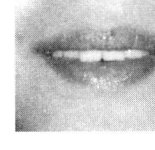 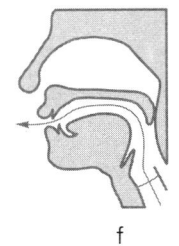

A 成阻　　　　B 除阻

f

图1-4　唇齿音 f 发音示意图

f

单音节：飞　放　烦　发　反　防
　　　　富　粉　否　佛　费　风
双音节：发放　反复　犯法　方法　防风　仿佛
　　　　防腐　肺腑　奋发　丰富　夫妇　复方
四音节：废寝忘食　翻江倒海　翻来覆去　发扬光大
　　　　飞沙走石　飞扬跋扈　分秒必争　丰功伟绩

粉红女缝飞凤

粉红女发奋缝飞凤，女粉红反缝方法繁。
飞凤仿佛发放芬芳，方法非凡反复防范。

糊粉红活佛花

会糊我的粉红活佛花，就糊我的粉红活佛花；
不会糊我的粉红活佛花，就别糊坏了我的粉红活佛花。

花非花　白居易

花非花,雾非雾。夜半来,天明去。
来如春梦不多时？去似朝云无觅处。

3. 舌尖中音 d、t、n、l

发音部位：舌尖抵住上齿龈形成阻碍。

发音要领：着力点放在舌尖上,部位要准确,舌尖要有力度。在解除阻碍时控制好气息,以免冲击过大形成噪音(图 1-5)。

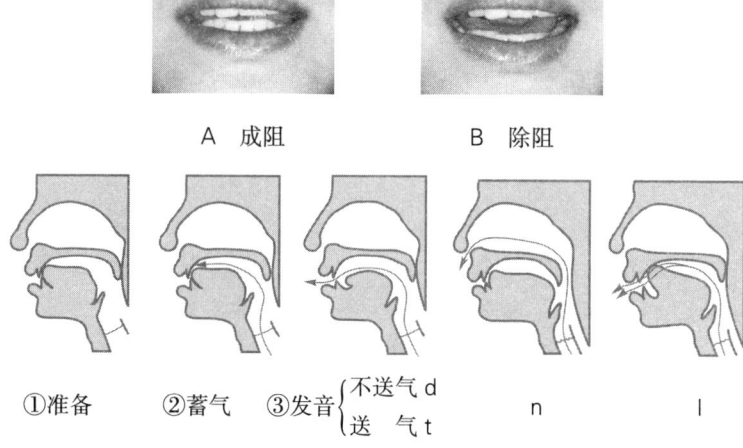

图 1-5　舌尖中音 d、t、n、l 发音示意图

d

单音节：达　地　多　顶　带　点
　　　　队　东　但　滴　电　都
双音节：达到　大地　带动　单调　当代　导弹
　　　　道德　得到　等待　对待　丢掉　颠倒
四音节：顶天立地　登峰造极　德高望重　动人心弦
　　　　单刀直入　大刀阔斧　待人接物　多多益善

t

单音节：塔　听　特　头　天　疼
　　　　探　太　同　提　套　图
双音节：塔台　抬头　贪图　淘汰　饕餮　套头
　　　　天堂　天体　听筒　团体　妥帖　探听
四音节：脱颖而出　通宵达旦　同舟共济　坦然自若
　　　　铁证如山　推波助澜　甜言蜜语　投笔从戎

n

单音节：哪　奶牛　能　您　闹
　　　　内　女　念　诺　捏　暖
双音节：拿捏　牛奶　南宁　男女　恼怒　能耐
　　　　呢喃　泥泞　袅娜　奶牛　农奴　内脑
四音节：南腔北调　弄假成真　难分难舍　蹑手蹑脚
　　　　浓墨重彩　能说会道　怒发冲冠　牛气冲天

l

单音节：楼　六　里　老　聊　立
　　　　量　冷　连　龙　罗　林
双音节：拉力　来历　蓝领　老路　磊落　理疗
　　　　拦路　联络　料理　浏览　褴褛　伶俐
四音节：两全其美　炉火纯青　老当益壮　流离失所
　　　　冷若冰霜　乐不思蜀　落花流水　龙腾虎跃

打特盗

调到敌岛打特盗，特盗太刁投短刀。
挡推顶打短刀掉，踏盗得刀盗打倒。

炖冻豆腐

会炖你的炖冻豆腐,就炖你的炖冻豆腐;
不会炖你的炖冻豆腐,就别炖你的炖冻豆腐。

老龙和老农

老龙恼怒闹老农,老农恼怒闹老龙。
农怒龙恼农更怒,龙恼农怒龙怕农。

元日　王安石

爆竹声中一岁除,春风送暖入屠苏。
千门万户曈曈日,总把新桃换旧符。

4. 舌根音 g、k、h

发音部位:舌根和软腭相触碰形成阻碍。

发音要领:舌根音相对来说发音较靠后,容易使字音靠后,可以和韵母结合起来发音,尽量做到"后音前发",来调整字音(图1-6)。

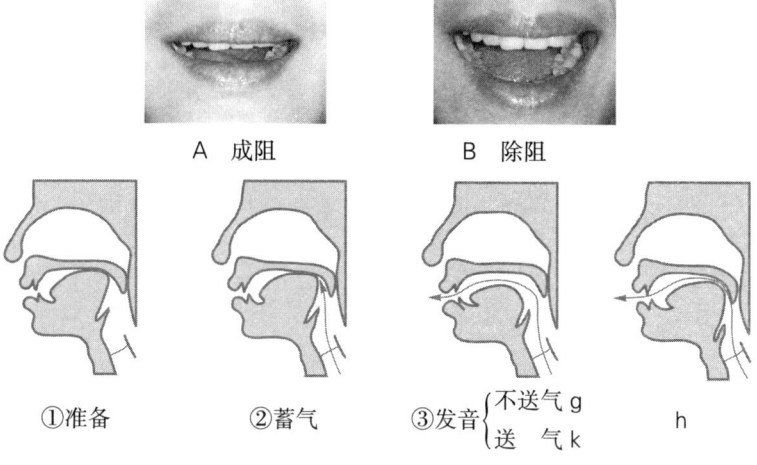

图1-6　舌根音 g、k、h 发音示意图

g

单音节：赶 过 刮 故 个 给
　　　　该 高 光 怪 功 灌
双音节：改革 尴尬 杠杆 高歌 梗概 公共
　　　　故宫 古怪 观光 灌溉 广告 国歌
四音节：高谈阔论 广开言论 感人肺腑 光彩夺目
　　　　纲举目张 甘心情愿 冠冕堂皇 公而忘私

k

单音节：看 哭 啃 可 棵 开
　　　　快 卡 抗 孔 扩 酷
双音节：开垦 开阔 坎坷 慷慨 苛刻 可靠
　　　　刻苦 可控 空旷 宽阔 亏空 困苦
四音节：空前绝后 慷慨激昂 口若悬河 刻骨铭心
　　　　康庄大道 可歌可泣 侃侃而谈 苦尽甘来

h

单音节：好 和 哈 混 会 很
　　　　汉 红 换 海 黑 火
双音节：淮海 憨厚 航海 行话 好汉 合伙
　　　　呼唤 欢呼 黄昏 好汉 毁坏 绘画
四音节：豪言壮语 汗马功劳 海阔天空 厚古薄今
　　　　呼之欲出 狐假虎威 好为人师 好大喜功

哥挎瓜筐过宽沟

哥挎瓜筐过宽沟，赶快过沟看怪狗。
光看怪狗瓜筐扣，瓜滚筐空哥怪狗。

华华和红红

华华有两朵黄花，红红有两朵红花，

华华要红花,红红要黄花。
华华送给红红一朵黄花,
红红送给华华一朵红花。

哥哥捉鸽

哥哥过河捉个鸽,回家割鸽来请客。
客人吃鸽称鸽肉,哥哥请客乐呵呵。

八阵图　杜甫

功盖三分国,名成八阵图。
江流石不转,遗恨失吞吴。

5. 舌面音 j、q、x

发音部位:舌面前部抵住或者接近硬腭前部形成阻碍。
发音要领:注意是舌面的前部和硬腭前部接触,而不是舌尖,避免因舌尖放在齿缝间而发成"尖音"(图1-7)。

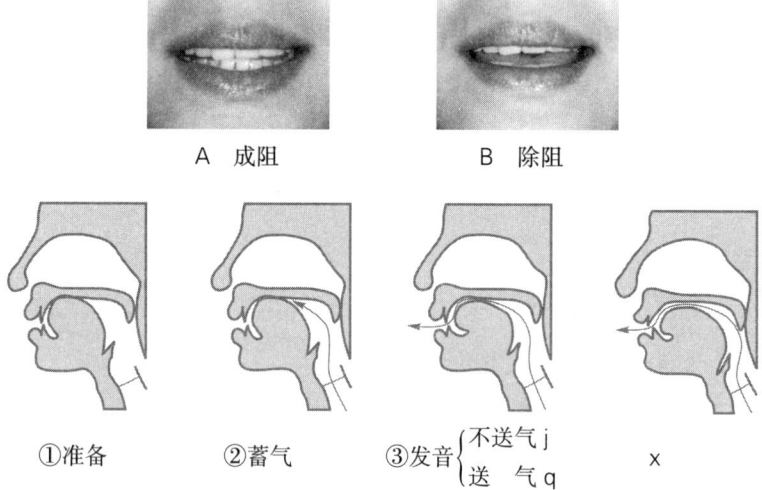

图1-7　舌面音 j、q、x 发音示意图

j

单音节：间　卷　句　杰　脚　家
　　　　据　经　较　几　接　结
双音节：积极　季节　即将　家教　家具　经济
　　　　借鉴　紧急　京剧　嫁接　简介　脚尖
四音节：精益求精　炯炯有神　兢兢业业　锦上添花
　　　　经济建设　奖勤罚懒　皆大欢喜　斤斤计较

q

单音节：去　区　球　强　钱　全
　　　　七　气　清　墙　秋　秦
双音节：漆器　齐全　祈求　恰巧　牵强　乔迁
　　　　秋千　欠缺　确切　崎岖　轻巧　蹊跷
四音节：巧夺天工　取之不尽　旗鼓相当　恰如其分
　　　　气吞山河　锲而不舍　奇珍异宝　千载难逢

x

单音节：学　欣　写　笑　小　像
　　　　先　型　西　信　雪　修
双音节：嬉戏　习性　喜讯　细心　消息　纤细
　　　　相信　心胸　兴修　休闲　血型　遐想
四音节：笑容可掬　弦外之音　熙熙攘攘　逍遥自在
　　　　喜出望外　细水长流　心花怒放　相敬如宾

七和一

七加一，七减一，加完减完等于几？
七加一，七减一，加完减完还是七。

漆匠和锡匠

七巷一个漆匠，西巷一个锡匠。
七巷漆匠用了西巷锡匠的锡，

西巷锡匠拿了七巷漆匠的漆。
七巷漆匠气西巷锡匠用了漆,
西巷锡匠讥七巷漆匠拿了锡。
请问漆匠和锡匠:
谁拿谁的锡?谁拿谁的漆?

稀奇

稀奇稀奇真稀奇,麻雀踩死老母鸡。
蚂蚁身长三尺六,八十岁的老头儿躺在摇篮里。

江雪　柳宗元

千山鸟飞绝,万径人踪灭。
孤舟蓑笠翁,独钓寒江雪。

心有千千结　琼瑶

海难枯,情难灭。与君既相逢,何忍轻离别。
问天何时老,问情何时绝。
我心深深处,中有千千结。
意绵绵,情切切。柔肠几万缕,化作同心结。

6. 舌尖后音 zh、ch、sh、r

发音部位: 舌尖与齿龈后部硬腭前缘接触或者接近所构成的阻碍。

发音要领: 避免舌尖过分翘起发成卷舌音,也避免舌尖没有翘起发成平舌音(图1-8)。

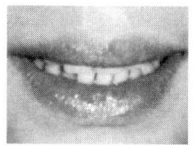 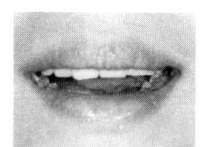

　　A　成阻　　　　　B　除阻

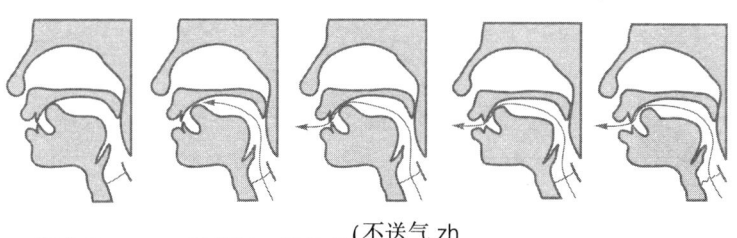

①准备　②蓄气　③发音 { 不送气 zh　sh　r
　　　　　　　　　　　送　气 ch

图 1-8　舌尖后音 zh、ch、sh、r 发音示意图

zh

单音节：状　住　中　真　着　找
　　　　摘　轴　整　谆　只　抓
双音节：债主　战争　长者　招展　诊治　政治
　　　　执照　制止　种植　主张　住宅　挣扎
四音节：郑重其事　咫尺天涯　捉襟见肘　至理名言
　　　　珠圆玉润　争先恐后　知之甚少　专心致志

ch

单音节：唇　迟　成　晨　炒　出
　　　　车　长　超　趁　冲　窗
双音节：叉车　超长　长城　驰骋　充斥　拆穿
　　　　惆怅　传唱　春潮　蟾蜍　踌躇　唇齿
四音节：叱咤风云　成竹在胸　畅所欲言　触类旁通
　　　　赤胆忠心　沉默寡言　承上启下　长篇大论

sh

单音节：是　说　爽　手　室　顺
　　　　沙　善　神　栓　生　属
双音节：杀手　砂石　山水　闪烁　赏识　少数
　　　　事实　书生　说事　甩手　税收　神圣
四音节：赏心悦目　实事求是　神采奕奕　双管齐下
　　　　水泄不通　山穷水尽　伤痛欲绝　神通广大

r
单音节：人　日　绕　让　如　仍
　　　　若　让　然　肉　融　润
双音节：仍然　荏苒　忍让　柔软　软弱　融入
　　　　如若　闰日　扰攘　冉冉　柔韧　仁人
四音节：若即若离　入情入理　融会贯通　日臻成熟
　　　　燃眉之急　仁至义尽　戎马生涯　若无其事

史老师

史老师，讲时事，常学时事长知识。
时事学习看报纸，报纸登的是时事。
常看报纸要多思，心里装着天下事。

日头热

日头热，晒人肉，晒得心里好难受。
晒人肉，好难受，晒得头上直冒油。

说日

夏日无日日亦热，冬日有日日亦寒。
春日日出天渐暖，晒衣晒被晒褥单。
秋日天高复云淡，遥看红日迫西山。

惠崇春江晚景　苏轼

竹外桃花三两枝，春江水暖鸭先知。
蒌蒿满地芦芽短，正是河豚欲上时。

7. 舌尖前音 z、c、s

发音部位：舌尖平伸抵住或者接触上齿背形成阻碍。
发音要领：注意是舌尖与上齿背形成阻碍，而不是舌面前部整个贴在上齿背或者齿龈上。还要避免因舌尖伸到齿缝中间而发成齿间音(图1-9)。

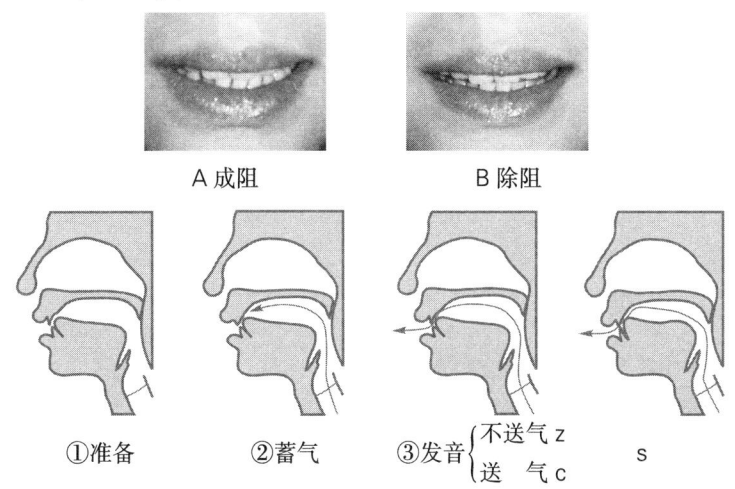

图1-9 舌尖前音z、c、s发音示意图

Z
单音节：在 咱 最 滋 尊 仔
　　　　脏 宗 坐 则 组 增
双音节：栽赃 再造 在座 藏族 造作 自在
　　　　自尊 自责 总则 走卒 遭罪 粽子
四音节：再接再厉 字里行间 纵横交错 孜孜不倦
　　　　左右为难 座无虚席 责无旁贷 自得其乐

C
单音节：催 操 参 葱 侧 采
　　　　藏 擦 曾 村 醋 岑
双音节：猜测 残存 草丛 仓促 层次 从此
　　　　参差 粗糙 璀璨 催促 措辞 匆匆
四音节：苍翠欲滴 草草了事 藏龙卧虎 才疏学浅
　　　　沧海桑田 寸步难行 灿烂夺目 侧耳倾听

S

单音节：塞　所　桑　三　苏　松
　　　　笋　洒　色　思　涩　随
双音节：嫂嫂　洒扫　缫丝　色素　僧俗　松散
　　　　思索　四散　搜索　诉讼　琐碎　飒飒
四音节：丝丝入扣　随机应变　所向无敌　所思所想
　　　　素昧平生　缩衣节食　四面楚歌　司空见惯

早起做早操

早晨早早起，早起做早操。
人人做早操，做操身体好。

三老子和三小子

山前住了个三老子，山后住了个三小子，山腰住着三哥三嫂子。
山下的三小子，找山腰的三哥三嫂子，要借三斗三升酸枣子；
山腰的三哥三嫂子，借给三小子三斗三升酸枣子。
山下的三小子，又去找山上的三老子，要借三斗三升酸枣子；
山上的三老子，没有三斗三升酸枣子，找到山腰的三哥三嫂子，
借了三斗三升酸枣子，给了山下的三小子。
过了年，山下的三小子收了酸枣子，
还了山腰三哥三嫂子，两个三斗三升酸枣子。

破阵子　李煜

四十年来家国，三千里地山河。凤阁龙楼连霄汉，玉树琼枝作烟萝。几曾识干戈！

一旦归为臣虏，沈腰潘鬓消磨。最是仓皇辞庙日，教坊犹奏别离歌。垂泪对宫娥。

(二)声母对比练习

1. 送气音和不送气音的分辨

(1)两字词的比较

b、p	被服—佩服	饱了—跑了	步子—铺子	鼻子—皮子
d、t	队伍—退伍	调动—跳动	河道—河套	肚子—兔子
g、k	挂上—跨上	关心—宽心	天公—天空	干完—看完
j、q	尖子—扦子	吉利—奇丽	长江—长枪	精华—清华
zh、ch	摘花—拆花	扎针—插针	大志—大翅	竹纸—竹尺
z、c	子弟—此地	大字—大刺	坐落—错落	清早—青草

(2)两字词的连用

b、p	编排	被迫	奔跑	爆破
p、b	陪伴	疲惫	破败	盘剥
d、t	冬天	地毯	得体	灯塔
t、d	跳动	坦荡	态度	天地
k、g	肯干	客观	宽广	开工
g、k	广阔	港口	功课	高亢
j、q	健全	价钱	技巧	坚强
q、j	契机	勤俭	情景	请假
zh、ch	忠诚	专长	战船	征程
ch、zh	纯真	车站	城镇	沉重
z、c	字词	早餐	杂草	资财
c、z	辞藻	存在	刺字	操纵

(3)句段练习

大兔和小兔

大兔肚子大,小兔肚子小。
大兔比小兔肚子大,小兔比大兔肚子小。

吃葡萄

吃葡萄不吐葡萄皮儿,不吃葡萄倒吐葡萄皮儿。
不吃葡萄别吐葡萄皮儿,吃葡萄也别吐葡萄皮儿。
不论吃葡萄不吃葡萄,都不要乱吐葡萄皮儿。

大柴和小柴

大柴和小柴,帮蔡爷爷晒柴菜。
大柴晒柴,小柴晒菜。
大柴晒柴比小柴晒菜快,小柴晒菜紧紧追大柴。
大柴晒柴不怕烈日晒,小柴晒菜烈日下不怕晒。
晒干了蔡爷爷的柴和菜,大伙都夸大柴和小柴。

2. 舌尖前音、舌尖后音的分辨

(1) 两字词的比较

z、zh	自立—智力	栽花—摘花	钻营—专营	资源—支援
c、ch	推辞—推迟	一层—一成	藏身—长生	鱼刺—鱼翅
s、sh	四十—事实	散光—闪光	三哥—山歌	塞子—筛子

(2) 两字词的连用

z、zh	紫竹	杂志	遵照	赞助
zh、z	振作	装载	种族	制造
c、ch	蚕虫	操场	财产	彩绸
ch、c	炒菜	冲刺	尺寸	纯粹
s、sh	桑树	赛事	宿舍	松鼠
sh、s	神色	疏散	深思	哨所

(3) 句段练习

长虫钻砖堆

长虫围着砖堆转,转完了砖堆钻砖堆。

三山撑四水

三山撑四水,四水绕三山。
三山四水春常在,四水三山四时春。

四和十

四是四,十是十,十四是十四,四十是四十。
不要把十四说成是"事实",
也不要把四十说成是"细席"。
要想说对四,舌头碰牙齿;
要想说对十,舌头别伸直;
要想说对四和十,多多练习十和四。

大林寺桃花　　白居易

人间四月芳菲尽,山寺桃花始盛开。
长恨春归无觅处,不知转入此中来。

3. 舌尖后音和舌面音的分辨

(1) 两字词的比较

zh、j	标志—标记	朝气—娇气	短站—短剑	杂志—杂技
ch、q	长生—强身	池子—旗子	船身—全身	痴人—奇人
sh、x	诗人—昔人	湿气—吸气	失望—希望	商业—香液

(2) 两字词的连用

zh、j	战舰	章节	真假	折旧
j、zh	价值	急诊	加重	记者
ch、q	插曲	初期	唱腔	常情
q、ch	启程	球场	汽车	清澈
sh、x	水仙	顺心	升学	瘦小
x、sh	协商	显示	欣赏	兴盛

(3) 句段练习

细紫丝线

试将四十七支极细极细的紫丝线,
试织四十七只极细极细的紫狮子。
让细紫丝线试织细紫狮子,
细紫丝线却织成了死紫狮子。
紫狮子织不成,扯断了细紫丝线。

防近视

史小石,学写字,脸贴书本眼斜视,歪歪扭扭字碰字。
司老师,教小石,端正姿势身坐直;
离纸一尺防近视,爱护眼睛要坚持。

赠刘景文　苏轼

荷尽已无擎雨盖,菊残犹有傲霜枝。
一年好景君须记,正是橙黄橘绿时。

渡汉江　宋之问

岭外音书断,经冬复历春。
近乡情更怯,不敢问来人。

4. 唇齿音 f 与舌根音 h 的分辨

(1) 两字词的比较

f、h　开发—开花　幅度—弧度　公费—工会　防空—航空

(2) 两字词的连用

f、h　发挥　繁华　凤凰　负荷
h、f　恢复　横幅　回访　豪放

(3) 句段练习

肥混肥

黑肥混灰肥,灰肥混黑肥。
黑肥混灰肥,黑肥灰又黑。
黑肥混灰肥,肥比黑肥灰。
灰肥混黑肥,肥比灰肥黑。

风吹灰飞

风吹灰飞,灰飞花上花堆灰。
风吹花灰灰飞去,灰在风里飞又飞。

题都城南庄　崔护

去年今日此门中,人面桃花相映红。
人面不知何处去,桃花依旧笑春风。

5. 鼻音 n 和边音 l 的分辨

(1) 两字词的比较
n、l　女客—旅客　男子—篮子　难住—拦住　留念—留恋
(2) 两字词的连用
n、l　尼龙　脑力　能量　暖流
l、n　烂泥　辽宁　老年　岭南
(3) 句段练习

男女旅客

男旅客穿着蓝上装,女旅客穿着尼大衣。
男旅客扶着拎篮子的老大娘,
女旅客挽着拿笼子的小男孩儿。

牛拉碾子

牛拉碾子碾牛料,碾完了牛料留牛料。

牛郎、刘娘

牛郎年年恋刘娘,刘娘连连念牛郎。
牛郎恋刘娘,刘娘念牛郎,郎恋娘来娘念郎。

6. 舌面音的练习

（1）两字词的练习

j	嘉奖	健将	讲解	简洁
q	亲切	轻巧	气球	崎岖
x	新鲜	雄心	相信	闲暇

（2）两字词的连用

j、q	坚强	解劝	进取	就寝
j、x	焦心	酒席	俊秀	迹象
q、j	清洁	奇迹	起居	巧计
q、x	抢先	前线	亲信	取消
x、j	消极	细节	先进	夏季
x、q	稀奇	戏曲	向前	小桥

（3）句段练习

锡匠和漆匠

东边来了个锡匠卖锡,西边来了个漆匠卖漆。
锡匠拿锡换漆匠的漆,漆匠拿漆换锡匠的锡。
锡匠换了六斤六两漆,漆匠换了九斤九两锡。
锡匠漆匠笑嘻嘻,锡匠漆匠都有了漆和锡。

茄子

姐姐借刀切茄子,去把儿去叶儿斜切丝,

切好茄子烧茄子,炒茄子、蒸茄子,还有一碗焖茄子。

送元二使安西   王维

渭城朝雨浥轻尘,客舍青青柳色新。
劝君更尽一杯酒,西出阳关无故人。

7. 舌尖前音的练习

(1)两字词的练习

z	最早	总则	造作	曾祖
c	苍翠	草丛	璀璨	催促
s	思索	僧俗	搜索	琐碎

(2)两字词的连用

z、c	杂草	早餐	遵从	座次
z、s	棕色	走私	阻塞	砸碎
c、z	辞藻	嘈杂	存在	操作
c、s	醋酸	蚕丝	词素	粗俗
s、z	塞子	散座	四则	色泽
s、c	私藏	松脆	色彩	酸菜

(3)句段练习

青草丛

青草丛,草丛青,青青草里草青虫。
青虫钻进青草丛,青草丛青草虫青。

蚕和蝉

桑蚕吐丝丝缠蚕,蚕丝缠蚕蚕吐丝。

子词丝

四十四个字和词,组成了一首子词丝的绕口词。
桃子、李子、梨子、栗子、橘子、柿子、槟子、榛子,栽满院子、村子和寨子。
刀子、斧子、锯子、凿子、锤子、钉子、刨子、尺子，做出桌子、椅子和箱子。
名词、动词、数词、量词、代词、副词、助词、连词，造成语词、诗词和唱词。
蚕丝、生丝、熟丝、缫丝、染丝、晒丝、纺丝、织丝，自制粗丝、细丝、人造丝。

二、韵母

韵母

韵母由韵头、韵腹和韵尾三部分共同构成。韵头又叫作"介音"，由 i、u、ü 三个元音担当；韵腹是韵母最主要的部分，由 10 个单元音担当；韵尾则由 i、o、u 和两个鼻辅音 n、ng 担当。

汉语普通话一共有 39 个韵母，其中单元音韵母 10 个，复合元音韵母 13 个，鼻韵母 16 个。发音部位可参与汉语普通话声母、韵母发音部位示意图，见二维码。

汉语普通话声母、韵母发音部位示意图

单元音韵母(简称"单韵母")：

a、o、e、ê、i、u、ü、-i(舌尖前元音韵母)[简称"-i(前)"]、-i(舌尖后元音韵母)[简称"-i(后)"]、er(卷舌韵母)。

复合元音韵母(简称"复韵母")：

ai、ei、ao、ou(二合前响复韵母)。

ia、ie、ua、uo、üe(二合后响复韵母)。

iao、iou、uai、uei(三合中响复韵母)。

鼻音尾韵母(简称"鼻韵母")：

an、en、ian、in、uan、uen、üan、ün(8 个前鼻音韵母)。

ang、eng、iang、ing、uang、ueng、ong、iong(8 个后鼻音韵母)。

在传统曲艺和戏曲当中，韵母按照第一个音素发音的口形可以分为"四呼"。

开口呼：没有韵头，且韵腹不是 i、u、ü 的韵母；

齐齿呼：韵头或韵腹是 i 的韵母；

合口呼：韵头或韵腹是 u 的韵母；

撮口呼：韵头或韵腹是 ü 的韵母。

(一)单韵母

1. 单韵母发音要领与字词练习

a

发音要领：a 是央低不圆唇元音。发音时,软腭提升,关闭鼻腔,音波从口腔出。舌位低,口腔开度大(图 1-10)。

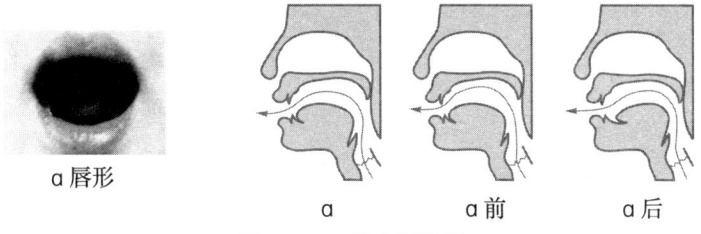

图 1-10　a 发音示意图

单音节：擦　大　辣　他　哈　巴
　　　　码　搭　茶　沙　嘎　扎
双音节：爸爸　妈妈　发达　砝码　大巴　打发
　　　　奔拉　大厦　哈达　喇嘛　拉萨　邋遢
四音节：八面玲珑　大智若愚　煞有介事　飒爽英姿
　　　　大功告成　跋山涉水　茶余饭后　马到成功

o

发音要领：o 是后半高圆唇元音。发音时,口腔开度比 a 略窄,口腔半闭,舌头后缩,舌根抬起(图 1-11)。

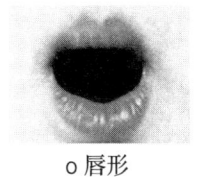

o 唇形

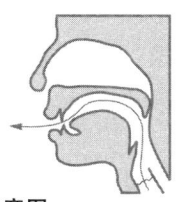

图 1-11　o 发音示意图

单音节：播 破 哦 佛 勃 叵
　　　　摸 坡 墨 膜 博 婆
双音节：伯伯 婆婆 默默 薄膜 菠萝 磨破
　　　　薄弱 泼墨 婆娑 脉脉 多磨 伯婆
四音节：波澜壮阔 默默无闻 脉脉含情 模棱两可
　　　　博古通今 迫在眉睫 破涕为笑 墨守成规

e

发音要领：e 是后半高不圆唇元音。发音时，在发 o 的基础上嘴角稍稍向两边展开，e 和 o 的区别主要就是圆唇与否（图1-12）。

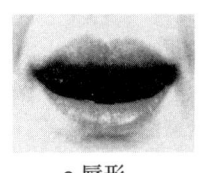
e 唇形

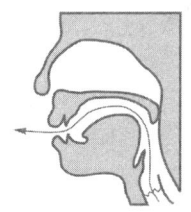

图 1-12　e 发音示意图

单音节：德 乐 喝 课 这 车
　　　　社 瑟 额 策 热 特
双音节：割舍 合格 特赦 折合 色泽 可乐
　　　　折射 苛刻 隔阂 瑟瑟 特色 哥哥
四音节：歌舞升平 何乐不为 得心应手 克己奉公
　　　　责无旁贷 可歌可泣 热血沸腾 隔岸观火

ê

发音要领：ê 是前半低不圆唇元音。发音时，口腔半开，舌位前半低，舌尖轻轻触碰下齿背，舌面前部隆起，嘴角向两边展开（图1-13）。

在普通话里 ê 只与 i、ü 相拼，构成 ie 和 üe 两个复韵母，下面通过练习来体会。

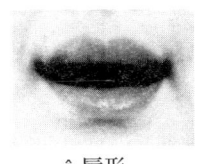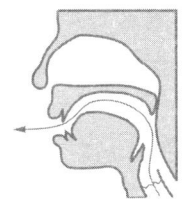

图 1-13　ê 发音示意图

单音节：杰　别　写　贴　学　借
　　　　绝　撇　蹩　鞋　街　谑
双音节：解决　血液　谢绝　确切　学业　决绝
　　　　协约　月夜　约略　雀跃　跃跃　谢谢
四音节：皆大欢喜　欢腾雀跃　跃跃欲试　跃马扬鞭
　　　　切肤之痛　确有其事　风花雪月　绝处逢生

i

发音要领：i 是前高不圆唇元音，是普通话元音中舌位最靠前也是最高的一个元音。发音时，口腔开度较小，舌尖在下齿背，舌中部隆起，舌面抬升接近硬腭，舌高点偏前，嘴角向两边展开（图 1-14）。

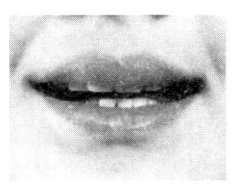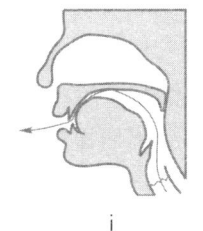

图 1-14　i 发音示意图

单音节：比　皮　密　地　提　拟
　　　　力　机　漆　西
双音节：地理　机器　秘密　力气　霹雳　体系
　　　　袭击　立即　犀利　激起　希冀　洗礼

四音节:滴水不漏　地大物博　密不透风　立竿见影
　　　　一技之长　低声下气　疾言厉色　既往不咎

u

发音要领:u 是后高圆唇元音,是普通话中舌位最靠后最高的元音。发音时,口腔开度较小,舌尖离下齿背稍远,舌头后缩,嘴唇撮起呈圆形(图 1-15)。

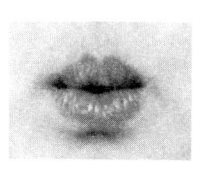 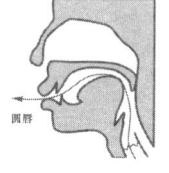

u 唇形　　　　　　　　　u

图 1-15　u 发音示意图

单音节:部　属　露　醋　除　复
　　　　骨　足　目　素　图　无
双音节:突出　出路　互助　不住　糊涂　舒服
　　　　辅助　出租　露珠　孤独　不符　读书
四音节:户枢不蠹　如鱼得水　助纣为虐　顾此失彼
　　　　无独有偶　出口成章　枯木逢春　孤独求败

ü

发音要领:ü 是前高圆唇元音。发音时,口腔开度较小,圆唇但是略微扁平,嘴唇撮起但是没有发 u 时的唇形圆,舌高点比 i 略靠后(图 1-16)。

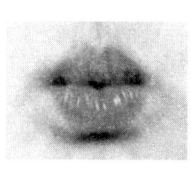 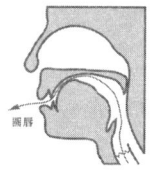

ü 唇形　　　　　　　　　ü

图 1-16　ü 发音示意图

单音节:女 绿 居 於 需 去
　　　　菊 欲 吕 徐 玉 举
双音节:女婿 趋于 徐徐 须臾 曲剧 序曲
　　　　语句 聚居 絮语 豫剧 区域 渔具
四音节:旭日东升 据理力争 取长补短 曲径通幽
　　　　举世无双 雨过天晴 嘘寒问暖 局促不安

er

发音要领:er是不圆唇卷舌元音。发音时,口腔处在半开状态,舌尖卷起,对着硬腭(图1-17)。

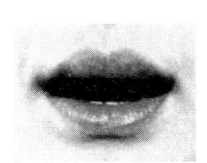 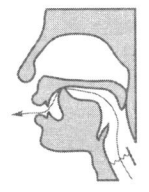

　　　　er唇形　　　　　　　er
图1-17 er**发音示意图**

单音节:二　儿　而　尔　耳　贰
　　　　　　ěr　ér　ěr　ěr
　　　　饵 迩 枘 咡 珥 洱
双音节:耳朵 而是 洱海 而且 儿媳 尔后
　　　　儿时 二胡 儿女 耳语 儿童 而后
四音节:耳目一新 耳濡目染 耳听八方 耳熟能详
　　　　尔虞我诈 取而代之 耳闻目睹 出尔反尔

-i(前)

发音要领:-i是舌尖前不圆唇元音。主要和声母z、c、s相拼(图1-18)。

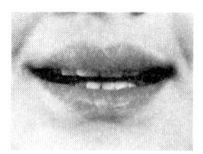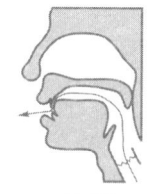

-i 唇形　　　　　　-i(前)

图 1-18　-i(前)发音示意图

单音节：字　子　自　此　次　刺
　　　　思　四　死　籽　赐　司
双音节：字词　私自　四字　此次　自私　刺字
　　　　丝丝　次次　姊姊　四次　赐死　次子
四音节：孜孜以求　自以为是　词不达意　似是而非
　　　　慈眉善目　四平八稳　自私自利　丝丝入扣

-i(后)

发音要领：-i(后)是舌尖后不圆唇元音。主要和 zh、ch、sh 相拼(图 1-19)。

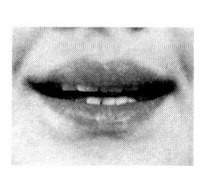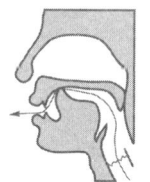

-i 唇形　　　　　　-i(后)

图 1-19　-i(后)发音示意图

单音节：只　至　指　迟　持　赤
　　　　师　石　始　织　池　室
双音节：只是　知识　指示　制式　致使　直视
　　　　迟迟　痴痴　事实　时事　实施　试试
四音节：实事求是　知书达理　事事如意　事事顺心
　　　　执迷不悟　持之以恒　痴心妄想　适得其反

2.单韵母句段练习

哑巴和喇嘛

打南边来了个哑巴,腰里别了个喇叭;
打北边来了个喇嘛,手里提了个獭犸。
提着獭犸的喇嘛要拿獭犸换别着喇叭的哑巴的喇叭;
别着喇叭的哑巴不愿拿喇叭换提着獭犸的喇嘛的獭犸。
不知是别着喇叭的哑巴打了提着獭犸的喇嘛一喇叭;
还是提着獭犸的喇嘛打了别着喇叭的哑巴一獭犸。
喇嘛回家炖獭犸,哑巴嘀嘀嗒嗒吹喇叭。

老婆婆和菠萝

打南坡走来个老婆婆,两手托着两笸箩。
左手托着的笸箩装着菠萝,右手托着的笸箩装着萝卜。
你说说,是老婆婆左手托着的笸箩装的菠萝多,
还是她右手托着的笸箩装的萝卜多?
说得对送你菠萝和萝卜,说得不对让你扛着笸箩上山坡。

坡上鹅

坡上立着一只鹅,坡下就是一条河。
宽宽的河,肥肥的鹅;鹅要过河,河要渡鹅。
不知是鹅过河,还是河渡鹅。

老毕和老季

老毕篱下脱坯,老季窗西喂鸡。
老毕脱坯怕碰跑了老季的鸡,
老季喂鸡怕碰坏了老毕的坯。
老毕顾及老季,老季顾及老毕。
老季喂好鸡没碰坏老毕的坯,
老毕脱完坯没碰跑老季的鸡。

顾老五

村里有个顾老五,穿上新裤去卖谷。
卖了谷,买了布,外加一瓶老陈醋。
肩背布,手提醋,老五急忙来赶路。
走了一里路,看见一只兔。
老五放下布和醋,糊里糊涂去追兔。
剐破了裤,没追上兔,回来不见了布和醋。

新渠

村里新开一条渠,弯弯曲曲上山去。
河水雨水渠里流,满山庄稼一片绿。

石小四和史肖石

石小四,史肖石,一同来到阅览室。
石小四年十四,史肖石年四十。
年十四的石小四爱看诗词,年四十的史肖石爱看报纸。
年四十的史肖石发现了好诗词,忙递给年十四的石小四,
年十四的石小四见了好报纸,忙递给年四十的史肖石。

爷爷是瘸子

爷爷是瘸子,夜里去摘茄子,
路上有个橛子,绊住爷爷的鞋子,
跌倒爷爷这个瘸子,砸坏爷爷的茄子,
爷爷去摸茄子,一摸摸到橛子,
爷爷这个瘸子,拔了橛子去摸茄子。

阿尔及利亚的阿尔及尔

要说"尔"专说"尔"。
马尔代夫、喀布尔、阿尔巴尼亚、扎伊尔、

卡塔尔、尼泊尔、贝尔格莱德、安道尔、
萨尔瓦多、伯尔尼、利伯维尔、班珠尔、
厄瓜多尔、塞舌尔、哈密尔顿、尼日尔、
圣彼埃尔、巴斯特尔、塞内加尔的达喀尔、
阿尔及利亚的阿尔及尔。

你快乐所以我快乐　林夕

你眉头开了,所以我笑了;你眼睛红了,我的天灰了。
啊,天晓得,既然说你快乐于是我快乐,
玫瑰都开了,我还想怎么呢?
求之不得求不得,天造地设一样的难得,
喜怒和哀乐,有我来重蹈你覆辙。

大约在冬季　齐秦

没有你的日子里,我会更加珍惜自己。
没有我的岁月里,你要保重你自己。
你问我何时归故里,我也轻声地问自己。
不是在此时,不知在何时,我想大约会是在冬季。

木兰辞(节选)

唧唧复唧唧,木兰当户织。不闻机杼声,唯闻女叹息。
问女何所思?问女何所忆?女亦无所思,女亦无所忆。

渔家傲　范仲淹

塞下秋来风景异,衡阳雁去无留意。四面边声连角起,千嶂里,长烟落日孤城闭。
浊酒一杯家万里,燕然未勒归无计。羌管悠悠霜满地,人不寐,将军白发征夫泪。

芙蓉楼送辛渐　　王昌龄

寒雨连江夜入吴,平明送客楚山孤。
洛阳亲友如相问,一片冰心在玉壶。

调笑令　　韦应物

胡马,胡马,远放燕支山下。
跑沙跑雪独嘶,东望西望路迷。
迷路,迷路,边草无穷日暮。

谒金门　　韦庄

春雨足,染就一溪新绿。柳外飞来双羽玉,弄晴相对浴。
楼外翠帘高轴,倚遍阑杆几曲。云淡水平烟树簇,寸心千里目。

(二)复韵母

1.复韵母发音要领与字词练习

ai

发音要领:ai 是前响复韵母。发音过程就是从 a 到 i 过渡的过程,但是主要元音 a 时长大于 i。

单音节:百　带　耐　菜　该　楷
　　　　摘　柴　晒　宰　才　腮
双音节:爱戴　白菜　掰开　买卖　开采　海带
　　　　彩带　彩排　灾害　带来　采摘　折台
四音节:拍手称快　爱莫能助　哀鸿遍野　开诚布公
　　　　塞翁失马　海阔天空　来日方长　改弦易辙

ei

发音要领:ei 是前响复韵母。发音过程就是从 e 到 i 过渡的过程,但是主要元音 e 时长大于 i。

单音节：杯 配 梅 匪 得 忒
　　　　类 给 黑 贼 贝 胚
双音节：北非　黑莓　贝雷　蓓蕾　妹妹　北美
　　　　飞贼　狒狒　贝类　肥美　配备　肥肥
四音节：杯弓蛇影　悲欢离合　费尽心机　背道而驰
　　　　雷霆万钧　黑白分明　祖祖辈辈　美不胜收

ao

发音要领：ao 是前响复韵母。发音过程就是从 a 到 o 过渡的过程，但是主要元音 a 时长大于 o。

单音节：包 抛 铆 盗 逃 脑
　　　　告 考 号 找 超 嫂
双音节：包抄　报道　报考　报告　抛锚　跑道
　　　　冒号　唠叨　祷告　讨好　吵闹　骚扰
四音节：草草了事　劳而无功　道貌岸然　少见多怪
　　　　高山流水　傲然挺立　老当益壮　好大喜功

ou

发音要领：ou 是前响复韵母。发音过程就是从 o 到 u 过渡的过程，但是主要元音 o 时长大于 u。

单音节：谋 否 豆 偷 楼 狗
　　　　扣 猴 周 愁 手 揍
双音节：兜售　抖擞　漏斗　佝偻　口头　豆蔻
　　　　丑陋　后头　叩首　筹谋　收购　收受
四音节：首尾相连　豆蔻年华　手舞足蹈　首当其冲
　　　　踌躇满志　愁眉不展　臭名远扬　守口如瓶

ia

发音要领：ia 是后响复韵母。发音过程就是从 i 到 a 过渡的过程，但是主要元音 a 时长大于 i。

单音节：嗲 俩 家 恰 霞 雅
　　　　价 虾 夏 压 假 掐

双音节：加价　加压　恰恰　下嫁　假牙　家家
　　　　压价　贾家　下架　下辖　丫丫　下牙
四音节：恰如其分　家喻户晓　侠肝义胆　虾兵蟹将
　　　　驾轻就熟　掐头去尾　价值连城　狭路相逢

ie

发音要领：ie 是后响复韵母。发音过程就是从 i 到 e 过渡的过程，但是主要元音 e 时长大于 i。

单音节：灭　跌　铁　聂　猎　杰
　　　　且　鞋　叶　瞥　涅　岁
双音节：爹爹　贴切　铁鞋　翘跷　姐姐　怯怯
　　　　谢谢　斜街　喋喋　接界　烈烈　铁屑
四音节：喋喋不休　猎猎风尘　借花献佛　铁面无私
　　　　锲而不舍　夜长梦多　别出心裁　借题发挥

ua

发音要领：ua 是后响复韵母。发音过程就是从 u 到 a 过渡的过程，但是主要元音 a 时长大于 u。

单音节：瓜　侉　华　抓　欻(chuā)　耍
　　　　卦　跨　花　爪　刷　挂
双音节：娃娃　挂画　耍滑　画画　花袜　哇哇
　　　　哗哗　刮刮　欻欻　耍耍　挖挖　夸夸
四音节：夸夸其谈　抓耳挠腮　画龙点睛　花好月圆
　　　　瓜田李下　华而不实　画饼充饥　哗众取宠

uo

发音要领：uo 是后响复韵母。发音过程就是从 u 到 o 过渡的过程，但是主要元音 o 时长大于 u。

单音节：多　妥　诺　罗　锅　阔
　　　　活　桌　辍　说　左　缩
双音节：错过　蹉跎　做作　错落　啰唆　堕落
　　　　国货　火锅　阔绰　骆驼　懦弱　脱落

四音节：多多益善　绰绰有余　落落大方　脱口而出
　　　　络绎不绝　卧薪尝胆　缩头缩脑　过目成诵

üe

发音要领：üe 是后响复韵母。发音过程就是从 ü 到 e 过渡的过程，但是主要元音 e 时长大于 ü。

单音节：绝　确　雪　约　虐　略
　　　　雀　诀　悦　薛　掠　疟
双音节：雀跃　约略　月缺　跃跃　略略　雪月
　　　　缺月　血液　雪夜　学界　越界　决绝
四音节：跃跃欲试　绝处逢生　雪上加霜　学以致用
　　　　风花雪月　欢腾雀跃　绝无仅有　血气方刚

iao

发音要领：iao 是中响复韵母。发音过程是 i 过渡到 ao，但是主要元音 a 的时长大于其他两个元音。

单音节：标　瓢　秒　掉　挑　鸟　料
　　　　交　桥　小　腰　敲　跳　脚
双音节：巧妙　教条　较小　逍遥　苗条　吊桥
　　　　疗效　吊销　渺小　笑靥　萧条　窈窕
四音节：摇摇欲坠　交头接耳　咬文嚼字　调兵遣将
　　　　表里如一　标新立异　雕虫小技　挑肥拣瘦

iou

发音要领：iou 是中响复韵母。发音过程是 i 过渡到 ou，但是主要元音 o 的时长大于其他两个元音。

单音节：丢　牛　柳　旧　丘　朽　油
　　　　修　酒　球　扭　溜　优　袤
双音节：久久　久留　求救　悠久　有救　牛油
　　　　幽幽　咎由　求求　优秀　妞妞　绣球
四音节：丢三落四　求同存异　咎由自取　救死扶伤
　　　　游刃有余　优柔寡断　求全责备　有情有义

uai

发音要领：uai 是中响复韵母。发音过程是 u 过渡到 ai，但是主要元音 a 的时长大于其他两个元音。

单音节：乖　快　怀　拽　揣　帅
　　　　歪　踹　㧟　淮　拐　槐

双音节：乖乖　外快　怀揣　外踝　摔坏　淮海
　　　　快拽　踹坏　甩卖　帅帅　带坏　快快

四音节：脍炙人口　快马加鞭　拐弯抹角　歪打正着
　　　　外强中干　怀才不遇　歪风邪气　快人快语

uei

发音要领：uei 是中响复韵母。发音过程是 u 过渡到 ei，但是主要元音 e 的时长大于其他两个元音。

单音节：堆　颓　鬼　愧　辉　坠
　　　　垂　翠　嘴　推　胃　碎

双音节：归队　回归　垂危　翠微　水位　推诿
　　　　退回　未遂　追回　醉鬼　鬼祟　荟萃

四音节：回味无穷　微乎其微　对答如流　推陈出新
　　　　威武不屈　挥汗如雨　归心似箭　绘声绘色

2. 句段综合练习

晚春　韩愈

草树知春不久归，百般红紫斗芳菲。
杨花榆荚无才思，惟解漫天作雪飞。

采桑歌

春日每起早，采桑惊啼鸟。
风过扑鼻香，花开花落知多少。

黄鹤楼　　崔颢

昔人已乘黄鹤去,此地空余黄鹤楼。
黄鹤一去不复返,白云千载空悠悠。

南乡子·登京口北固亭有怀　　辛弃疾

何处望神州?满眼风光北固楼。千古兴亡多少事?悠悠。不尽长江滚滚流。
年少万兜鍪(móu),坐断东南战未休。天下英雄谁敌手?曹刘。生子当如孙仲谋。

雨霖铃　　柳永

寒蝉凄切。对长亭晚,骤雨初歇。都门帐饮无绪,留恋处、兰舟催发。执手相看泪眼,竟无语凝噎。念去去、千里烟波,暮霭沉沉楚天阔。
多情自古伤离别。更哪堪、冷落清秋节。今宵酒醒何处,杨柳岸、晓风残月。此去经年,应是良辰、好景虚设。便纵有、千种风情,更与何人说?

雪梅二首(其一)　　卢梅坡

梅雪争春未肯降,骚人搁笔费评章。
梅须逊雪三分白,雪却输梅一段香。

生查子　　欧阳修

去年元夜时,花市灯如昼。月上柳梢头,人约黄昏后。
今年元夜时,月与灯依旧。不见去年人,泪满春衫袖。

寄扬州韩绰判官　　杜牧

青山隐隐水迢迢,秋尽江南草未凋。
二十四桥明月夜,玉人何处教吹箫?

山居秋暝　　王维

空山新雨后,天气晚来秋。
明月松间照,清泉石上流。
竹喧归浣女,莲动下渔舟。
随意春芳歇,王孙自可留。

青花瓷　　方文山

色白花青的锦鲤跃然于碗底,
临摹宋体落款时却惦记着你。
你隐藏在窑烧里千年的秘密,
极细腻犹如绣花针落地。
帘外芭蕉惹骤雨,
门环惹铜绿,
而我路过那江南小镇惹了你。
在泼墨山水画里,
你从墨色深处被隐去。

千里之外　　方文山

屋檐如悬崖,风铃如沧海,我等燕归来。
时间被安排,演一场意外,你悄然走开。
故事在城外,浓雾散不开,看不清对白。
你听不出来,风声不存在,是我在感慨。
梦醒来,是谁在窗台,把结局打开。
那薄如蝉翼的未来,经不起谁来折。
我送你离开,千里之外,你无声黑白。
沉默年代,或许不该,太遥远的相爱。
我送你离开,天涯之外,你是否还在。
琴声何来,生死难猜,用一生去等待。

东风破(节选)　方文山

谁在用琵琶弹奏一曲东风破,
岁月在墙上剥落看见小时候,
犹记得那年我们都还很年幼,
而如今琴声幽幽我的等候你没听过。
谁在用琵琶弹奏一曲东风破,
枫叶将故事染色结局我看透,
篱笆外的古道我牵着你走过,
荒烟蔓草的年头就连分手都很沉默。

(三)鼻韵母

1. 鼻韵母发音要领与字词练习

an

发音要领:an 是前鼻韵母。发音时,先发元音 a,然后归韵于辅音 n。

单音节:班　盘　满　饭　单　谈
　　　　囝　懒　干　砍　含　染
双音节:安然　案板　暗淡　斑斓　参赞　单产
　　　　翻案　反感　蛮干　烂漫　散漫　谈判
四音节:昙花一现　安居乐业　万紫千红　三言两语
　　　　半路出家　漫山遍野　攀龙附凤　返璞归真

en

发音要领:en 是前鼻韵母。发音时,先发元音 e,然后归韵于辅音 n。

单音节:奔　盆　懑　粉　扽(dèn)　嫩
　　　　根　肯　恨　针　晨　怎

双音节：本分　本人　沉闷　粉尘　愤恨　根本
　　　　门诊　人参　认真　深沉　神人　振奋
四音节：奋不顾身　粉身碎骨　身不由己　笨口拙舌
　　　　本本分分　纷至沓来　分门别类　根深蒂固

ian

发音要领：ian 是前鼻韵母。发音时，先发一个单元音 i，然后发鼻韵母 an，元音 a 的时长大于元音 i。

单音节：边　骈　免　电　天　年
　　　　脸　贱　千　嫌　练　田
双音节：边沿　变脸　变天　癫痫　艰险　连篇
　　　　检验　偏见　天堑　前面　天边　显现
四音节：坚持不懈　见利忘义　点石成金　鞭长莫及
　　　　颠沛流离　变幻莫测　天造地设　牵线搭桥

in

发音要领：in 是前鼻韵母。发音时，先发元音 i，然后归韵于辅音 n。

单音节：斌　频　敏　您　拎　近
　　　　秦　鑫　鬓　贫　闽　赁
双音节：濒临　金银　仅仅　亲近　尽心　临近
　　　　民心　拼音　信心　辛勤　音频　殷勤
四音节：引人注目　隐姓埋名　宾至如归　饮水思源
　　　　近水楼台　品头论足　心猿意马　引经据典

uan

发音要领：uan 是前鼻韵母。发音时，先发一个单元音 u，然后发鼻韵母 an，元音 a 的时长大于元音 u。

单音节：端　团　暖　乱　关　款
　　　　换　短　算　选　撰　软
双音节：传唤　宦官　贯穿　软缎　酸软　婉转
　　　　专断　专款　缓缓　换算　转弯　乱窜

四音节:欢天喜地　缓兵之计　万水千山　冠冕堂皇
　　　　川流不息　宽宏大量　患难与共　断章取义

uen

发音要领:uen 是前鼻韵母。发音时,先发一个单元音 u,然后发鼻韵母 en,元音 e 的时长大于元音 u。

单音节:蹲　屯　论　滚　坤　魂
　　　　准　纯　顺　尊　寸　笋
双音节:滚滚　混沌　困顿　昆仑　温存　谆谆
　　　　论文　馄饨　春笋　伦敦　混混　润唇
四音节:温文尔雅　浑然一体　寸草春晖　稳扎稳打
　　　　文过饰非　滚瓜烂熟　混淆视听　魂飞魄散

üan

发音要领:üan 是前鼻韵母。发音时,先发一个单元音 ü,然后发鼻韵母 an,元音 a 的时长大于元音 ü。

单音节:娟　全　眩　渊　泉　眷
　　　　选　院　捐　权　卷　绚
双音节:涓涓　圈圈　全权　渊源　源泉　圆圈
　　　　宣传　全员　拳拳　轩辕　劝劝　全院
四音节:全心全意　涓涓细流　全力以赴　卷土重来
　　　　轩然大波　绚烂多彩　怨天尤人　源源不断

ün

发音要领:ün 是前鼻韵母。发音时,先发元音 ü,然后归韵于辅音 n。

单音节:均　群　讯　逡　俊　寻
　　　　云　勋　峻　陨　汛　君
双音节:军训　均匀　芸芸　循循　醺醺　菌群
　　　　逡巡　群云　纭纭　寻寻　寻衅　云雀
四音节:循循善诱　芸芸众生　循序渐进　循规蹈矩
　　　　群策群力　运用自如　寻章摘句　运斤成风

ang

发音要领：ang 是后鼻韵母。发音时,先发元音 a,然后归韵于辅音 ng。

单音节：帮　旁　莽　放　当　唐
　　　　攘　浪　刚　扛　夯　章
双音节：帮忙　仓房　沧桑　厂房　长方　常常
　　　　当场　放荡　行当　浪荡　商场　烫伤
四音节：康庄大道　膀大腰圆　当机立断　莽莽群山
　　　　畅所欲言　纲举目张　昂首阔步　当机立断

eng

发音要领：eng 是后鼻韵母。发音时,先发元音 e,然后归韵于辅音 ng。

单音节：绷　彭　猛　奉　灯　疼
　　　　能　冷　更　坑　恒　扔
双音节：成风　承蒙　逞能　登程　风声　风筝
　　　　更生　冷风　萌生　声称　升腾　蒸腾
四音节：蒸蒸日上　声情并茂　乘人之危　登峰造极
　　　　承上启下　冷若冰霜　风花雪月　瞠目结舌

ong

发音要领：ong 是后鼻韵母。发音时,先发元音 o,然后归韵于辅音 ng。

单音节：功　孔　红　东　同　弄
　　　　龙　中　宠　纵　从　送
双音节：动容　公众　共同　轰隆　洪钟　空洞
　　　　空中　恐龙　隆重　浓重　通融　瞳孔
四音节：耸人听闻　动人心弦　空中楼阁　洪水猛兽
　　　　烘云托月　功德无量　戎马生涯　公而忘私

iang

发音要领：iang 是后鼻韵母。发音时,先发一个单元音 i,然后发鼻韵母 ang,元音 a 的时长大于元音 i。

单音节:娘　量　江　强　想　样
　　　　墙　养　梁　乡　强　仰
双音节:亮相　两项　两厢　粮饷　踉跄　两江
　　　　阳江　洋相　痒痒　湘江　想象　响亮
四音节:两全其美　想入非非　枪林弹雨　江河日下
　　　　良药苦口　相去无几　强弩之末　将功赎罪

ing

发音要领:ing 是后鼻韵母。发音时,先发元音 i,然后归韵于辅音 ng。

单音节:兵　平　命　丁　停　拧　另
　　　　经　晴　醒　硬　饼　凭　岭
双音节:冰凌　兵营　秉性　叮咛　定型　惊醒
　　　　明星　平行　清醒　影星　情景　姓名
四音节:冰清玉洁　平分秋色　明枪暗箭　精打细算
　　　　顶天立地　并驾齐驱　轻歌曼舞　惊涛骇浪

uang

发音要领:uang 是后鼻韵母。发音时,先发一个单元音 u,然后发鼻韵母 ang,元音 a 的时长大于元音 u。

单音节:光　狂　晃　状　窗　爽
　　　　撞　黄　筐　创　逛　床
双音节:逛逛　光光　框框　往往　惶惶　慌慌
　　　　状况　狂妄　双簧　网状　装潢　窗框
四音节:窗明几净　光可鉴人　亡羊补牢　旷日持久
　　　　狂风暴雨　广开言路　望尘莫及　光怪陆离

ueng

发音要领:ueng 是后鼻韵母。发音时,先发一个单元音 u,然后发鼻韵母 eng,元音 e 的时长大于元音 u。

单音节:翁　嗡　瓮　蓊　滃　蕹

鮪　鹟　锎　鞠　塎　鼺
双音节：嗡嗡　老翁　水瓮　渔翁　蕹菜
四音节：瓮中捉鳖　嗡嗡作响　瓮声瓮气

iong

发音要领：iong 是后鼻韵母。发音时，先发一个单元音 i，然后发鼻韵母 ong，元音 o 的时长大于元音 i。

单音节：炯　穷　凶　用　琼　窘
　　　　熊　拥　迥　胸　涌　穹
双音节：炯炯　熊熊　汹涌　中庸　汹汹　穷凶
　　　　重用　喁喁　忠勇　琼琼　涌涌　茕茕
四音节：炯炯有神　汹涌澎湃　勇往直前　雄才大略
　　　　用兵如神　庸人自扰　雍容华贵　永垂不朽

2.鼻韵母句段练习

扁担和板凳

扁担长，板凳宽，
板凳没有扁担长，扁担没有板凳宽。
扁担要绑在板凳上，板凳偏不让扁担绑在板凳上。

山上青松

山上青松根连根，各族人民心连心；
根连根，心连心，建设祖国一股劲。

蓝天白云

蓝天上是片片白云，草原上是银色的羊群。
近处看，这是羊群，那是白云；
远处看，分不清，哪是白云，哪是羊群。

红绿灯

十字路口红绿灯,红黄绿灯分得清。
绿灯行,红灯停,绿灯亮时向左行,行停停行看灯明。

英勇荣军

英勇荣军,态度雍容,踊跃参军,永远光荣。

陈庄城和郑庄城

陈庄城通郑庄城,郑庄城通陈庄城。
陈庄城和郑庄城,两庄城墙都有门。
陈庄城进郑庄人,陈庄人进郑庄门。
哪个庄进陈庄人,郑庄人进哪个门?

敬母亲

生身亲母亲,谨请您就寝,
请您心宁静,身心很要紧。
新星伴明月,银光澄清清,
尽是清静镜,警铃不要惊。
您请我进来,进来敬母亲。

长江之歌

你从雪山走来,春潮是你的风采;你向东海奔去,惊涛是你的气概。你用甘甜的乳汁,哺育各族儿女;你用健美的臂膀,挽起高山大海。我们赞美长江,你是无穷的源泉;我们依恋长江,你有母亲的情怀。

你从远古走来,巨浪荡涤着尘埃;你向未来奔去,涛声回荡在天外。你用纯洁的清流,灌溉花的国土;你用磅礴的力量,推动新的时代。我们赞美长江,你是无穷的源泉;我们依恋长江,你有母亲的情怀。啊,长江!

(四)韵母对比练习

1. i 和 ü 的分辨

(1)两字词的比较

i、ü	意见—遇见	里程—旅程
	移民—渔民	季节—拒绝
	名义—名誉	经济—京剧
ie、üe	切实—确实	鞋子—靴子
ian、üan	颜色—原色	潜力—权利
in、ün	印书—运输	通信—通讯

(2)两字词的连用

i、ü	易于	喜剧
ü、i	狙击	逾期
ie、üe	戒绝	借阅
üe、ie	越界	确切
ian、üan	边缘	田原
üan、ian	卷帘	选编
in、ün	嶙峋	氤氲
ün、in	军民	熏心

2. 鼻音韵尾 -n 和 -ng 的分辨

(1)两字词的比较

an、ang	担心—当心	天坛—天堂
ian、iang	新鲜—新乡	简章—奖章
uan、uang	晚年—往年	车船—车床
en、eng	人参—人生	真理—争理
in、ing	信服—幸福	贫民—平民
un、ong	浑水—洪水	依存—依从
ün、iong	勋章—胸章	运费—用费

(2) 两字词的连用

an、ang	安康	盼望
ang、an	长叹	浪漫
ian、iang	艳阳	莲香
iang、ian	项链	江堰
uan、uang	宽广	观光
uang、uan	皇冠	光环
en、eng	奔腾	神圣
eng、en	诚恳	生根
in、ing	心灵	聘请
ing、in	倾心	行进
uen、ong	稳重	混充
ong、uen	通顺	农村
ün、iong	运用	驯熊

3. 句段综合练习

月夜　刘方平

更深月色半人家,北斗阑干南斗斜。
今夜偏知春气暖,虫声新透绿窗纱。

游子吟　孟郊

慈母手中线,游子身上衣。
临行密密缝,意恐迟迟归。
谁言寸草心,报得三春晖。

浪淘沙·北戴河　毛泽东

大雨落幽燕,白浪滔天,秦皇岛外打鱼船。一片汪洋都不见,知向谁边?

往事越千年,魏武挥鞭,东临碣石有遗篇。萧瑟秋风今又是,换了人间。

游山西村　陆游

莫笑农家腊酒浑,丰年留客足鸡豚。
山重水复疑无路,柳暗花明又一村。
箫鼓追随春社近,衣冠简朴古风存。
从今若许闲乘月,拄杖无时夜叩门。

卜算子　李之仪

我住长江头,君住长江尾。日日思君不见君,共饮长江水。
此水几时休,此恨何时已。只愿君心似我心,不负相思意。

山亭夏日　高骈

绿树阴浓夏日长,楼台倒影入池塘。
水晶帘动微风起,满架蔷薇一院香。

晓出净慈寺送林子方　杨万里

毕竟西湖六月中,风光不与四时同。
接天莲叶无穷碧,映日荷花别样红。

长相思　林逋

吴山青,越山青。两岸青山相对迎,谁知离别情?
君泪盈,妾泪盈。罗带同心结未成,江边潮已平。

诉衷情　欧阳修

清晨帘幕卷轻霜。呵手试梅妆。都缘自有离恨,故画作远山长。

思往事,惜流芳。易成伤。拟歌先敛,欲笑还颦,最断人肠。

闻官军收河南河北　杜甫

剑外忽传收蓟北,初闻涕泪满衣裳。
却看妻子愁何在,漫卷诗书喜欲狂。
白日放歌须纵酒,青春作伴好还乡。
即从巴峡穿巫峡,便下襄阳向洛阳。

人间　林夕

　　风雨过后不一定有美好的天空,不是天晴就会有彩虹,所以你一脸无辜不代表你懵懂。

　　不是所有感情都会有始有终,孤独尽头不一定惶恐,可生命总免不了最初的一阵痛。

　　但愿你的眼睛只看得到笑容,但愿你流下每一滴泪都让人感动,但愿你以后每一个梦不会一场空。

　　天上人间如果真值得歌颂,也是因为有你才会变得闹哄哄。天大地大世界比你想象中朦胧,我不忍心再欺哄但愿你听得懂。

天空　黄桂兰

我的天空,为何挂满湿的泪。
我的天空,为何总灰的脸。
漂流在世界的另一边,任寂寞侵犯,一遍一遍。
天空,划着长长的思念。
你的天空,可有愚着想的云。
你的天空,可会有冷的月。
放逐在世界的另一边,任寂寞占据,一夜一夜。
天空,藏着深深的思念。

菊花台　方文山

你的泪光柔弱中带伤,惨白的月弯弯勾住过往。
夜太漫长凝结成了霜,是谁在阁楼上冰冷地绝望。

雨轻轻弹朱红色的窗,我一生在纸上被风吹乱。
梦在远方化成一缕香,随风飘散你的模样。
菊花残满地伤你的笑容已泛黄,花落人断肠我心事静静淌。
北风乱夜未央,你的影子剪不断,徒留我孤单在湖面成双。

旋木　　杨明学

拥有华丽的外表和绚烂的灯光,我是匹旋转木马身在这天堂。
只为了满足孩子的梦想,爬到我背上就带你去翱翔。
我忘了只能原地奔跑的那忧伤,我也忘了自己是永远被锁上。
不管我能够陪你有多长,至少能让你幻想与我飞翔。
奔驰的木马让你忘了伤,在这一个供应欢笑的天堂。
看着他们的羡慕眼光,不需放我在心上。
旋转的木马没有翅膀,但却能够带着你到处飞翔。
音乐停下来你将离场,我也只能这样。

三、声调

汉语普通话属于声调语言,在现代汉语语音学中,声调的定义是:汉语音节所固有的可以区别意义的声音的高低和升降。

声调同汉语普通话语音的声母、韵母一样具有区别意义的作用。汉语普通话基本上是每个汉字就是一个音节,声调标注在每个音节的主要元音上。

汉语普通话语音的声调有四个调类:阴平、阳平、上声、去声,也叫一声、二声、三声、四声。没有声调的音节,我们称之为轻声。

我们采用五度标记法来记录和描写汉语普通话音节的声调,阴平可以记作55、阳平可以记作35、上声可以记作214、去声可以记作51,这是声调的实际读法(见表1-1)。

表 1-1　普通话声调表

调类	调型	调值	调号
阴平	高平	55	—
阳平	中升	35	╱
上声	低降升	214	∨
去声	高(全)降	51	╲

五度标记法中,从 1 到 5 这个幅度只是一个相对的标记法,并不像音阶中的每个音符都是完全固定的唱法。有的人音域宽广,其五度的幅度相对就大一些;有的人音域狭窄,其五度的幅度相对就小一些。所以我们要通过练习拓展我们的音域,扩大声音从低到高的幅度,为增强语言的表现力打下基础。

(一)相同声母韵母四声练习[①]

1. 双唇音

bā	bá	bǎ	bà
巴	拔	把	爸
pō	pó	pǒ	pò
坡	婆	叵	破
māo	máo	mǎo	mào
猫	毛	卯	冒

2. 唇齿音

fāng	fáng	fǎng	fàng
方	房	仿	放

---

① 此部分中,个别读音没有相应的汉字,用"/"表示。

3. 舌尖中音

dī	dí	dǐ	dì
低	敌	抵	地
tōng	tóng	tǒng	tòng
通	同	捅	痛
niū	niú	niǔ	niù
妞	牛	纽	拗
liāo	liáo	liǎo	liào
撩	聊	了	料

4. 舌根音

gū	gú	gǔ	gù
姑	骨	股	故
kē	ké	kě	kè
科	壳	可	课
hān	hán	hǎn	hàn
憨	韩	喊	汉

5. 舌面音

jū	jú	jǔ	jù
居	菊	举	句
qīng	qíng	qǐng	qìng
青	晴	请	庆
xiāng	xiáng	xiǎng	xiàng
香	祥	响	向

6. 翘舌音

zhī	zhí	zhǐ	zhì
知	直	指	至

chēng 撑	chéng 成	chěng 逞	chèng 秤
shēn 伸	shén 神	shěn 审	shèn 甚
rū /	rú 如	rǔ 乳	rù 入

7. 平舌音

zuō 作	zuó 昨	zuǒ 左	zuò 做
cāi 猜	cái 财	cǎi 彩	cài 菜
suī 虽	suí 随	suǐ 髓	suì 碎

8. 开口音

bāi 掰	bái 白	bǎi 摆	bài 败
pāo 抛	páo 刨	pǎo 跑	pào 泡
fēi 飞	féi 肥	fěi 匪	fèi 废
lōu 喽	lóu 楼	lǒu 搂	lòu 漏

9. 齐齿音

| jiā 家 | jiá 颊 | jiǎ 甲 | jià 嫁 |

qīn	qín	qǐn	qìn
亲	勤	寝	沁
xiē	xié	xiě	xiè
些	鞋	写	谢
liān	lián	liǎn	liàn
/	连	脸	恋

10. 合口音

chuāng	chuáng	chuǎng	chuàng
窗	床	闯	创
wā	wá	wǎ	wà
蛙	娃	瓦	袜
huān	huán	huǎn	huàn
欢	还	缓	换
guāi	guái	guǎi	guài
乖	/	拐	怪

11. 撮口音

yūn	yún	yǔn	yùn
晕	云	允	运
xuē	xué	xuě	xuè
薛	学	雪	穴
quān	quán	quǎn	quàn
圈	全	犬	劝

(二) 两字词声调练习

1. 阴阴

播音　丰收　东升　公安　深山　工商　西安　端庄　鲜花　芭蕉

2. 阴阳

新闻 编辑 资源 鲜明 森林 飘扬 经营 昆明 发言 中国

3. 阴上

歌曲 珠海 发展 批准 生产 灯塔 音响 班长 焦点 青海

4. 阴去

播送 规范 通讯 音乐 庄重 观众 天籁 帮助 经济 欢笑

5. 阳阴

农村 国歌 年轻 联播 节约 财经 平安 存根 围巾 阳春

6. 阳阳

人民 辽宁 全权 联营 由于 行情 达成 题材 球迷 红旗

7. 阳上

勤俭 存款 读者 房产 黄海 结果 全体 明显 游泳 成长

8. 阳去

前进 评论 悬念 持续 文件 宁夏 勤奋 防范 核算 局势

9. 上阴

采编 减轻 领班 美工 演播 北京 展开 导播 指标 影星

10. 上阳

普及 党员 朗读 解决 主持 敏捷 谴责 北国 语言 宝石

11. 上上

导演 领导 展览 选举 北海 舞蹈 允许 总理 鼓掌 友好

12. 上去

理论 舞剧 想象 广泛 改造 简讯 举例 访问 选段 土地

13. 去阴

贵宾 象征 对播 办公 录音 健康 列车 卫星 配音 降低

14. 去阳

电台 调查 特别 自然 配合 变革 照明 凤凰 未来 化学

15. 去上

剧本 记者 撰稿 戏曲 外语 特写 上海 电影 会场 确保

16. 去去

报告 电视 纪念 庆祝 复制 路线 画像 政策 示范 配乐

(三)四字词声调发音训练

1. 按照四声顺序排列

高原广阔　山河美丽　花红柳绿　山明水秀
资源满地　发扬友爱　光明磊落　巍峨耸立
中国伟大　天然宝藏　中流砥柱　工农子弟
千锤百炼　身强体壮　精神百倍　心明眼亮
开渠引灌　风调雨顺　风云雨露　阴晴水旱
枯藤老树　三皇五帝　七侠五义　三国鼎立
金田起义　珍藏史料　新闻简报　猪羊满圈
丝绸彩缎　花纹美艳　欢迎选购　诸如此类
多承指教　飞檐走壁　思前想后　非常反对
阴阳上去　非常好记　高扬转降　区别起落

2. 按照声母顺序排列

b
百炼成钢　波澜壮阔　暴风骤雨　壁垒森严

p
排山倒海　喷薄欲出　鹏程万里　普天同庆

m
满园春色　名不虚传　满腔热情　目不转睛

f
发愤图强　翻江倒海　丰功伟绩　赴汤蹈火

d
大快人心　当机立断　颠扑不破　斗志昂扬

t
谈笑风生　滔滔不绝　天衣无缝　推陈出新

n
鸟语花香　逆水行舟　能者多劳　宁死不屈

l
老当益壮　雷厉风行　力挽狂澜　龙飞凤舞

g
盖世无双　高瞻远瞩　攻无不克　光彩夺目

k
开卷有益　慷慨激昂　克敌制胜　快马加鞭

h
豪言壮语　和风细雨　横扫千军　呼风唤雨

j
艰苦奋斗　锦绣河山　继往开来　举世无双

q
千军万马　气壮山河　晴天霹雳　群威群胆

x
喜笑颜开　响彻云霄　心潮澎湃　栩栩如生

zh
辗转反侧　朝气蓬勃　咫尺天涯　专心致志
ch
超群绝伦　称心如意　赤子之心　出奇制胜
sh
山水相连　舍生忘死　深情厚谊　生龙活虎
r
饶有风趣　人才辈出　日新月异　如火如荼
z
赞不绝口　责无旁贷　再接再厉　自知之明
c
沧海一粟　层出不穷　灿烂光明　从容就义
s
四海为家　三思而行　所向披靡　肃然起敬

3. 夸张四声训练

（1）阴阳上去

千锤百炼　山明水秀　英明果断
山盟海誓　风调雨顺　思前想后
颠来倒去　巍峨耸立　丝绸彩缎

（2）去上阳阴

逆水行舟　背井离乡　智勇无双
热火朝天　信以为真　万古流芳
厚古薄今　暮鼓晨钟　破釜沉舟

（3）四声变位

光辉灿烂　旧地重游　气贯长虹
方兴未艾　各奔前程　富贵荣华
心花怒放　远走高飞　壮烈牺牲

(四)声调综合练习

1. 阴平声调练习

题菊花　黄巢

飒飒西风满院栽,蕊寒香冷蝶难来。
他年我若为青帝,报与桃花一处开。

凉州词　王之涣

黄河远上白云间,一片孤城万仞山。
羌笛何须怨杨柳,春风不度玉门关。

白云飞

白云飞,白云飘,飘上黄山九重霄,山越高来景越美,最高峰上谁在笑。啊,黄山的云啊,你是那样洁白,那样崇高!
白云飞,白云飘,飘上悬崖松树梢,崖越陡来松越俏,最陡的崖上谁在笑!啊,黄山的云啊,你是那样美丽,那样骄傲!

2. 阳平声调练习

登鹳雀楼　王之涣

白日依山尽,黄河入海流。
欲穷千里目,更上一层楼。

捞出一个丰收年

桃花流水三月天,满河渔歌声声甜。
迎风洒下金丝网,捞出一个丰收年。

3. 上声声调练习

春晓　孟浩然

春眠不觉晓,处处闻啼鸟。
夜来风雨声,花落知多少。

幸福在哪里　戴富荣

幸福在哪里,朋友啊,告诉你。
她不在柳荫下,也不在温室里。
她在辛勤的工作中,她在艰苦的劳动里。
啊！幸福就在你晶莹的汗水里。
幸福在哪里,朋友啊,告诉你。
他不在月光下,也不在睡梦里。
她在精心的耕耘中,她在知识的宝库里。
啊！幸福就在你闪光的智慧里。

4. 去声声调练习

校园早晨　高枫

沿着校园熟悉的小路,清晨来到树下读书。
初升的太阳照在脸上,也照着身旁这棵小树。
亲爱的伙伴,亲爱的小树,和我共享阳光雨露。
请我们记住这美好时光,直到长成参天大树。

5. 四声歌

四声歌

学好声韵辨四声,阴阳上去要分明。
部位方法须找准,开齐合撮属口形。

双唇班报必百波,抵舌当地斗点钉。
舌根高狗工耕故,舌面积结教坚精。
翘舌主争真知照,平舌资则早在增。
擦音发翻飞分复,送气查柴产彻称。
合口呼午枯胡古,开口高坡歌安争。
撮口虚学寻徐剧,齐齿衣优摇业英。
前鼻恩因烟弯稳,后鼻昂迎中拥生。
咬紧字头归字尾,阴阳上去记变声。
循序渐进坚持练,不难达到纯和清。

6. 句段练习

老屋老

老屋老,老屋污,老屋经雨老屋涝;
老屋老,老屋秃,捞、老、污、秃是老屋。

妈妈、舅舅、姥姥、妞妞

妈妈骑马,马慢妈妈骂马。
舅舅搬鸠,鸠飞舅舅揪鸠。
姥姥喝酪,烙酪姥姥捞酪。
妞妞牵牛,牛拗妞妞扭牛。

七样水果

一二三,三二一,一二三四五六七,
七六五四三二一。七个姑娘摘苹果儿,
七个花篮儿手中提,七个果子摆七样儿,
苹果、桃儿、石榴、柿子、李子、栗子、梨。

第二节 吐字

普通话音节分为声母、韵母、声调。声母也叫字头,韵母又分为字颈、字腹、字尾,声调也叫字神。普通话音节的吐字过程分为三个步骤:出字、立字和归音。这三个步骤的要求如下。

出字:咬住弹出,部位准确;气息饱满,结实有力;短暂敏捷,干净利落;定型标准,准确自然。

立字:拉开立起,气息均匀;音长音响,圆润饱满;窄韵宽发,宽韵窄发;前音后发,后音前发;圆唇扁发,扁音圆发。

归音:尾音轻短,完整自如;避免生硬,突然收住;归音到位,送气到家;干净利落,趋向鲜明。

一、吐字归音

"吐字归音"四个字其实只说了普通话发音的两个步骤,还有一个中间过程,也就是"立字"。有了这三个步骤,普通话所有的字音都能发好。

下面我们根据吐字、立字、归音三个步骤对吐字归音进行详细讲解。

(一)吐字

吐字也叫出字,主要是对声母发音的要求。如前所述,出字要:咬住弹出,部位准确;气息饱满,结实有力;短暂敏捷,干净利落;定型标准,准确自然。

吐字的关键是把字头咬紧,也就是我们说的成阻;然后用饱满的气息把字弹发出来,让吐字有力,这就是我们说的除阻。准确有力地发好声母,需要肌肉紧张、弹发有力,所以有的时候我们也常常会说"喷口"。

下面就吐字进行一些有针对性的练习。

1. 双唇音

白伯伯和白婆婆

白须白伯伯,白发白婆婆。
鸡叫三更喔喔喔,白伯伯白婆婆一齐上北坡。
白伯伯搀着白婆婆,白婆婆扶着白伯伯,
白伯伯白婆婆把萝卜种子种在北山坡。

盆和瓶

桌上放个盆,盆里有个瓶,砰砰啪啪,啪啪砰砰,
不知是瓶碰盆,还是盆碰瓶。

麻字谣

麻家爷爷挑着一对麻叉口,走到麻家婆婆的家门口。
麻家婆婆的一对麻花狗,咬破了麻家爷爷的麻叉口。
麻家婆婆拿来麻针、麻线,来补麻家爷爷的麻叉口。

2. 唇齿音

粉红墙上画凤凰

粉红墙上画凤凰。红凤凰、黄凤凰,粉红凤凰花凤凰。

奋发商店卖混纺

奋发商店卖混纺,有红混纺、黄混纺、粉红混纺、花混纺。
纷繁的混纺让大娘着了慌,仿佛进了混纺的大世界。
眼也花,手也忙,吩咐女儿快快挑混纺。

3. 舌尖中音

白石塔

白石塔,白石塔,
白石搭白塔,白塔白石搭。
搭好白石塔,白塔白又大。

打特盗

调到敌岛打特盗,特盗太刁投短刀。
挡推顶打短刀掉,踏盗得刀盗打倒。

男女教练

蓝教练是女教练,吕教练是男教练。
蓝教练不是男教练,吕教练不是女教练。
蓝南是男篮主力,吕楠是女篮主力。
吕教练在男篮训练蓝南,
蓝教练在女篮训练吕楠。

4. 舌根音

鹅过河

哥哥弟弟坡前坐,
坡上卧着一只鹅,坡下流着一条河,
哥哥说:宽宽的河;弟弟说:白白的鹅。
鹅要过河,河要渡鹅。
不知是鹅过河,还是河渡鹅。

国国和哥哥

国国和哥哥,树下分果果。

哥哥给国国大果果,国国把大个给哥哥。
哥哥让国国,国国让哥哥。
都说自己要小个,外婆见了乐呵呵。

5. 舌面音

九个酒迷喝醉酒

九月九,九个酒迷喝醉酒。
九个酒杯九杯酒,九个酒迷喝九口。
喝罢九口酒,又倒九杯酒。
九个酒迷端起酒,"咕咚、咕咚"又九口。
九杯酒,酒九口,喝罢九个酒迷醉了酒。

茄子

姐姐借刀切茄子,去把儿去叶儿斜切丝。
切好茄子烧茄子,炒茄子、蒸茄子,
还有一碗焖茄子。

6. 舌尖后音(翘舌音)

数狮子

公园有四排石狮子,
每排是十四只大石狮子。
每只大石狮子背上是一只小石狮子,
每只大石狮子脚边是四只小石狮子。
史老师领四十四个学生去数石狮子,
你说共数出多少只大石狮子
和多少只小石狮子?

任命、人名

任命是任命,人名是人名。
任命人名不能错,错了人名错任命。

7. 舌尖前音(平舌音)

小桑登山

三月三,小桑去登山。
上山又下山,下山又上山。
登了三次山,跑了三里三。
出了一身汗,湿了三件衫。
小桑山上大声喊,离天只有三尺三。

画狮子

有个好孩子,拿张图画纸,
来到石院子,学画石狮子。
一一天来画一次石狮子,十天来画十次石狮子。
次次画石狮子,天天画石狮子,死狮子画成了"活狮子"。

(二)立字

立字的要求是:拉开立起,气息均匀;音长音响,圆润饱满;窄韵宽发,宽韵窄发;前音后发,后音前发;圆唇扁发,扁音圆发。

立字的关键是字音能够拉开立起,圆润饱满。

根据韵母第一个音素发音的口形,韵母可以分为四呼,也就是:开口呼、齐齿呼、合口呼、撮口呼。

下面我们就做一些有针对性的练习。

1. 开口呼

妈妈骂马

妈妈种麻，我去放马，马吃了麻，妈妈骂马。

破瓦和骡马

楼上一块破瓦，楼下一匹骡马。
破瓦落下来打了骡马，骡马跳起来踩了破瓦。

买菜

小艾和小戴，一起去买菜。
小艾把一斤菜给小戴，小戴有比小艾多一倍的菜。
小戴把一斤菜给小艾，小艾、小戴就有一般多的菜。

兜装豆

兜里装豆，豆装满兜，兜破漏豆。
倒出豆，补破兜。补好兜，又装豆。装满兜，不漏豆。

2. 齐齿呼

吃荸荠

荸荠有皮，皮上有泥。
洗掉荸荠皮上的泥，削去荸荠外面的皮。
小丽、小艺和小奇，欢欢喜喜吃荸荠。

倒吊鸟

梁上两对倒吊鸟，泥里两对鸟倒吊。
可怜梁上的两对倒吊鸟，惦着泥里的两对鸟倒吊。
可怜泥里的两对鸟倒吊，也惦着梁上的两对倒吊鸟。

3. 合口呼

小花鼓

一面小花鼓,鼓上画老虎,妈妈用布来补。
到底是布补鼓,还是布补虎。

胡苏夫和吴夫苏

胡庄有个胡苏夫,吴庄有个吴夫苏。
胡庄的胡苏夫爱读诗书,
吴庄的吴夫苏爱读古书,
胡苏夫的书屋摆满了诗书,
吴夫苏的书屋放满了古书。

小华和胖娃

小华和胖娃,两人种花又种瓜。
小华会种花不会种瓜,胖娃会种瓜不会种花。
小华教胖娃种花,胖娃教小华种瓜。

比锤

炉东有个锤快锤,炉西有个锤锤快,
两人炉前来比赛。
不知是锤快锤比锤锤快锤得快?
还是锤锤快比锤快锤锤得快?

4. 撮口呼

芜湖徐如玉

芜湖徐如玉,出去屡次遇大雾。
曲阜苏愚卢,上路五回遇大雨。

颜圆眼和颜眼圆

山前住的颜圆眼,山后住的颜眼圆。
二人山前来比眼。
也不知道颜圆眼比颜眼圆的眼圆,
还是颜眼圆比颜圆眼的眼圆。

(三)归音

归音也叫归韵,是发音的最后部分。我们对归音的要求是:尾音轻短,完整自如;避免生硬,突然收住;归音到位,送气到家;干净利落,趋向鲜明。

归音的关键是字尾处唇形和声音都收住到位。

下面我们根据传统的"十三辙"来做一些有针对性的练习。

1. 江扬辙(ang、iang、uang)

汤烫塔

老唐端蛋汤,踏凳登宝塔。只因凳太滑,汤洒汤烫塔。

小道上

小王的姜撞翻老杨的缸,老杨的缸碰倒小王的姜。
小王放下姜去扶老杨的缸,老杨放下缸去帮小王装姜。

枪和糠

墙上一个窗,窗上一支枪,窗下一箩糠。
枪落进了糠,糠埋住了枪。
窗要糠让枪,糠要枪上墙,墙要枪上窗。
互相不退让,糠赶不走枪,枪也上不了窗和墙。

2. 中东辙 (eng、ing、ong、iong、ueng)

藤绳挂风灯

藤绳挂风灯,风更猛,风更增,灯碰藤绳藤碰灯。

青龙洞

青龙洞中龙做梦,青龙做梦出龙洞。
做了千年万载梦,龙洞困龙在深洞。
自从来了新愚公,愚公捅开青龙洞。
青龙洞中涌出龙,龙去农田做农工。

一场空

抬头看,满天星,低头看,一道坑。
坑里看,栽满葱,葱上看,冻着冰。
屋里看,点着灯,墙上看,钉的钉。
钉上看,挂的弓,弓上看,卧的鹰。
寒冬天,刮大风,刮散了,满天星。

墙上一根钉

墙上一根钉,钉上挂条绳,
绳下吊个瓶,瓶下放盏灯。
掉下墙上钉,脱掉钉上绳。
滑落绳下瓶,打碎瓶下灯。
瓶打灯,灯打瓶,瓶说灯,
灯骂绳,瓶说绳,绳说钉,
叮叮当当,乒乒乓乓。

3. 言前辙（an、ian、uan、üan）

南南有个篮篮

南南有个篮篮，篮篮装着盘盘，
盘盘放着碗碗，碗碗盛着饭饭。
南南翻了篮篮，篮篮扣了盘盘，
盘盘打了碗碗，碗碗撒了饭饭。

蒜拌面

蒜拌面，面拌蒜，吃蒜拌面算蒜瓣。
面拌蒜，蒜拌面，算吃蒜瓣面拌蒜。

严圆眼和杨眼圆

山前有个严圆眼，山后有个杨眼圆。
二人山前山后来比眼。
不知严圆眼比杨眼圆的眼圆，
还是杨眼圆比严圆眼的眼圆。

4. 人辰辙（en、in、uen、ün）

闷娃和笨娃

闷娃闷，笨娃笨。
闷娃嫌笨娃笨，笨娃嫌闷娃闷。
闷娃说笨娃我闷你笨，笨娃说闷娃我笨你闷。
也不知闷娃笨还是笨娃闷。

分银

隔墙听见人分银，不知道多少人分多少银。
只听见人说，

人人分半斤银余银四两,
人人分四两银余银半斤。

磙和棍

磙下压个棍,棍上压个磙。磙压棍滚,棍滚磙滚。

换裙子

军车运来一堆裙,一色军用绿色裙。
军训女生一大群,换下花裙换绿裙。

5. 怀来辙(ai、uai)

槐树歪歪

槐树歪歪,坐个乖乖。乖乖用手,摔了老酒。
酒瓶摔坏,奶奶不怪,怀抱乖乖,出外买卖。

白菜和海带

买白菜,搭海带,不买海带就别买大白菜。
买卖改,不搭卖,不买海带也能买到大白菜。

大妹和小妹

大妹和小妹,一起去收麦。
大妹割大麦,小妹割小麦。
大妹帮小妹挑小麦,小妹帮大妹挑大麦。
大妹小妹收完麦,噼噼啪啪齐打麦。

6. 灰堆辙(ei、uei)

玻璃杯和白开水

玻璃杯倒进白开水,白开水倒进玻璃杯。
玻璃杯倒进白开水,就成了装白开水的玻璃杯。

装白开水的玻璃杯倒进白开水,
白开水倒进装白开水的玻璃杯。

黑黑和灰灰

黑黑和灰灰,两人去推水。
黑黑推水,灰灰帮黑黑。
灰灰推水,黑黑帮灰灰。

嘴和腿

嘴说腿,腿说嘴,嘴说腿爱跑腿,腿说嘴爱卖嘴。
光动嘴不动腿,光动腿不动嘴,不如不长腿和嘴。

7. 遥条辙(iao、ao)

馋猫懒猫

庙里头有只白猫,庙外头有只黑猫。
庙里头白猫骂庙外头黑猫是只馋猫,
庙外头黑猫骂庙里面白猫是只懒猫。

植树苗

小苏小苗上山腰,欢欢喜喜植树苗。
小苏左手拎水桶,小苗右手拿铁锹。
小苗用锹使劲铲,小苏用桶把水浇。
阳光照耀小树苗,小苗渐渐挺直腰,
小苏小苗拍手笑。

鸟和猫

树上一只鸟,地上一只猫。
地上的猫想咬树上的鸟,
树上的鸟想啄猫的毛。

8. 油求辙(iou、ou)

酒换油

一葫芦酒九两六,一葫芦油六两九。
六两九的油,要换九两六的酒,
九两六的酒,不换六两九的油。

黄狗咬我手

清早上街走,走到周家大门口,
门里跳出一只大黄狗,朝我哇啦哇啦吼。
我拾起石头打黄狗,黄狗跳上来就咬我的手。
也不知我手里的石头打没打着周家的大黄狗,
周家的大黄狗咬没咬着我的手?

小秋和小牛

小妞妞,叫小秋,梳着两个小鬏鬏。
小胖胖,叫小牛,穿着一个小兜兜。
小秋帮着小牛系扣扣,小牛帮小秋剥豆豆。
小秋、小牛手拉手,一块儿玩,一块儿走。

9. 发花辙(a、ia、ua)

瓦打马

路上跑来马,撞上路边瓦。
瓦打坏马,马踏碎瓦。
瓦要马赔瓦,马要瓦赔马。

王婆夸瓜又夸花

王婆卖瓜又卖花,一边卖来一边夸,

又夸花,又夸瓜,夸瓜大,大夸花,
瓜大,花好,笑哈哈。

花鸭与彩霞

水中映着彩霞,水面游着花鸭。
霞是五彩霞,鸭是麻花鸭。
麻花鸭游进五彩霞,五彩霞网住麻花鸭。
乐坏了鸭,拍碎了霞,
分不清是鸭还是霞。

10. 梭波辙(o、e、uo)

鹅和鸽

天上一群大白鸽,河里一群大白鹅。
白鸽尖尖红嘴壳,白鹅曲项向天歌。
白鸽剪开云朵朵,白鹅拨开浪波波。
鸽乐呵呵,鹅活泼泼,
白鹅白鸽碧波蓝天真快乐。

窝和锅

树上一个窝,树下一口锅,
窝掉下来打着锅,窝和锅都破。
锅要窝赔锅,窝要锅赔窝,
闹了半天,
不知该锅赔窝,还是窝赔锅。

11. 乜斜辙(ie、üe)

瘸子

北边来了一个瘸子,背着一捆橛子。

南边来了一个瘸子,背着一筐茄子。
背橛子的瘸子打了背茄子的瘸子一橛子。
背茄子的瘸子打了背橛子的瘸子一茄子。

真绝

真绝,真绝,真叫绝,皓月当空下大雪,
麻雀游泳不飞跃,鹊巢鸠占鹊喜悦。

12. 姑苏辙(u)

补皮裤

出西门走七步,扒鸡皮补皮裤,
不知是皮裤补鸡皮,还是鸡皮补皮裤?

捉兔

一位爷爷他姓顾,上街打醋又买布。
买了布,打了醋,回头看见鹰抓兔。
放下布,搁下醋,上前去追鹰和兔,
飞了鹰,跑了兔,打翻醋,醋湿布。

画葫芦

胡图用笔画葫芦,葫芦画得真糊涂。
糊涂不能算葫芦,要画葫芦不糊涂。
胡图决心不糊涂,画出一只大葫芦。

13. 一七辙(i、ü)

蜂和蜜

蜜蜂酿蜂蜜,蜂蜜养蜜蜂。
蜜养蜜蜂蜂酿蜜,蜂酿蜂蜜蜜养蜂。

学捏梨

盘里放着一个梨,桌上放块橡皮泥。
小丽用泥学捏梨,眼看着梨手捏泥,
比比,真梨、假梨差不离。

小礼和小丽

小礼家有梨,小丽家有李。
小礼帮小丽摘李,小丽帮小礼摘梨。

二、语流音变

在汉语普通话的语流中,一个音节由于受到相邻音节音素的影响而发生了声母、韵母或声调的变化,这种变化叫作语流音变。

语流音变主要有:变调、轻声、儿化、语气词"啊"的音变、轻重格式。

(一)变调

1. 上声的变调

一是,上声在阴平、阳平、去声前变成半上211。

上阴:水乡　许多

上阳:主持　好评

上去:坦率　感谢

二是,上声在上声前变成直上,由214变成24。

上上:友好　保险

三是,三个上声连读,根据词语的意义自然分节后再按照上述变调类型处理。

①双单格变为 24-24-214。
手写体　展览馆　管理组
②单双格变为 211-24-214。
老首长　海产品　纸老虎
③三个以上的上声连读,按照词义分解后再按照前述规则变调。
请你往北走/找柳组长/取演讲稿。

2. 阴平、阳平、去声的变调

阴平、阳平、去声音节,后面不是轻声音节时,前一个音节变得略低点儿、短点儿。
44-55:天天　发声
34-35:人民　红旗
42-51:纪念　话剧

3. 重叠形容词的变调

一是,单音节形容词重叠,重叠部分可以变成阴平,也可以不变。如果带儿化,韵尾则一定要变成阴平。
远远的　　淡淡的　　瘦瘦的
圆圆儿的　慢慢儿地　热热儿的
二是,单音节形容词后面的重叠部分可以变成阴平,也可以不变。
亮堂堂　软绵绵　香喷喷　热腾腾
三是,双音节形容词重叠,前一音节重叠部分轻读,后一音节及其重叠部分变成阴平,也可以不变。
严严实实　马马虎虎　客客气气　高高兴兴
热热闹闹　嘻嘻哈哈　打打闹闹　风风火火

4. "一、七、八、不"的变调

一是,后面音节是去声字时,读作阳平。"七、八"在播音中不变调,在口语中可以变调。
一:一部　一定　一共
七:七个　七寸　七辆
八:八个　八份　八道
不:不必　不会　不去
二是,"一、不"在非去声前读作去声。
一:一年　一本　一般
不:不好　不多　不高
三是,单念、句尾读作原调。
一:一　统一　五一
不:不　我不　就不
四是,中间读作轻声。
一:看一看　想一想　说一说　笑一笑
不:好不好　行不行　跑一跑　跳一跳
五是,练习。
一模一样　一朝一夕　一丝不苟　一毛不拔
不卑不亢　不折不扣　不可一世　不慌不忙

(二)轻声

在词组里或者句子里,有些音节失去了原来的声调,变成较轻较短的调子。这就是轻声。

1. 轻声的实际读音

一是,轻声在阴平、阳平后面读中调(3度)。
棉花　风筝　高粱　结实　先生　功夫　粮食　云彩
二是,轻声在上声后面读半高调(4度)。
本事　体面　你们　买卖　点心　考究　口袋　起来
三是,轻声在去声后面读低调(1度)。
任务　应酬　力量　费用　太阳　故事　相声　告诉

2. 轻声词语同非轻声词语比较

包涵—包含　报酬—报仇　地方—地方　比试—笔试
大意—大意　是非—是非　东西—东西　地道—地道

3. 语气词"吧、吗、呢、啊"的轻读

去吧　走吗　怎么呢　说啊
唱吧　跳吧　干什么呢　一起来啊

4. 助词"的、地、得、着、了、过、们"的轻读

我的　慢慢地　好得很　拿着　走了　他们

5. 名词后缀"子、儿、头"的轻读

桌子　女儿　前头

6. 量词"个"的轻读

一个　两个　三个　四个

7. 方位词的轻读

屋里　地上　地下

8. 趋向动词的轻读

过来　过去　跑过来　跳过去

9. 重叠动词最后一个音节的轻读

说说　看看　写写　画画

10. 做宾语的人称代词的轻读

让他　叫你　请我

11. 叠字名词和重叠名词

叠字名词和重叠名词不一样,叠字名词第二个音节读轻声。

爸爸　妈妈　奶奶　爷爷

但是重叠名词就不能读轻声,比如:

老老小小　村村寨寨　家家户户

(三)儿化

儿化,又叫儿化韵,在普通话里起着修饰语言色彩的作用。儿化韵不是在音节之后加上一个 er 音节,而是在音节末尾最后一个音素上附加一个卷舌动作,使韵母起了变化。

1. 读音的变化

一是,在韵腹或者韵尾 a、o、e、u 后面加上"r"(表示卷舌动作)。

山坡儿　浪花儿　带头儿　台阶儿

没错儿　白兔儿　豆芽儿　半截儿

二是,在韵尾 i 和 n(除 in、ün 外)后面加上"r"(表示卷舌动作)。

小孩儿　一块儿　窗台儿　宝贝儿

鞋带儿　土堆儿　摸黑儿　小鬼儿

快板儿　杏仁儿　开春儿　茶馆儿

三是,在韵尾 ng 后面加上"r"(表示卷舌动作)。

大嗓儿　电影儿　胡同儿　小虫儿

相框儿　鼻梁儿　药方儿　板凳儿

四是,在单韵母 i 或者 ü 后面加上 er,舌尖元音-i(前)和-i(后)换成 er。

小米儿　玩意儿　饭粒儿　毛驴儿

写字儿　小刺儿　树枝儿　没事儿

2. 练习

(1) 词组

橘汁儿　铁丝儿　肉馅儿　桃核儿
高个儿　外号儿　脸蛋儿　花朵儿
女孩儿　笔帽儿　丑角儿　风味儿
雪人儿　纳闷儿　模特儿　名牌儿

(2) 句段

进了门儿，倒杯水儿，
喝了两口运运气儿。
顺手拿起小唱本儿，
唱一曲儿，又一曲儿，
练完了嗓子我练嘴皮儿，
绕口令儿，练字音儿，
还有单弦儿牌子曲儿，
小快板儿，大鼓词儿，
越说越唱我越带劲儿。

(四) 语气词"啊"的音变

一是，一句话开头念"a"音，单独使用也读"a"音。

啊(à)！祖国，我的母亲！

啊(à)！长江！

啊(ā)，答应我吧！

啊(á)，你怎么能这样？

啊(ǎ)，怎么搞的？

啊(à)，好吧！

二是，"啊"前面音节的韵母或韵母的尾音是"a、o(ao、iao 除外)、e、ê、i、ü"时，一般发"ya"音。

他啊！(ta-ya)

快点儿说啊！(shuo-ya)

怎么这么破啊？（po-ya）

这是一只鹅啊！（e-ya）

你继续写啊！（xie-ya）

我们要提高警惕啊！（ti-ya）

赶紧去啊！（qu-ya）

三是，"啊"前面的韵母或韵母的尾音是"n"时，一般发"na"音。

他可真不简单啊！（dan-na）

大家可要小心啊！（xin-na）

四是，"啊"前面音节的韵母或韵母的尾音是"ng"时，一般发"nga"音。

海面上好大的浪啊！（lang-nga）

北方的冬天可真冷啊！（leng-nga）

大家不停地唱啊！（chang-nga）

你说这样也成啊！（cheng-nga）

五是，"啊"前面音节的韵母或韵母的尾音是"ao、u"时，一般发"ua"音。

这里的东西就是好啊！（hao-ua）

那我当然要啊。（yao-ua）

我的命可真苦啊！（ku-ua）

六是，"啊"前面音节的韵母或韵尾是"-i(后)、r、er(包括儿化韵)"时，一般发"ra"音。

这可是空运过来的荔枝啊！（zhi-ra）

大家赶快吃啊！（chi-ra）

到底什么事啊？（shi-ra）

今天是周日啊！（ri-ra）

能不能再多一点儿啊？（er-ra）

七是，"啊"前面音节的韵母是"-i(前)"时，一般发"za音"。

谁写的毛笔字啊？（zi-za）

这是李清照的词啊！（ci-za）

三加二怎么可能是四啊!（si-za)

(五)词的轻重音格式

1. 双音节的轻重音格式

(1)中重格式

理论　当代　自然　烟火　信奉　出版

(2)重中格式

情感　父亲　颜色　价值　声音　形象

(3)重轻格式

力气　唠叨　痛快　清楚　灯笼　行李

2. 三音节词的轻重音格式

(1)中中重

天安门　科学院　展览馆　播音员　护身符

(2)中重轻

过日子　拿架子　卖关子　拉关系　牛脾气

(3)中轻重

吃不消　大不了　对不起　说得来　数得着

3. 四音节词的轻重音格式

(1)中重中重

五光十色　丰衣足食　日积月累　龙飞凤舞　移风易俗

(2)中轻中重

奥林匹克　二氧化碳　集体经济　马马虎虎　大大方方

(3)重中中重

面如刀割　惨不忍睹　义不容辞　美不胜收　一扫而空

第三节　发声

人类发出声音形成语言要经过一系列器官,这些器官相互协调,共同发出各种语言。

共同完成语音发声的器官有:呼吸器官、吐字器官、共鸣器官等。

形成语言的动力器官主要有:肺、横膈、胸廓、气管、呼吸肌肉群等。发音器官有:喉和声带。吐字器官有:唇、齿、舌、腭等。振动器官有:甲状软骨、环状软骨、勺状软骨和会厌软骨以及各种肌肉。共鸣器官有:喉室、咽腔、口腔,还有胸腔、鼻腔、头腔等。

一、气息控制

气息是发声的动力,"气者,音之帅也",有了气息,人类的声带才能够震动,才能够发出各种声响,这就是"气动则声发"的基本原理。

好的气息控制能够在我们使用语言的过程中起到积极的作用,不但能够让声音持久、响亮,还能够帮助我们更好地传情达意。

(一)慢吸慢呼

1. 闻鲜花的练习

这个练习并不是真的去闻鲜花的香气,而是通过模拟动作去感受气息的运动,进而对气息进行控制。

要领:彻底放松,想象面前有一束馥郁芬芳的鲜花,你被香气所吸引,恨不得一口气把这些花香都吸入体内。体会一下速度较缓慢地吸入气息。

2. 慢发延长的"a"音

这个练习主要体会呼气。

要领:意念集中,用自己最舒服的用声状态,声音由弱渐强、由小到大地发出"a"的延长音,气息通畅自如,让气流冲击硬腭前端,然后缓缓送出口腔。

3. 数数练习

用这个练习体会慢吸慢呼的控制。

要领:自然吸入气息,大概八成满的样子,在呼气时自然带出1、2、3、4、5……,数数的速度要缓慢,尽量数到气息不够的时候,但不要憋气,一口气数到多少就是多少,循序渐进地进行练习,逐渐拓展控制能力。

(二)快吸慢呼

1. 意外的惊喜

假设你过生日的时候,多年不见的朋友突然出现在你的面前,体会一下你开门见到朋友那一刹那的气息状态。

要领:急速地吸入一口气,然后慢慢呼出。

2. 向远处呼喊

假设你在找人或者向着远山大声呼喊,体会一下发出声音之前的呼吸状态。

要领:发声前快速吸一口气,然后控制住气息,大声喊出"阿毛……"。

(三)补气换气

通过下面这个段子,来体会和感受补气和换气。

出东门,过大桥,大桥底下一树枣儿。

拿着竿子去打枣儿,青的多、红的少。
一个枣,两个枣,三个枣,四个枣,五个枣,
六个枣,七个枣,八个枣,九个枣,十个枣。
十个枣,九个枣,八个枣,七个枣,六个枣,
五个枣,四个枣,三个枣,两个枣,一个枣。

(四)弱控制

1. 单音节夸张四声练习

通过这个练习把字音发得圆润饱满,字腹充分地拉开立起,这个过程需要气息的弱控制。比如:"啊"的四声练习,ā—á—ǎ—à。

2. 四音节声调夸张练习

选取一组包含阴阳上去四声的成语或词组,进行弱控制练习。
比如:花——红——柳——绿——
　　　鸟——语——花——香——
　　　光——明——磊——落——
　　　春——光——明——媚——

3. 通过朗诵一些古诗词来体会弱控制

花非花　　白居易

花非花,雾非雾。夜半来,天明去。
来如春梦不多时?去似朝云无觅处。

(五)强控制

1. 反复弹发"hèi——hà——"

这个练习可以让我们体会强控制下的气息运动和气息下沉的感觉。

2. 模仿京剧老生大笑

京剧老生大笑时发出的"哈—哈——哈———哈————"可以由快到慢、由慢到快、从高到低、从低到高地反复练习。

3. 数葫芦练习

一口气数不了二十四个葫芦,四十八块瓢。
一个葫芦两块瓢,两个葫芦四块瓢。
三个葫芦六块瓢,四个葫芦八块瓢。
五个葫芦十块瓢,六个葫芦十二块瓢。
……
二十四个葫芦四十八块瓢。

二、口腔控制

语音主要是在口腔形成的,所以加强口腔的控制可以有效地锻炼咬字器官的协调配合,有利于发出清晰圆润的字音。

(一)口部运动练习

1. 打牙关

做"狮子大张口"状,用上颚向上提,好像要让人看到后槽牙。这个方法训练口腔的开度。

2. 提颧肌

做微笑状,嘴角向两侧斜上方提起,感觉两个颧肌提起的状态。

3. 挺软腭

做半打哈欠状,体会软腭挺起的感觉。这个训练可以避免鼻音过重,还可以对字音的拉开立起和共鸣的集中有帮助。

4. 松下巴

下巴尽量放松。不要把注意力放在下巴上,否则容易造成发声肌肉紧张,不利于吐字的干净利索。

5. 双唇运动练习

双唇闭拢噘起,先前后运动,再按照上下左右的方向转圈。

6. 舌头运动练习

舌头在口腔内做最大范围的运动,然后让舌面和上颚接触,并连续打响。

(二)声音集中练习

1. 喷弹练习

ba——da——ga——pa——ta——ka——ba——ma——
fa——peng——pa——pi——pu——pai

2. 象声词练习

吧嗒嗒　滴溜溜　咕隆隆　噼啪啪
噗通通　呼啦啦　咣当当　哗啦啦
嘡唧唧　乒乓乓　唰啦啦　稀哩哩

3. 合撮音练习

花絮　乌鸦　吹捧　挫折　快乐　数学
谷雨　捐助　汪洋　选址　虚假　菊花

三、共鸣控制

共鸣控制在播音发声中很重要,共鸣不但影响声音的大小,还影响声音的色彩和表现力。

播音发声的共鸣和声乐、戏曲的共鸣不完全相同。播音发声主要用实声,对共鸣的要求是:以口腔共鸣为主,以胸腔共鸣为基础,辅以鼻腔、头腔共鸣。

(一)胸腔共鸣训练

胸腔共鸣可以增加声音的厚度,尤其是男声,需要加强胸腔共鸣,以便让声音听起来浑厚、宽广、结实、有力。

1. 低沉叹气

发延长的"么儿——"或"吁——"。通过这个练习体会气息下沉和胸腔共鸣。

2. 夸张上声

单发夸张的上声音节,比方"海""好""米""有"等。

(二)口腔共鸣训练

口腔共鸣非常重要。字音在口腔形成。口腔各个器官和肌肉群积极协调的运动,对语音的形成非常关键。好的口腔共鸣可以让字音圆润动听。

1. 拼合练习

结合声母、韵母和声调,做单音节拼合练习。

2. 绕口令练习

通过绕口令练习加强口腔各器官的运动和配合。

(三)鼻腔共鸣训练

在播音发声中,鼻腔共鸣不像声乐、戏曲发声中运用那么多。除了鼻韵母之外,适当的鼻腔共鸣可以增加一点色彩,有助于不同类型稿件内容的表达。但是鼻化音太多则形成语音缺陷。

1. 体会元音

捏住鼻子发单元音,这样发出的元音是没有鼻化的纯正单元音。

2. 鼻辅音+单元音

ma——mi——mu——na——ni——nu——

3. 哼唱练习

分别用鼻辅音 n 和 ng 来哼唱慢拍旋律,体会不同的鼻腔共鸣。

(四)头腔共鸣训练

头腔共鸣一般在朗诵文学作品时会用到。头腔共鸣过多容易形成"金属音",这种声音在话筒里会很刺耳。但是有些文学作品需要用头腔共鸣来增强语言的表现力。

1. 盘旋音练习

声音由低到高或由高到低盘旋着发"a"或"i"。一次呼吸探到最高音,然后再下滑到最低音,循序渐进地拓展音域。

2. 强控制练习

用强控制单发韵母、双音节和多音节词组。

四、声音弹性

声音弹性指声音跟随思想感情的起伏变化而发生变化的运动状态,也就是声音随着感情的变化所具有的可变性和伸缩性。

(一)增强气息控制

1. 发"si"音

单发"si"的延长音来加强气息的控制,可以由强渐弱,也可以由弱渐强,循序渐进地加强气息的控制能力。

2. 绕口令

通过一口气念清楚绕口令的练习来锻炼气息的控制能力。

(二)拓展音域变化

1. 声调夸张练习

通过对各种音节拼合的声调夸张练习来拓展音域。

2. 单发螺旋元音

单发螺旋式的元音,一口气螺旋上升到最高音,然后一口气螺旋下降到最低音。

3. 远距离练习

要让远处的人听到自己的呼唤声,假设对方距离不断增大:50米、60米、70米……200米。

五、练声及嗓音保护

(一)练声的目的和要求

1. 练声的目的

通过练声,使吐字发声的各个器官得到充分的训练并且能够运用自如,让普通话语音更加标准和圆润动听,让声音的表现力增强,这些都为进行有声语言表达奠定一个良好的基础。

2. 练声的要求

练声的方法一定要科学,练习的步骤要循序渐进。

练声的时间和地点并无特殊要求。时间上可以根据情况而定,最好选择空气清新的早上。练声的时长最好不要超过半个小时。练声地点可以选择视野开阔或者不影响他人的地点。

(二)练声的方法

1. 准备活动

在准备活动当中可以做一些口部各器官的运动,比方说开合练习、咀嚼练习、双唇练习、舌的练习等,还可以做几轮比较深入的呼吸运动。

2. 具体内容

(1)主要元音

改进主要元音的发音状态并且巩固正确的发音部位和方法,通过主要元音的练习,把气息调整好,为下面的练习做准备。

(2)字词练习

通过单音节、双音节以及四音节字词的练习来强化声韵调的正确发音。

(3)绕口令

绕口令练习可以强化训练普通话中声母韵母的各种拼合关系,有利于锻炼吐字器官的协调配合。

(4)句段练习

句段练习是声韵调和字词的综合练习。

(5)诗词练习

诗词练习可以让吐字发声和表达结合在一起进行综合练习。

3. 注意事项

一是,练声的时候不仅注重练习字音和气息,还要注重字词、句段的内涵。如果只是机械地见字出声,会影响句段和文章的表达。练声时要把字词的词性和感情色彩表达出来,练习句段和诗词的时候要把思想感情表达出来。

二是,制订一个适合自己的训练计划,把近期的主要问题通过练习先解决了,然后再一个一个地去解决存在的其他问题,这个过程要循序渐进,不能急功近利,也不要因问题太多而灰心丧气。

三是,出声之前先仔细倾听或者认真思考,能达到更好的练习效果。

四是,借鉴姊妹艺术。

(三)嗓音的保护

一是,坚持锻炼身体,不仅可以增强身体抵抗力,克服影响吐字发声的上呼吸道疾病,还可以增强身体的肌肉组织力量,扩大肺活量。

二是,用声之前先活动吐字发声器官,读读绕口令或句段,让嗓音打开,避免嗓音疾病的发生。

三是,注意休息,保证充分的睡眠,否则嗓音会因身体状况不好出现疲劳状态。

四是,生病或女性生理期时,要减少或者停止嗓音的使用。

五是,尽量减少刺激性食物,烟酒不能过度。

六是,可以辅助食用一些清咽利喉的保健食品和药物。

总之,声带是非常娇嫩的,我们一定要好好保护它。我们要掌握科学的吐字发声方法,通过循序渐进的训练,逐步改善和提高我们的嗓音状况。

第二章　表达基础

新闻消息、文学作品的文字稿件属于"一度创作",播音员主持人通过有声语言和副语言表达稿件属于"二度创作"。我们应该尽量还原或者接近原稿所传达的思想内涵和艺术效果。如何使我们的语言表达创作达到"锦上添花"的效果呢？我们又该遵循怎样的创作思路和方法呢？这正是本章的主要内容。下面就来讲解准备稿件的步骤、方法以及语言表达的内外部技巧。

第一节　准备稿件

在播读稿件之前一定要做充分的准备,无论是诗歌、散文、寓言故事、哲理小品,还是新闻消息、新闻评论素材,我们都需要在播读前进行认真细致的分析、理解和感受。我们把这个过程叫作准备稿件,也就是"备稿"。

准备稿件对于播音主持工作无疑是至关重要的,除了在具体实践当中由于条件限制或者时间紧促来不及仔细备稿,大多数播音员主持人在进行演播之前一定要做很多细致和缜密的准备工作。甚至可以说,备稿的程度直接影响节目播出的效果和质量,因此在学习播音主持表达技巧之前一定要学会如何备稿。

准备稿件都有哪些具体步骤,我们又应该如何做好备稿工作?下面我们就备稿的具体步骤进行阐释和示范。

一、备稿六步

备稿有两层含义:一个是广义备稿,一个是狭义备稿。

广义备稿是指播音员主持人应该注意平时的学习和积累,不仅要学习政治理论、百科知识,还要有专业基本功和艺术修养,这样才能够有效地提高和增强我们的理解力、感受力、表现力。

狭义备稿是指我们拿到稿件后对具体稿件的分析处理。这里所说的备稿主要是狭义备稿。

(一)具体步骤

备稿是播音主持艺术创作的基础和重要组成部分,根据播音主持艺术专业的传统,我们把准备稿件分为六步,分别是:划分层次、概括主题、联系背景、明确目的、找出重点、确定基调。

具体说来,备稿六步分别是这样的:

1. 第一步:划分层次

划分层次是根据稿件内容、有声语言表达规律和受众心理,将文字稿件进行归并和划分。归并是把相同相近的自然段归并在一个部分;划分是把一个较大的自然段划分为若干小层次。

2. 第二步:概括主题

概括主题是把稿件的中心思想用较为精练的语言概括出来。既要说出稿件的特点,又要解释事物的本质。

3. 第三步:联系背景

任何稿件及稿件所反映的事物都不是孤立地存在的,其发生发展都有一定的原因,都是在一定的背景下产生的。这里,创作主体要联系的背景,是指播出背景。有时播出背景同稿件写作背景是同步的,主要是新闻性稿件。有些是过去写的稿件,现在根据形势的需要播出。这就有一个"时间差",这种情况应联系播出背景。

播出背景可分为"上情"与"下情"。

"上情"是当前党和国家的有关方针政策;"下情"是人民群众在这方面的实践活动。"下情"又可分为"主流"和"支流"。"主流"就是积极的方面;"支流"就是存在的问题。创作主体在分析背景时,既要看到主流,又要看到支流。看不到主流,就会一叶障目,影响宣传的坚定性;看不到支流,就会盲目乐观,影响宣传的针对性。

4. 第四步:明确目的

播出目的是由背景生发而来的,"目的"就是要解决"背景"中存在的问题。目的是统率。

5. 第五步:找出重点

播音员主持人要把播出目的落实到稿件中去,就要分清稿件主次,实现播出目的。主要部分可能集中在一个段落或层次上,也可能散见于全篇。创作主体要善于处理主次关系,既要重点突出主要部分和句子,又要为次要部分做好铺垫。

6. 第六步:确定基调

基调是稿件总的感情色彩和分量。基调统一中有变化,但变化不能离开统一。"统一"是主旋律,"变化"是主旋律上的变奏。

(二)快速备稿

我们学习了备稿六步的详细步骤,但是在实际工作中,尤其在比较紧急的情况下来不及做很细致的工作,这个时候就需要快速备稿。

快速备稿需要我们在较短时间内完成如下准备工作：

第一遍快速阅读，迅速划分层次，概括主题，同时把稿件中不熟悉的细节和不确定读音的字词勾画出来，以便进一步核实和确认。

第二遍熟悉稿件，要联系背景，明确稿件的播出目的，找到稿件的重点，并确定播音的基调，也可以把具体的停连、重音、语气、节奏等外部技巧在稿件上做好标注，方便播读。

一般在正式播音之前，还有一些准备时间，或者在播完前面一条内容后，还有播放成片的时间，我们可以利用这些时间对稿件进行精加工。

注意事项：

第一，由于时间紧迫，快速备稿时可以出声练习，一是将吐字发声器官调动起来，二是让不顺的地方凸现出来，以便及早发现问题。

第二，要常年在演播室准备一本最新版的权威汉语词典，以便随时翻阅查找字词的语音和解释。养成翻阅字典的习惯是非常必要的，只要字音稍有不确定就一定要查字典确认，决不能心存侥幸，否则将贻笑大方。

总之，播音员主持人平时应多练基本功，多看书报杂志，多关注新闻动态。各类稿件接触得多了，哪怕是急稿也会熟能生巧。在没有充分时间准备的情况下，平时广博知识的储备（也就是广义备稿）以及丰富经验的积累，能够很有效地辅助我们完成快速备稿。

二、示例分析

下面我们根据一篇范文来体会和感受一下准备稿件的过程。

背 影

朱自清

①我与父亲不相见已二年余了,我最不能忘记的是他的背影。

②那年冬天,祖母死了,父亲的差使也交卸了,正是祸不单行的日子,我从北京到徐州,打算跟着父亲奔丧回家。到徐州见着父亲,看见满院狼藉的东西,又想起祖母,不禁簌簌地流下眼泪。父亲说,"事已如此,不必难过,好在天无绝人之路!"回家变卖典质,父亲还了亏空;又借钱办了丧事。这些日子,家中光景很是惨淡,一半为了丧事,一半为了父亲赋闲。丧事完毕,父亲要到南京谋事,我也要回北京念书,我们便同行。

③到南京时,有朋友约去游逛,勾留了一日;第二日上午便须渡江到浦口,下午上车北去。父亲因为事忙,本已说定不送我,叫旅馆里一个熟识的茶房陪我同去。他再三嘱咐茶房,甚是仔细。但他终于不放心,怕茶房不妥帖;颇踌躇了一会。其实我那年已二十岁,北京已来往过两三次,是没有甚么要紧的了。他踌躇了一会,终于决定还是自己送我去。我两三回劝他不必去;他只说,"不要紧,他们去不好!"

④我们过了江,进了车站。我买票,他忙着照看行李。行李太多了,得向脚夫行些小费,才可过去。他便又忙着和他们讲价钱。我那时真是聪明过分,总觉他说话不大漂亮,非自己插嘴不可。但他终于讲定了价钱;就送我上车。他给我拣定了靠车门的一张椅子;我将他给我做的紫毛大衣铺好坐位。他嘱我路上小心,夜里警醒些,不要受凉。又嘱托茶房好好照应我。我心里暗笑他的迂;他们只认得钱,托他们直是白托!而且我这样大年纪的人,难道还不能料理自己么?唉,我现在想想,那时真是太聪明了!

⑤我说道,"爸爸,你走吧。"他望车外看了看,说,"我买几个橘子去。你就在此地,不要走动。"我看那边月台的栅栏外有几个卖东西的等着顾客。走到那边月台,须穿过铁道,须跳下去又爬上去。父亲是一个胖子,走过去自然要费事些。我本来要去的,他不

肯,只好让他去。我看见他戴着黑布小帽,穿着黑布大马褂,深青布棉袍,蹒跚地走到铁道边,慢慢探身下去,尚不大难。可是他穿过铁道,要爬上那边月台,就不容易了。他用两手攀着上面,两脚再向上缩;他肥胖的身子向左微倾,显出努力的样子。这时我看见他的背影,我的泪很快地流下来了。

⑥我赶紧拭干了泪,怕他看见,也怕别人看见。我再向外看时,他已抱了朱红的橘子往回走了。过铁道时,他先将橘子散放在地上,自己慢慢爬下,再抱起橘子走。到这边时,我赶紧去搀他。他和我走到车上,将橘子一股脑儿放在我的皮大衣上。于是扑扑衣上的泥土,心里很轻松似的,过一会说,"我走了;到那边来信!"我望着他走出去。他走了几步,回过头看见我,说,"进去吧,里边没人。"等他的背影混入来来往往的人里,再找不着了,我便进来坐下,我的眼泪又来了。

⑦近几年来,父亲和我都是东奔西走,家中光景是一日不如一日。他少年出外谋生,独力支持,做了许多大事。哪知老境却如此颓唐!他触目伤怀,自然情不能自已。情郁于中,自然要发之于外;家庭琐屑便往往触他之怒。他待我渐渐不同往日。但最近两年的不见,他终于忘却我的不好,只是惦记着我,惦记着我的儿子。我北来后,他写了一信给我,信中说道,"我身体平安,惟膀子疼痛利害,举箸提笔,诸多不便,大约大去之期不远矣。"我读到此处,在晶莹的泪光中,又看见那肥胖的,青布棉袍,黑布马褂的背影。唉!我不知何时再能与他相见!

1925年10月在北京

这篇经典散文大家都不陌生,我们可以根据先前介绍的准备稿件的方法,对此文做如下分析和准备:

第一步:划分层次

全篇共有7个自然段,大致可以这样归并和划分:

```
         ┌第一部分:①
         │                      ┌第一层:②
    背影 ┤第二部分:②③④⑤⑥ ┤第二层:③④
         │                      └第三层:⑤⑥
         └第三部分:⑦
```

第一部分(①)
思念父亲,最不能忘怀的是他的"背影"。开篇点题。

第二部分(②③④⑤⑥)
回忆往事,追述在车站与父亲离别的情景,表现父亲爱子的真挚感情。

第一层(从"那年冬天"到"我们便同行"):
交代这次父子分别时的家庭情况,为写"背影"渲染悲凉的气氛。

第二层("从到南京时"到"……太聪明了"):
写父亲送行前的细心关照,为写"背影"作铺垫。

第三层(从"我说道"到"……又来了"):
描写父亲爬过铁道去买橘子的"背影",抒发真挚的感情。

第三部分(⑦)
写别后对父亲的思念。以在泪光中再现"背影"作结,直接抒发深切怀念之情。

第二步:概括主题
通过对父亲在车站给儿子送行情景的描述,表现父亲对儿子无微不至的爱和儿子对父亲的百般怀念。

第三步:联系背景
文章写的是 1917 年作者在北大读书时经历的事,是在 1925 年写的。作者 1917 年在北京大学哲学系念书,得知祖母去世,从北京赶到徐州与父亲一道回扬州奔丧。丧事完毕,父亲到南京找工作,作者回北京念书,父子在浦口惜别。这一时期中国社会的状况是:军阀割据,帝国主义势力明争暗斗,知识分子朝不保夕,广大劳动人民处在水深火热之中。作者当时虽未站到革命立场,投入反帝反封的斗争中,但作为一名正直、善良、敦厚的知识分子,必然会感到社会的压抑,产生一种落寞凄凉的情绪。作者的家庭因社会的黑暗而日趋窘迫,"光景很是惨淡""一日不如一日"。作者的父亲先是"赋闲",后为了找差事而"东奔西走",乃至老境"颓唐",这些都从一个侧面反映了当时知识分子奔波劳碌、前途渺茫、谋事艰难、境遇凄惨的现实。在他们心头笼罩一层不散的愁云,如同文章所表现的灰暗的基调。

第四步:明确目的

在这一背景上,作者写出的真挚、深沉、感人至深的父子之爱,特别是融汇了辛酸与悲凉情绪的父子之爱,既符合我们民族伦理道德中传统的、纯真高尚的感情,又饱含在厄运面前的挣扎和对人情淡薄的旧世道的抗争。虽然这只是"怨而不怒"式的反抗,但仍引发人们的同情、叹惋乃至强烈的共鸣。

第五步:找出重点

重点在第二部分(②③④⑤⑥),主要是回忆往事,追述在车站与父亲离别的情景,表现父亲爱子的真挚感情。重点分别是:第一层交代这次父子分别时的家庭情况,为写"背影"渲染悲凉的气氛;第二层写父亲送行前的细心关照,为写"背影"作铺垫;第三层描写父亲爬过铁道去买橘子的"背影",抒发真挚的感情。

当然,开头和结尾的段落也是有重点的,但相比较而言,从语言表达角度来看,需要着重表现的还是主要集中在第二部分。

第六步:确定基调

文中的确流露了"淡淡的哀愁",但是这种情绪要做具体的、历史的分析。

文章的基调是父子情深的惜别之情。作者在文中主要表现的父亲的感情,哀愁不是主要的,而是在逆境中镇定、宁静的深沉心情。

文中的另一种思想感情,是儿子对父亲的怀念、怜惜和感伤之情。正是儿子的复杂的感情,衬托了父亲的复杂心情。这两种感情在文中是互相依存、互相映衬的。

这种父子之爱,带有那个时代特有的印记,带有那时父亲特有的境遇所赋予的情调,还带有年老的父亲送子远行所特有的情绪。因此,这种感情既有惨淡、哀伤的一面,又有关怀、体贴的一面,具有相当复杂的内涵。

三、实践练习

(一)文学作品类

故都的秋
郁达夫

①秋天,无论在什么地方的秋天,总是好的;可是啊,北国的秋,却特别地来得清,来得静,来得悲凉。我的不远千里,要从杭州赶上青岛,更要从青岛赶上北平来的理由,也不过想饱尝一尝这"秋",这故都的秋味。

②江南,秋当然也是有的;但草木凋得慢,空气来得润,天的颜色显得淡,并且又时常多雨而少风;一个人夹在苏州上海杭州,或厦门香港广州的市民中间,浑浑沌沌地过去,只能感到一点点清凉,秋的味,秋的色,秋的意境与姿态,总看不饱,尝不透,赏玩不到十足。秋并不是名花,也并不是美酒,那一种半开、半醉的状态,在领略秋的过程上,是不合适的。

③不逢北国之秋,已将近十余年了。在南方每年到了秋天,总要想起陶然亭的芦花,钓鱼台的柳影,西山的虫唱,玉泉的夜月,潭柘寺的钟声。在北平即使不出门去吧,就是在皇城人海之中,租人家一椽破屋来住着,早晨起来,泡一碗浓茶,向院子一坐,你也能看得到很高很高的碧绿的天色,听得到青天下驯鸽的飞声。从槐树叶底,朝东细数着一丝一丝漏下来的日光,或在破壁腰中,静对着像喇叭似的牵牛花(朝荣)的蓝朵,自然而然地也能够感觉到十分的秋意。说到了牵牛花,我以为以蓝色或白色者为佳,紫黑色次

之,淡红色最下。最好,还要在牵牛花底,教长着几根疏疏落落的尖细且长的秋草,使作陪衬。

④北国的槐树,也是一种能使人联想起秋来的点缀。像花而又不是花的那一种落蕊,早晨起来,会铺得满地。脚踏上去,声音也没有,气味也没有,只能感出一点点极微细极柔软的触觉。扫街的在树影下一阵扫后,灰土上留下来的一条条扫帚的丝纹,看起来既觉得细腻,又觉得清闲,潜意识下并且还觉得有点儿落寞,古人所说的梧桐一叶而天下知秋的遥想,大约也就在这些深沉的地方。

⑤秋蝉的衰弱的残声,更是北国的特产;因为北平处处全长着树,屋子又低,所以无论在什么地方,都听得见它们的啼唱。在南方是非要上郊外或山上去才听得到的。这秋蝉的嘶叫,在北平可和蟋蟀耗子一样,简直像是家家户户都养在家里的家虫。

⑥还有秋雨哩,北方的秋雨,也似乎比南方的下得奇,下得有味,下得更像样。

⑦在灰沉沉的天底下,忽而来一阵凉风,便息列索落地下起雨来了。一层雨过,云渐渐地卷向了西去,天又青了,太阳又露出脸来了;着着很厚的青布单衣或夹袄的都市闲人,咬着烟管,在雨后的斜桥影里,上桥头树底下去一立,遇见熟人,便会用了缓慢悠闲的声调,微叹着互答着地说:

⑧"唉,天可真凉了——"(这了字念得很高,拖得很长。)

⑨"可不是么?一层秋雨一层凉了!"

⑩北方人念阵字,总老像是层字,平平仄仄起来,这念错的歧韵,倒来得正好。

⑪北方的果树,到秋来,也是一种奇景。第一是枣子树;屋角,墙头,茅房边上,灶房门口,它都会一株株地长大起来。像橄榄又像鸽蛋似的这枣子颗儿,在小椭圆形的细叶中间,显出淡绿微黄的颜色的时候,正是秋的全盛时期;等枣树叶落,枣子红完,西北风就要起来了,北方便是尘沙灰土的世界,只有这枣子、柿子、葡萄,成熟到八九分的七八月之交,是北国的清秋的佳日,是一年之中最好也没有的 Golden Days。

⑫有些批评家说,中国的文人学士,尤其是诗人,都带着很浓厚的颓废色彩,所以中国的诗文里,颂赞秋的文字特别地多。但外国的诗人,又何尝不然?我虽则外国诗文念得不多,也不想开出账来,做一篇秋的诗歌散文钞,但你若去一翻英德法意等诗人的集子,或各国的诗文的 Anthology 来,总能够看到许多关于秋的歌颂与悲啼。各著名的大诗人的长篇田园诗或四季诗里,也总以关于秋的部分写得最出色而最有味。足见有感觉的动物,有情趣的人类,对于秋,总是一样的能特别引起深沉,幽远,严厉,萧索的感触来的。不单是诗人,就是被关闭在牢狱里的囚犯,到了秋天,我想也一定会感到一种不能自已的深情;秋之于人,何尝有国别,更何尝有人种阶级的区别呢?不过在中国,文字里有一个"秋士"的成语,读本里又有着很普遍的欧阳子的《秋声》与苏东坡的《赤壁赋》等,就觉得中国的文人,与秋的关系特别深了。可是这秋的深味,尤其是中国的秋的深味,非要在北方,才感受得到底。

⑬南国之秋,当然是也有它的特异的地方的,比如廿四桥的明月,钱塘江的秋潮,普陀山的凉雾,荔枝湾的残荷等等,可是色彩不浓,回味不永。比起北国的秋来,正像是黄酒之与白干,稀饭之与馍馍,鲈鱼之与大蟹,黄犬之与骆驼。

⑭秋天,这北国的秋天,若留得住的话,我愿把寿命的三分之二折去,换得一个三分之一的零头。

1934年8月,在北平

海 燕
高尔基

①在苍茫的大海上,狂风卷集着乌云。在乌云和大海之间,海燕像黑色的闪电,在高傲地飞翔。

②一会儿翅膀碰着波浪,一会儿箭一般地直冲向乌云,它叫喊着,——就在这鸟儿勇敢的叫喊声里,乌云听出了欢乐。

③在这叫喊声里——充满着对暴风雨的渴望!在这叫喊声

里,乌云听出了愤怒的力量、热情的火焰和胜利的信心。

④海鸥在暴风雨来临之前呻吟着,——呻吟着,它们在大海上飞窜,想把自己对暴风雨的恐惧,掩藏到大海深处。

⑤海鸭也在呻吟着,——它们这些海鸭啊,享受不了生活的战斗的欢乐:轰隆隆的雷声就把它们吓坏了。

⑥蠢笨的企鹅,胆怯地把肥胖的身体躲藏在悬崖底下……只有那高傲的海燕,勇敢地,自由自在地,在泛起白沫的大海上飞翔!

⑦乌云越来越暗,越来越低,向海面直压下来,而波浪一边唱歌,一边冲向高空,去迎接那雷声。

⑧雷声轰响。波浪在愤怒的飞沫中呼叫,跟狂风争鸣。看吧,狂风紧紧抱起一层层巨浪,恶狠狠地将它们甩到悬崖上,把这些大块的翡翠摔成尘雾和碎末。

⑨看吧,它飞舞着,像个精灵,——高傲的、黑色的暴风雨的精灵,——它在大笑,它又在号叫……它笑那些乌云,它因为欢乐而号叫!

⑩这个敏感的精灵,——它从雷声的震怒里,早就听出了困乏,它深信,乌云遮不住太阳——是的,遮不住的!

⑪狂风吼叫……雷声轰响……

⑫一堆堆乌云,像青色的火焰,在无底的大海上燃烧。大海抓住闪电的箭光,把它们熄灭在自己的深渊里。这些闪电的影子,活像一条条火蛇,在大海里蜿蜒游动,一晃就消失了。

⑬——暴风雨!暴风雨就要来啦!

这是勇敢的海燕,在怒吼的大海上,在闪电中间,高傲地飞翔;这是胜利的预言家在叫喊:

⑭——让暴风雨来得更猛烈些吧!

(二)新闻消息类

习近平出席建成暨开通仪式并宣布
北斗三号全球卫星导航系统正式开通

①新华社北京7月31日电 北斗闪耀,泽沐八方。北斗三号全球卫星导航系统建成暨开通仪式31日上午在北京举行。中共中央总书记、国家主席、中央军委主席习近平出席仪式,宣布北斗三号全球卫星导航系统正式开通并参观北斗系统建设发展成果展览展示,代表党中央向参与系统研制建设的全体人员表示衷心的感谢、致以诚挚的问候。

②中共中央政治局常委、国务院总理李克强,中共中央政治局常委、国务院副总理韩正出席仪式。

③人民大会堂雄伟壮丽,东大厅内灯光璀璨、气氛热烈。10时30分,在热烈的掌声中,习近平等步入仪式现场。

④刘鹤主持仪式。仪式播放了反映北斗三号全球卫星导航系统建设发展情况的视频短片。张又侠宣读了中共中央、国务院、中央军委的贺电。

⑤10时48分,习近平走上主席台,宣布:"北斗三号全球卫星导航系统正式开通!"全场响起经久不息的热烈掌声。

⑥仪式结束后,习近平等来到人民大会堂河北厅,参观北斗系统建设发展成果展览展示,听取工程建设、运行服务、应用推广、国际合作和发展展望介绍。体现北斗系统自主创新自主可控重要成果和规模化、市场化、产业化应用以及国际化进程的展板和展品,吸引了习近平的目光,他不时驻足察看,详细询问有关情况。

⑦习近平充分肯定北斗系统特别是北斗三号全球卫星导航系统建设取得的成就。他指出,北斗三号全球卫星导航系统的建成开通,充分体现了我国社会主义制度集中力量办大事的政治优势,对提升我国综合国力,对推动疫情防控常态化条件下我国经济发展和民生改善,对推动当前国际经济形势下我国对外开放,对进一

步增强民族自信心、努力实现"两个一百年"奋斗目标,具有十分重要的意义。26年来,参与北斗系统研制建设的全体人员迎难而上、敢打硬仗、接续奋斗,发扬"两弹一星"精神,培育了新时代北斗精神,要传承好、弘扬好。要推广北斗系统应用,做好确保系统稳定运行等后续各项工作,为推动我国经济社会发展、推动构建人类命运共同体作出新的更大贡献。

⑧丁薛祥、许其亮、肖捷、何立峰,以及李作成参加上述活动。

⑨中央和国家机关有关部门、军队有关单位负责同志,北斗系统参研参建代表等参加仪式。

⑩北斗系统是党中央决策实施的国家重大科技工程。工程自1994年启动,2000年完成北斗一号系统建设,2012年完成北斗二号系统建设。北斗三号全球卫星导航系统全面建成并开通服务,标志着工程"三步走"发展战略取得决战决胜,我国成为世界上第三个独立拥有全球卫星导航系统的国家。目前,全球已有120余个国家和地区使用北斗系统。

(选自"学习强国"学习平台2020年7月31日)

庆祝中华人民共和国成立70周年
首都北京将举行隆重热烈的庆祝活动

①今年是中华人民共和国成立70周年,首都北京将举行隆重热烈的庆祝活动。今天(8月29日)中央宣传部常务副部长王晓晖在国务院新闻办公室举行的新闻发布会上向记者介绍了庆祝活动安排情况。国家发展改革委、文化和旅游部、北京市、阅兵领导小组办公室负责人共同出席新闻发布会并回答记者提问。

②据介绍,庆祝活动将充分展示中华人民共和国成立70年来的光辉历程、伟大成就和宝贵经验,突出展示党的十八大以来,以习近平同志为核心的党中央团结带领全党全军全国各族人民进行伟大斗争、建设伟大工程、推进伟大事业、实现伟大梦想,推动党和国家事业取得的历史性成就,发生的历史性变革。

③庆祝活动主要包括以下安排：

④10月1日，在天安门广场隆重举行庆祝中华人民共和国成立70周年大会，中共中央总书记、国家主席、中央军委主席习近平发表重要讲话，庆祝大会后，将举行盛大的阅兵式和群众游行。

⑤10月1日晚，在天安门广场举办首都国庆联欢活动。党和国家领导人同首都各界代表一起联欢并观看文艺演出和焰火表演。

⑥在人民大会堂举行隆重颁授仪式，对在中国特色社会主义建设和保卫国家中作出重大贡献、建立卓越功勋、道德品质高尚、群众公认的杰出人士，在中国社会主义现代化建设和促进中外交流合作、维护世界和平中作出杰出贡献的外国人，在各领域各行业作出重大贡献、享有崇高声誉、道德品质高尚、群众公认的杰出人士，分别授予"共和国勋章""友谊勋章"和国家荣誉称号，中华人民共和国主席习近平将亲自颁授勋章、奖章，签发证书。

⑦9月30日烈士纪念日，在天安门广场人民英雄纪念碑前举行向人民英雄敬献花篮仪式，党和国家领导人和首都各界群众代表参加。

⑧以中华人民共和国主席习近平名义，在人民大会堂举办盛大国庆招待会，中共中央总书记、国家主席、中央军委主席习近平发表重要讲话。

⑨在人民大会堂举办以大型音乐舞蹈史诗形式呈现的庆祝中华人民共和国成立70周年文艺晚会《奋斗吧 中华儿女》。

⑩9月起在北京展览馆举办庆祝中华人民共和国成立70周年大型成就展。

⑪以中共中央、国务院、中央军委名义，颁发"庆祝中华人民共和国成立70周年"纪念章。

⑫以中华人民共和国成立70年来取得的辉煌成就为主要内容，制作播出大型文献专题片。

⑬以庆祝中华人民共和国成立70周年为题材，发行一套纪念币和一套纪念邮票。

⑭据介绍，庆祝活动既要隆重热烈又要务实节俭，严格执行中央八项规定精神，防止形式主义，不搞铺张浪费。各地区各部门还将根据党中央统一部署，组织开展形式多样的庆祝活动。

⑮庆祝中华人民共和国成立70周年各项活动将在北京梅地亚中心设立新闻中心，从9月23日起正式运行。

（选自《新闻联播》2019年8月29日）

纪念中国人民抗日战争暨世界反法西斯战争胜利74周年座谈会在京举行

①纪念中国人民抗日战争暨世界反法西斯战争胜利74周年座谈会3日在北京举行，中共中央书记处书记、中央统战部部长尤权出席。

②中国人民抗日战争胜利宣告了世界反法西斯战争的完全胜利，重新确立了中国在世界上的大国地位，使中国人民赢得了世界爱好和平人民的尊敬。

③座谈会上，中央统战部、中央党史和文献研究院、中央军委政治工作部负责同志和抗战老战士、青年学生代表先后发言，从不同角度回顾了中国人民为维护民族独立和自由、捍卫祖国主权和尊严建立的伟大功勋，充分表达了坚定不移走和平发展道路的崇高愿望。

（选自《新闻联播》2019年9月3日）

【新中国的第一】第一个计算机中文信息处理系统

①如今，书籍、报刊、电子书、新闻类应用软件等广泛应用在我们的生活当中，这一切都源自1979年我国自主研发的"汉字激光照相排版"系统，这项技术淘汰了沿用上百年的铅字印刷，使我国出版印刷行业得到彻底改造。

②四十多年前，我国的书刊、报纸、教科书等出版印刷行业，还

主要靠铅制的活字印刷术。1974年8月,新中国设立国家重点科技攻关项目"748工程",研发汉字信息处理系统。最难的一步,就是让印刷体的汉字进入计算机。

③1975年,当时还在北大当教员的王选用"参数表示规则笔画,轮廓表示不规则笔画"这种独一无二的方法,把几千兆的汉字字形信息,大大压缩后存进了只有几兆存储量的计算机,这是新中国在世界上首次把精密汉字存入计算机。

④王选团队又采用当时国外尚无产品的激光照排技术,经过四年的连续攻关,成功从计算机里输出了汉字。后来,汉字激光照排系统不仅风靡全国,颠覆性改造了新中国的出版印刷行业,还出口到日本和欧美等发达国家。

⑤如今,"748工程"已经过去了四十多年,计算机不仅可以模仿手写笔迹造字,还可以写文章、作诗。2018年,手写体字库自动生成等技术进入应用阶段。

(选自《新闻联播》2019年9月2日)

澳门开学第一课:升起五星红旗

①3日,澳门的小学和部分中学迎来开学第一天。不少学校在开学典礼上举行庄严的升旗仪式,迎接新学年的到来。

②早上8点,有87年历史的澳门濠江中学举行了庄严的升国旗仪式。近2,000名师生齐唱国歌。

③校方介绍说,自从澳门回归祖国之后,除了每学年开学典礼,每星期一也会举行升旗仪式,平时还会对学生进行国旗国歌国徽的教育。

④在濠江中学附属英才学校当天用普通话举行了开学典礼。在开学典礼上,校长带领大家重温了当年学校第一次升起国旗的场景。

(选自《新闻联播》2019年9月3日)

日本将韩国移出贸易"白色清单"

①日本政府2日通过内阁决议,将韩国移出可享受贸易便利的"白色清单",28日正式生效,日韩贸易摩擦升级。

②韩国总统文在寅2日下午紧急召开内阁会议商讨应对措施,他在会前的电视讲话中对日本的决定深表遗憾,并警告日本将对由此引发的严重后果承担全部责任。会后,韩国政府有关部门召开联合记者会,宣布也将加强对日本实施出口管控。韩国外长康京和指责日本做出的这一单方面武断行为,挑战了公平与自由贸易原则。

③所谓"白色清单",是指日本政府制定的安全保障贸易友好对象国清单。日本厂商可以以相对简便的手续向这些国家出口可转为军事用途的产品和技术。之前列入"白色清单"的有27个国家,韩国是第一个被移除的国家。被移出"白色清单"后,除了此前已经宣布的三种半导体材料,日本将对其他所有对韩高科技产品出口实施个案审查。据韩国政府估计,可能有超过1,000种商品进口受影响,涉及汽车、手机、石化等多个关键行业。

(选自《新闻联播》2019年8月2日)

第二节 内部技巧

内部技巧主要是指让思想感情运动起来的方法。

播音主持工作是一项把文字稿件转换成有声语言的创造性劳动,创造是需要一个过程的。把文字稿件转换成有声语言不仅需要我们很好地理解稿件,还需要我们调动内心丰富的情感,把稿件中所蕴含的丰富的内在情感表现出来。这就需要我们的思想感情运动起来,这种调动情感、让情感运动起来的技巧就是内部技巧。

一、要点概述

内部技巧概括起来主要有三个,分别是:情景再现、内在语、对象感。

(一)情景再现

情景再现是在符合稿件需要的前提下,以稿件提供的材料为原型,使稿件中的人物、事件、情节、场面、景物、情绪……在播音员脑海里不断浮现,形成连续活动的画面,并不断引发相应的态度、感情。

通过对情景再现的阐释不难看出情景再现其实是一种想象和联想活动,但是它并不是任意驰骋的,而是以稿件材料为原型,既要符合稿件的主旨和要求,还要符合受众视听的需要。

情景再现的过程可以分成以下四步:

1. 理清头绪

充分阅读稿件,并将其还原成一幕幕具体的情景场面。比如,按照事物发展顺序想象:开始怎样?过程怎样?结果怎样?按照情景画面想象:哪些是特写?哪些是中景?哪些是远景?当然还有很多种想象和联想的方法可以帮助你理清头绪,前提是根据稿件的写作方法和艺术风格来进行。

2. 设身处地

在理清头绪的基础上我们就可以假设:如果自己身处稿件中的情境会有什么样的感受?千万不能袖手旁观,一定要把稿件中的一切当作是自己亲身经历的一样去体会和感受。设身处地的主要目的是更好地获得现场感。

3. 触景生情

当我们的脑海中浮现出某些景物的时候，必然会产生一种心理上的条件反射，这就是我们常说的触景生情。根据文字稿件引发出这种积累的情感体验，能够使我们在有声语言表达的时候产生一种积极和准确的反应。

4. 现身说法

播音员主持人对文字稿件进行二度创作的目的就是要用有声语言准确地表达出来并且传播出去，这一传播环节必然是由创作者来承担，此时的播音员主持人就需要现身说法，把通过阅读、理解稿件调动起来的情感体验用准确生动的有声语言表达出来，这样才算完成一次播音主持创作。

（二）内在语

内在语是根据不同的环境、不同的对象所采取的一种语言表达方式，是指那些在语言中不便表露、不能表露或者没有完全表露出来和没有直接表露出来的语句关系和语句本质。我们平常提到的"话里有话""弦外之音"就属于内在语，这和戏剧表演中的潜台词有异曲同工之妙。内在语也是一种帮助播音员主持人把稿件变成自己要说的话，并使其思想感情运动起来，提示播音员主持人找到恰当的表达语气的重要方法。

内在语有六种基本类型：

1. 发语性内在语

发语性内在语一般多出现在开头的呼号、题目、作者，或者节目开始的问候语，等等。作用是帮助播音员主持人营造一种起始感。

2. 寓意性内在语

寓意性内在语就是文字稿件的"弦外之音",特别要注意那些语句中蕴含的感情色彩、程度深浅以及态度分寸。

3. 关联性内在语

关联性内在语就是那些没有明确地用文字表述出来的语句关系,比如语句、段落、层次之间的关系;还有那些不完整或者没有完全表现出来的关联词,像"因为……所以""不但……而且""虽然……但是""如果……那么"等。

4. 提示性内在语

提示性内在语主要出现在那些需要衔接的地方,可以在句群之间,也可以在段落或者层次之间,作用是让语句之间的逻辑关系更加顺畅和严密。

5. 回味性内在语

回味性内在语关键看文字稿件是否还有某种寓意、某种意境或某种线索等深层含义需要表现出来,这有赖于播音员主持人是不是能够深刻领会和准确表现出原作当中的深刻内涵。

6. 反语性内在语

反语性内在语相对直接地体现出文稿语句当中表层与深层内涵之间的对立和对比关系。反语有的时候表现为反问,有的时候表现为双关,有的时候则表现出非对立性质。这种内在语往往带有明显的强烈的语气和态度。

(三)对象感

对象感顾名思义就是假设交流对象及环境的感觉和状态。因为很多时候播音员主持人在演播室或者录音棚里工作,现场并没有受众,这种情况下就需要运用联想和想象的方法去调动和营造一种交流感。概括地说,对象感就是播音员主持人必须设想和感觉到对象的存在和对象的反应,必须从感觉上意识到受众的需求、愿望、情绪等,并由此调动自己的思想感情,使之处于运动状态。

可以从以下几个方面调动对象感:

1. 根据节目地域范围

节目覆盖范围不同,对象感就不同。有的节目面对国内,有的节目面对国外;有的节目覆盖全国,有的节目只覆盖当地。

2. 根据受众年龄层次

播音员主持人要考虑到受众主要集中在什么年龄层次,比如儿童节目和老年节目的对象感就完全不同。

3. 根据受众性别特征

很多节目具有明确的性别特征,比如家政节目的受众主要是女性朋友,播音员主持人的语言表达应该符合她们的视听习惯。

4. 根据受众教育程度

受教育程度不同,受众对同一件事情的理解和接受能力也会存在差异,所以播音员主持人在针对受教育程度不同的受众时要注意语言的使用技巧和方法。

5. 根据受众职业特点

不同职业的人会有不同的语言表达习惯,播音员主持人可以根据受众职业特点进行一些语言上的调整,以增加亲切感和认同感。

6. 根据受众宗教信仰

不同民族、不同宗教信仰的人在语言表达上也不尽相同,播音员主持人应尽量避免错用或使用不恰当的表达方式引起误会。

二、示例分析

(一)情景再现

例一：

情景再现
例一

一只巴掌拍响人生

①她是一个黑人的女孩。

②她从小就"与众不同",因为小儿麻痹症。她的左腿瘫痪,只能病卧在床,失去了儿童应有的欢乐和幸福。随着年龄的增长,她的忧郁和自卑感也与日俱增,她甚至拒绝所有人的靠近。但也有个例外,邻居家那个只有一只胳膊的老人成了她的好伙伴。老人非常乐观,她非常喜欢听老人讲的故事。

③一天,她被老人用轮椅推着去附近的一所幼儿园,操场上孩子们动听的歌声吸引了他们。

④当一首歌唱完,老人说:"我们为他们鼓掌吧!"她吃惊地看着老人,问道:"我的胳膊动不了,你只有一只胳膊,怎么鼓掌啊?"

⑤老人对她笑了笑,解开衬衣扣子,露出胸膛,用手掌拍起了胸膛……那是一个初春,风中还有几分寒意,但她却突然感觉自己的身体里涌动着一股暖流。老人对她笑了笑:"只要努力,一只巴掌一样可以拍响。你一样能站起来的!"

⑥那天晚上,女孩给父亲写了一张纸条,贴到了墙上,上面是这样的一行字:一只巴掌也能拍响。那之后,她开始配合医生做运动。9岁那年,父母不在时,她自己扔开金属架,试着走路。蜕变的痛苦是痛及筋骨的。她坚持着,她相信自己能够像其他孩子一样行走,奔跑……

⑦11岁时,她终于扔掉支架。她又向另一个更高的目标努力,她开始锻炼打篮球和田径运动。1960年,罗马奥运会女子100

米决赛,当她以 11 秒 18 第一个撞线后,掌声雷动,人们都站起来为她喝彩,齐声欢呼这个美国黑人的名字!威尔玛·鲁道夫成为当时世界上跑得最快的女飞人,她共摘取了 3 枚金牌,也是第一个黑人奥运会女子百米冠军。

⑧一位名人说过:"我们的缺陷对我们有意外的帮助。"或许我们在某些方面有些先天不足,但只要心志没有缺损,就会锲而不舍,愈挫愈奋,用一只巴掌拍响人生。

(选自《甘肃经济日报》)

按照情景再现的过程,我们对这篇文章进行解析:

1. 理清头绪

这是一篇关于奥运史上第一位黑人女子百米冠军威尔玛·鲁道夫成长经历的真实写照。

拿到稿件先要理清头绪,理清头绪的第一步就是要对文章有所理解和感受。文章可以分为三个部分:

第一部分:①②自然段,介绍"与众不同"的黑人小女孩,威尔玛·鲁道夫患有小儿麻痹症,她的忧郁和自卑也与日俱增,但邻居家那个只有一只胳膊的老人却成了她的好伙伴。

第二部分:③④⑤⑥⑦自然段,邻居独臂老人的乐观态度,以及他对威尔玛·鲁道夫的启迪和鼓舞,让这个曾经忧郁和自卑的黑人小姑娘自强不息,经过不懈的努力终于成为奥运会冠军。

第三部分:⑧自然段,引用一句名人的话来点题,让全文的主旨得到升华,那就是:用一只巴掌拍响人生。

从这篇文章当中我们可以把文字稿件中描写的人物形象和环境一一地在脑海里勾勒出来,比如黑人小女孩和邻居独臂老人的形象,可以非常具体地想象出来;又如小女孩和邻居独臂老人在幼儿园观看表演以及热烈鼓掌的情景可以想象出来;再如小女孩在运动场上刻苦训练的场面也可以通过我们的想象和联想在脑海中形成一幅幅连续的画面。

同时我们还应该清楚地知道文章的谋篇布局,开头是什么,过程是什么,最后的结尾又是什么,只有这样才能够理解文章的精神实质并使我们的思想感情运动起来。

2. 设身处地

身患小儿麻痹症并不是我们每个人都能够有切身体会的,像威尔玛·鲁道夫童年时候得了这种疾病,势必会和同龄的小朋友不一样,这也是造成她忧郁和自卑的原因。

我们要设身处地地想象如果自己在童年时也得了和威尔玛·鲁道夫一样的小儿麻痹症,那么该是怎样的一种痛苦啊。有了这样的想象和联想,再去体会威尔玛·鲁道夫内心深处的所思所想就会合情合理,对调动我们的内心情感为她日后取得辉煌成绩时由衷的敬佩起到铺垫作用。

我们可能没有类似小儿麻痹症这样的体会,但是我们可以通过广义备稿,观察日常生活中的类似病人,以及回忆自己偶尔双腿行动不便的痛苦。有了这些生活的积累和准备,我们在进行情景再现的时候就会比较准确生动。

3. 触景生情

由稿件想象到某种特定情境,这种心理反应就是触景生情。黑人小女孩创造的奇迹就在于她小时候患病和后来获得的辉煌成绩之间的强烈对比,没有人不被她的顽强毅力所感动。

这篇文章虽然很短,但是文中有几处可以让我们触景生情。比如:当一首歌唱完,老人说:"我们为他们鼓掌吧!"她吃惊地看着老人,问道:"我的胳膊动不了,你只有一只胳膊,怎么鼓掌啊?"这段描写既体现出小女孩的天真,也透露出邻居独臂老人的乐观。还比如这段描写:那天晚上,女孩给父亲写了一张纸条,贴到了墙上,上面是这样的一行字:一只巴掌也能拍响。这段简单的描述却能够激起我们内心深处的强烈感情,我们可以想象她是怎样艰难地把这张纸条贴到墙上,也能够想象她是怎样坚定和专注地在心底思考着这几个字。

4. 现身说法

这些细节的理解和感受能够激发我们强烈的情感,我们要用积极的状态把稿件用语言表达出来。

当我们完成以上四步后,对于整篇稿件的播读也就胸有成竹了。在进行有声语言表达的时候,我们自己的情感一直是运动着的,进而让我们的表达形象生动。这种表达同时又会感染受众,引发共鸣,形成一种情景交融的体验。如果达到了这样的效果,便体现出了现身说法的真正内涵。

(二)内在语

例二:

内在语例二

(杂文:)**中国人失掉自信力了吗**

(作者:)鲁迅

①从公开的文字上看起来;(似乎)两年以前,我们总(在)自夸着(中国是何等的)"地大物博",(这确实)是事实;(但是)不久就不再自夸了,(而)只希望着国联,(这)也(确实)是事实;现在(呢?)是既不夸自己,也不信国联,(却)改为一味求神拜佛,怀古伤今了——(这一切)却也是事实。于是有人慨叹曰:(看来)中国人(已经)失掉自信力了。

②如果单据(刚才提到的)这一点现象而论,(中国人的)自信其实是早就失掉了的。(比方说"中国人")先前信"地",信"物",后来(又)信"国联",(却从来)都没有相信过"自己"。假使这也算一种"信",那也只能说中国人曾经有过"他信力",自从对国联失望之后,便把这他信力都失掉了。

③(一旦)失掉了他信力,("中国人")就会疑,(就)一个转身,也许能够只相信了自己,倒(不妨)是一条新生路,但不幸的是(这种"信")逐渐玄虚起来了。(如果)信"地"和"物",(这)还是(属于)切实的东

西,(然而信)国联就渺茫,不过这还可以令人(用不了)不久就省悟到依赖它的不可靠。一到求神拜佛,可就(显得)玄虚之至了,有益或是有害,一时就(都)找不出分明的结果来,它可以令人更长久的麻醉着自己。(由此可见)中国人现在是在发展着"自欺力"。

④(其实)"自欺"也并非现在的新东西,现在只不过日见其明显,笼罩了一切罢了。然而,在这笼罩之下,我们(仍然)有并不失掉自信力的中国人在。

⑤我们从古以来,就有埋头苦干的人,有拼命硬干的人,有为民请命的人,有舍身求法的人,……虽是等于为帝王将相作家谱的所谓"正史",也往往掩不住他们(在中国革命史上)的光耀,这就是中国的脊梁。

⑥(像刚才提到的中国的脊梁)这一类的人们,就是现在也何尝少呢?他们有确信,不自欺;他们在前仆后继的战斗,不过(他们)一面总在被摧残,被抹杀,(并)消灭于黑暗中,(而)不能为大家所知道罢了。(要是)说中国人失掉了自信力,用以指一部分人则可,倘若加于全体,那简直是诬蔑。

⑦(如果)要论中国人,必须不被搽在表面的自欺欺人的脂粉所诓骗,却(应该)看看他的筋骨和脊梁。自信力的有无,状元宰相的文章是不足为据的,要自己去看地底下。

九月二十五日

(发表于1934年10月20日《太白》半月刊第一卷第三期)

从内在语的角度我们对这篇文章进行提示和分析:

这篇杂文最初发表于1934年10月20日《太白》半月刊第一卷第三期,当时署名公汗。"九一八"以后,日寇加紧侵略我国,国土日益沦丧。国民党反动政府于1934年派亲日分子黄郛乞求和平,遭到日本公使有吉明的拒绝。日军深入华北,悲观失望的气氛笼罩着上层社会。当时资产阶级报纸《大公报》发表社论,指责中华民族失去了自信力,为国民党反动政府推卸责任。

本文是一篇驳论文,是作者在"九一八"事变三周年之际,为批驳有些人认为中国人失掉了自信力,鼓舞民族自信心而写的。文章抓住敌论据不能证明敌论点为"突破口",采用反驳对方论证的方法,通过正面立论和间接反驳相结合的手法,一举击中要害,反驳强劲有力。论证思路上采用揭示对方谬误—直接反驳—间接反驳—得出结论的顺序逐层推进,语言具有辛辣的讽刺意味。

整篇文章可以分为三个部分:

第一部分:摆出对方的论点和论据。(①)

开篇用一句话指出三个阶段中"中国人"表现出来的三种不同的态度:(1)盲目骄傲,夜郎自大。("总"含有"一向"的意思)(2)盲目崇拜,借助外援。("只"含有"唯一"的意思)(3)今不如昔,祈求鬼神。("一味"含有"死心塌地"的意思)把这三者连贯起来,其态度是:由自夸到崇洋,再到自欺欺人、虚无缥茫。因此有人"慨叹":"中国人失掉自信力了。"这是敌论点。

第二部分:驳斥敌论点和敌论据。(②③④⑤⑥)

根据批驳的对象不同,分两层。

第一层(②③):针对对方的三个论据,运用层层剥茧的方法,指出其虚伪性和欺骗性,抨击其卖国行径。

"他信力""自欺力"这是作者在本文里特地造的两个新词,用这两个新词和原词"自信力"一对照,就显出极其深刻的讽刺意义。

文章用两个假设复句,第一个假设复句,"自信"早已失掉,第二个假设复句,是退一步讲,接着指出失掉"他信力"后可能寻找一条"新生路",那就是相信自己。"但"字一转,"不幸"得很,走上了一条可怕的路,即求神拜佛、虚无缥缈、精神麻醉的路。这就是上层统治者自欺欺人,以掩盖他们乞求帝国主义镇压革命的罪恶目的。因此,文中的"中国人"究竟是谁,就不言而喻了。

第三自然段从正面立论,"中国人"既失掉"自信力"又失掉"他信力",走上自我麻醉的道路,就是发展"自欺力"的表现,一语道破了反动派自欺欺人的实质。

第二层(④⑤⑥):正面歌颂我国有史以来前仆后继战斗着的

中国人民,揭露反动派凶残毒辣的行径,驳斥敌论点。

第四自然段是过渡段,承上启下,明确论点"我们有并不失掉自信力的中国人在"。先承接上文,对"自欺"作了历史说明,指出"自欺"是反动派的老把戏,从古就有,于今更甚。"笼罩了一切"说明"自欺"在当时国民党上层社会的普遍性。

第四自然段的"中国人"与上文的"中国人"内涵迥然不同:上文指国民党反动派,这里指富有反抗精神的中国人民。

这就是"中国的脊梁",是用比喻形象地对在历史上起过进步作用的中国人的高度评价。

除历史人物外,当今的英雄更多,斗争更伟大。鲁迅先生在赞美革命者具有坚定的信仰和不屈不挠的精神的同时,怒不可遏地揭露了敌人"摧残""抹杀"革命者的罪行。最后鲁迅先生郑重宣告:"说中国人失掉了自信力,用指一部分人则可,倘若加于全体,那简直是诬蔑。"直斥"有人"的无耻谰言。观点十分鲜明,感情十分强烈。

在这一层中,鲁迅运用辩证唯物主义的观点,从历史和现实两方面,对"中国人"作了分析,热情赞扬了作为"中国的脊梁"的"并不失掉自信力的中国人"。

第三部分:号召广大中国人民要分清是非,向英雄人物学习,积极投入革命的洪流中去。(⑦)

这一部分,鲁迅号召广大中国人民必须擦亮眼睛,剥去敌人的伪装,彻底粉碎反革命的阴谋活动。"状元宰相"是为一小撮上层统治阶级摇旗呐喊的,"地底下"是指有筋骨和脊梁的中国人及其正在奋斗的光辉业绩。这里运用比喻告诉人们:反动派及其御用文人的文章是荒谬的,不足为据的,要自己到被压在下面的另一个世界里去观察。

通过对本文的理解,我们可以根据内在语的六种基本类型对全文的内在语进行设计和添加(如括号内添加的内在语)。

1. 发语性内在语

比方在播读文章题目之前的内在语:"(下面请听杂文)《中国人失掉自信力了吗》,(作者是)鲁迅。"其作用是帮助我们把头开好,营造一种起始感。

2. 寓意性内在语

寓意性内在语在本文第七自然段有所体现:"(如果)要论中国人,必须不被搽在表面的自欺欺人的脂粉所诓骗,却(应该)看看他的筋骨和脊梁。自信力的有无,状元宰相的文章是不足为据的,要自己去看地底下。"这一段是作者号召广大中国人民必须擦亮眼睛、明辨是非,剥去反动政府的伪装,彻底看清时局的真实面目。

3. 关联性内在语

这是一篇逻辑严密的驳论文,在整个立论和驳论的过程当中有相当多的关联性内在语,比如第一、二、三自然段里的很多关联性内在语,已经标注在例文当中,这里就不再赘述。

4. 提示性内在语

提示性内在语在本文当中也有几个,比如第四自然段的开头就可以添加提示性内在语"其实",起到承上启下的作用。先承接上文,对"自欺"作历史说明,进而直接转入正面论述,我们"仍然"有并不失掉自信力的中国人在。这样就能够很好地辅助衔接语气,让语句之间的逻辑关系更加顺畅严密。

5. 回味性内在语

回味性内在语体现在本文的第六自然段:"(像刚才提到的中国的脊梁)这一类的人们,就是现在也何尝少呢? 他们有确信,不自欺;他们在前仆后继的战斗,不过(他们)一面总在被摧残,被抹杀,(并)消灭于黑暗中,(而)不能为大家所知道罢了。(要是)说中国人失掉了自信力,用以指一部分人则可,倘若加于全体,那简直是诬蔑。"

其实这就是在正面颂扬"中国的脊梁",用形象的比喻对在历史上起过进步作用的人的高度评价。作者在这里表达的是:除历史人物外,当今的英雄更多,斗争更伟大。最后鲁迅先生郑重宣告:"说中国人失掉了自信力,用指一部分人则可,倘若加于全体,那简直是诬蔑。"观点十分鲜明,感情十分强烈,令人回味无穷。

6. 反语性内在语

本文第一自然段就有典型的反语性内在语:"从公开的文字上看起来:(似乎)两年以前,我们总(在)自夸着(中国是何等的)'地大物博',(这确实)是事实。"对于中国的"地大物博"就是一个反语,其实当时中国已经被帝国主义国家瓜分得七零八落了,哪里还有什么地大物博。当前又有日本侵略者霸占东北,和先前的"地大物博"形成了鲜明的对比。

(三)对象感

例三:

铁棒磨成针

唐代大诗人李白,幼年时便读许多经书、史书,但那些书都十分深奥,他一时读不懂,便觉得枯燥无味,逃学出去玩。

他一边闲游闲逛,一边东瞧西看。他看见一位老妈妈坐在磨刀石上的矮凳上,手里拿着一很粗大的铁棒子,在磨刀石上一下一下地磨着,神情专注,以至于李白在她跟前蹲下她都没有察觉。

李白不知道老妈妈在干什么,便好奇地问:"老妈妈,您这是在做什么呀?"

"磨针。"老妈妈头也没抬,简单地回答了李白,依然认真地磨着手里的铁棒。

"磨针?"李白觉得很不明白,老妈妈手里磨着的明明是一根粗铁棒,怎么是针呢?李白忍不住又问:"老妈妈,针是非常非常细小的,而您磨的是一根粗大的铁棒呀!"

老妈妈边磨边说:"我正是要把这根铁棒磨成细小的针。"

"什么?"李白有些意想不到,他脱口又问道,"这么粗大的铁棒能磨成针吗?"

这时候,老妈妈才抬起头来,慈祥地望望小李白,说:"是的,铁棒子又粗又大,要把它磨成针是很困难的。可是我每天不停地磨呀磨,总有一天,我会把它磨成针的。孩子,只要功夫下得深,铁棒也能磨成针呀!"

幼年的李白是个悟性很高的孩子,他听了老妈妈的话,一下子明白了许多,心想:"对呀!做事情只要有恒心,天天坚持去做,什么事也能做成的。读书也是这样,虽然有不懂的地方,但只要坚持多读,天天读,总会读懂的。"想到这里,李白深感惭愧,脸都发烫了。于是他拔腿便往家跑,重新回到书房,翻开原来读不懂的书,继续读起来。

(选自陈金安主编《中国寓言故事》)

例四:

狗猛酒酸

对象感例四

宋国有个卖酒的人,为了招徕生意,他总是将店堂打扫得干干净净,将酒壶、酒坛、酒杯之类的盛酒器皿收拾得清清爽爽,而且在门外还要高高挂起一面长长的酒幌子,上书"天下第一酒"几个大字。远远看去,这里的确像个会做生意的酒家。然而奇怪的是,他家的酒却很少有人问津,常常因卖不出去而使整坛整坛的酒搁酸了,变质了,十分可惜。

这个卖酒的宋国人百思不得其解,他于是向左邻右舍请教这么好的酒竟然卖不出去的原因。邻居们告诉他:"这是因为你家养的狗太凶猛了的缘故。我们都亲眼看到过,有的人高高兴兴地提着酒壶准备到你家去买酒,可是还没等走到店门口,你家的狗就跳将出来狂吠不止,甚至还要扑上去撕咬人家。这样一来,又有谁还敢到你家去买酒呢?因此,你家的酒就只好放在家里等着发酸变质啊。"

您看,一匹恶狗看门,就能把一个好端端的酒店弄得门庭冷落,客不敢入;如果一个国家让坏人控制了某些要害部门,其后果必然是忠奸颠倒,社会腐败,百姓遭殃。

(选自陈金安主编《中国寓言故事》)

这两篇故事,一篇是成语故事,一篇是寓言故事,所以可以非常确定我们的播读对象是少年儿童。

这两篇生动的故事当中不但有浅显易懂的情节,还蕴含着深刻的道理,那么如何把故事情节讲述得生动形象?如何在讲完故事的时候让小朋友们明白其中的道理?这就需要我们在准备稿件的时候明确这两个关键问题:播给谁?怎么播?得到了确定的答案之后再开始播读,就能做到有的放矢。这对我们把握用声状态和语气等具体细节也很有帮助。

例五:

怎样吃苹果和糖果
昆梓

对象感例五

苹果是大众化水果,人们几乎随时随地都能品尝到它甘美的味道,但苹果吃起来有些讲究,很多人却不知道。

吃苹果需要细嚼慢咽,这样不仅有利于消化,更重要的是,还能清洁口腔卫生。苹果含有多种维生素和酸性物质,只有细嚼慢咽,这些物质才能充分利用吸收。根据植物学家试验:如果一个苹果15分钟吃完,则苹果中的有机酸和苹果酸质就可以把口腔里的细菌杀死90%。因此,慢慢吃苹果,对人体健康是有好处的。

对于糖果来说,则吃起来与苹果恰恰相反。这是因为人的口腔里有一种乳酸杆菌,能使糖发酵产生酸。糖在嘴里的时间越长,产生的乳酸越多,对牙越不利。所以,吃糖一定要快。

(选自《大众科技报》)

例六:

如何辨别掺假蜂蜜
王修增

在市场出售的各种蜂蜜中,特别是一些小贩上门推销的散装蜂蜜中,有一些蜂蜜掺了假。掺假主要是掺糖、水和淀粉,有的蜂蜜还含有杂质,质地不纯。只要掌握一定的鉴别方法,蜂蜜掺假是可以看出来的。

1. 将蜂蜜滴在白纸上,如果蜂蜜渐渐渗开,说明掺有蔗糖和水。掺有糖的蜂蜜其透明度较差,不清亮,呈混浊状,花香味亦差。掺红糖的蜂蜜颜色显深,掺白糖的蜂蜜颜色浅白。

2. 掺有面粉、淀粉或玉米粉的蜂蜜,色泽较混浊,味道也不够甜。将少量蜂蜜放入杯中,加适量水煮沸,待冷却后滴入几滴黄酒摇匀,如果溶液变成蓝色或红色、紫色,说明蜂蜜中掺有淀粉类物质。

3. 用烧红的铁丝插入蜂蜜中,如果铁丝上附有黏物,说明蜂蜜中有杂质。如果铁丝上仍很光滑说明没有杂质。

4. 用筷子挑起蜂蜜能拉成长丝的,且丝断会自动回缩呈球状者为上品。

(选自《北京晚报》)

从这两则稿件我们不难看出这是生活服务类节目,所以传播对象的范围就要相对宽泛一些,可能是注重生活品质的家庭主妇,可能是需要调整饮食起居的上班族,也可能是锻炼独立生活能力的青少年。

总之,这样的生活服务类信息具有非常广泛的受众群体,这就需要我们在准备的时候充分考虑到不同层次受众的接受能力和理解能力,尽量用通俗易懂的语言进行表达。

通过以上两组稿件的举例说明，我们对如何把握对象感应该有了一些感悟。但是有一点要意识到，那就是有的时候对象感要具体，而有的时候则需要我们在几种对象感之间转换。

前者主要是指一个人在演播室进行语言表达的时候，只能假想受众的情况，要营造出"只为你"或者"只对你"播讲的氛围，这样会更有亲切感和贴近性。

后者主要是指在演播室主持节目的时候，既要照顾到使用接收设备的受众，又要兼顾在演播室现场的受众。所以在这样的情况下，我们要在对象感上进行及时和频繁的转换，时而是"一对一"的交流，时而是"一对众"的交流。

总之，对象感需要根据现实情况灵活掌控，关键要时刻关注受众的需求、愿望、情绪等。

三、实践练习

（一）情景再现

1. 句段练习

春光在万山环抱里，更是泄露得迟。那里底桃花还是开着；漫游底薄云从这峰飞过那峰，有时稍停一会，为底是挡住太阳，教地面底花草在它底荫下避避光焰底威吓。

岩下底荫处和山溪底旁边长满了薇蕨和其他凤尾草。红、黄、蓝、紫的小草花点缀在绿茵上头。

天中底云雀，林中的金莺，都鼓起它们底舌簧。轻风把它们底声音挤成一片，分送给山中各样有耳无耳底生物。桃花听得入神，禁不住落了几点粉泪，一片一片凝在地上。小草花听得大醉，也和着声音底节拍一会倒，一会起，没有镇定底时候。

你且看：漫游底薄云还是从这峰飞过那峰。

你且听：云雀和金莺底歌声还布满了空中和林中。在这万山环抱底桃林中,除那班爱闹底孩子以外,万物把春光领略得心眼都迷蒙了。

注: 本文中"底"(dē)同"的"(dē),表示定语和中心词之间是领属关系。

(选自许地山《春底林野》)

初夏,北方乡村的原野是活跃而美丽的。天上白云缓缓地飘着,广阔的大地上三三两两的农民辛勤地劳动着。柔嫩的柳丝低垂在静谧的小河边上。河边的顽童,破坏了小河的安静:"看呀!看呀!泥鳅!这个小蛤蟆!"叫声笑声飘散在鲜花盛开的早晨,使人不禁深深感到了夏天的欢乐。

(选自杨沫《青春之歌》)

深秋的太阳没遮拦地照在身上,煦暖得像阳春三月。一路上踏着软软的衰草,一会儿走田埂,一会儿走沟畔,不知不觉就是十里八里。田野里很静,高粱秸竖成攒,像一座一座的尖塔;收获的庄稼堆成垛,像稳稳矗立的小山。成群的鸽子在路上啄食,频频地点着头,咕咕咕呼唤着,文静地挪动着脚步。它们不怕人,只是在人们走近的时候,好像给人让路一样,哄的一声飞起,打一个旋,又唰的一声在远远的前面落下。村边场园里,晒豆子的,打芝麻的,剥苞米的,到处有说有笑,是一派热闹的丰收景象。

(选自吴伯箫《猎户》)

连刮了几阵西北风,村里的树枝都变成光胳膊。小河边的衰草也由金黄转成灰黄,有几处焦黑的一大块,那是顽童放的野火。太阳好的日子,偶然也有一只瘦狗躺在稻场上;偶然也有一两个村里人,还穿着破夹袄,拱起了肩头,蹲在太阳底下捉虱子。要是阴天,西北风吹那些树枝叉叉地响,彤云像快马似的跑过天空,稻场上就没有活东西的影踪了。全个村庄就同死了的一样。全个村庄,一望只是死样的灰白。

(选自茅盾《残冬》)

"细雨鱼儿出,微风燕子斜""随风潜入夜,润物细无声",春天的小雨便是大自然的温柔与谦逊,大自然的慷慨与恩宠,却也是大自然的顽皮。它存在着,它抚摸着,它滋润着,却不留下痕迹。用眼睛是很难找到它的,要用手心,用脸颊,用你的等待着春的滋润的心。

(选自王蒙《雨》)

天空变成了浅蓝色,很浅很浅的;转眼间天边出现了一道红霞,慢慢儿扩大了它的范围,加强了它的光亮。我知道太阳要从那天际升起来了,便目不转睛地望着那里。果然,过了一会儿,在那里就出现了太阳的一小半,红是红得很,却没有光亮。这太阳像负着什么重担似的,慢慢儿一步一步地、努力向上面升起来,到了最后,终于冲破了云霞完全跳出了海面。那颜色真红得可爱。一刹那间,这深红的东西,忽然发出了夺目的光亮,射得人眼睛发痛,同时附近的云也着了光彩。

(选自巴金《海上的日出》)

一会儿,西边的云裂开,黑的云峰镶上金黄的边,一些白气在云下奔走;都闪到南边去,曳着几声不甚响亮的雷。又待了一会儿,西边的云缝露出阳光来,把带着雨水的树叶照成一片金绿。东边天上挂着一双七色的虹,两头插在黑云里,桥背顶着一块青天。虹不久消散了,天上已没有一块黑云,洗过了的蓝空与洗过了的一切,像由黑暗里刚生出一个新的、清凉的、美丽的世界。

(选自老舍《骆驼祥子》)

江南的雪,可是滋润美艳之至了;那是还在隐约着的青春的消息,是极壮健的处子的皮肤。雪野中有血红的宝珠山茶,白中隐青的单瓣儿梅花,深黄的磬口的蜡梅花;雪下面还有冷绿的杂草。蝴蝶确乎没有;蜜蜂是否来采山茶花和梅花的蜜,我可记不真切了。但我的眼前仿佛看见冬花开在雪野中,有许多蜜蜂们忙碌地飞着,也听得他们嗡嗡地闹着。

（选自鲁迅《雪》）

2. 篇章练习

浮冰上的两者

哈夫·B. 卡威

饿到第三天的晚上，诺尼想到了尼玛克。在这座漂浮着的冰山上，除了他们两个以外，再也没有别的有血有肉的生灵了。

冰块裂开时，诺尼失掉了他的雪橇、食物和皮大衣，甚至失去了他的小刀。冰山上只留下他和他那忠实的雪橇犬——尼玛克。现在，他们两个卧在冰上，睁大眼睛注视着对方——双方保持着一定的距离。

诺尼对尼玛克的爱是真真实实的——就像这又饿又冷的夜晚和他伤腿上的阵痛一样真实。但是，村里的人在食物短缺的时候，不就毫不迟疑地杀犬充饥吗？

"尼玛克饿久了也要寻觅食物的。我们当中的一个很快就要被另一个吃掉。"诺尼想。

空手他可杀不死尼玛克，这畜生身强体壮，现在又比他有劲，所以，他需要武器。

诺尼脱去手套，解下了伤腿的绷带。在几个星期以前，他摔伤了腿，用两块小铁片和绷带捆扎固定。

他跪在冰上，把一块小铁片插入冰块的裂缝中，把另一块铁片紧贴在上面，慢慢地磨。

尼玛克看着他。诺尼觉得犬的两眼似乎闪着异光。

诺尼仍然磨着铁片，尽量不去想磨铁片干什么。铁片的边缘磨薄了。天亮时分，小刀磨好了。

诺尼从冰块中拨出小刀，用拇指轻轻试着刀锋。太阳光照在小刀上，折射到他眼里，使他一时看不见东西。

诺尼硬起心肠来。

"来，尼玛克。"他轻声叫犬。

尼玛克迟疑地看着他。

"过来。"诺尼叫道。

尼玛克走上前来。诺尼从那畜生盯着自己的眼神里看到了恐惧，从它的喘气声中和缩头缩脑的样子感觉到了饥饿和痛苦。他的心在流泪，他痛恨自己，又竭力压制这种感情。

尼玛克越走越近，它已经意识到了诺尼的意图。诺尼感到喉咙梗塞，他看到犬的眼里充满了痛苦。

好！这下是动手的时候了！

一声痛苦的抽咽使诺尼跪立着的身体一阵震颤。他诅咒小刀，紧闭两眼，摇摇晃晃地把刀子扔得老远。然后，他张开空空的双手，蹒跚着扑向尼玛克，他倒下去了。

犬围着诺尼的身体打转，嗥叫着。这下诺尼感到极度的恐惧。他已经扔掉了小刀，解除了武装。他太虚弱了，再也不能爬过去取刀子。现在只有听任尼玛克的摆布了，而且尼玛克也非常饥饿。

犬围着他转，然后从后面扑了上来。诺尼可以听到这畜生喉咙里的吞咽声。

诺尼闭上眼睛，祈祷犬的攻击快一些结束。他感觉到犬的爪子踩着他的大腿，犬呼吸时喷出的热气冲击着他的脖颈。他随时都要放声尖叫。

然而，他感觉到犬滚烫的舌头直舔他的脸。

诺尼睁开眼睛。他张开手，抱住尼玛克的头。头靠着头，他轻轻地哭了……

一小时后，一架直升机出现在北边天空。飞机上一个海岸巡逻队的小伙子俯视着下面，他看到了漂移着的冰山，发现冰山上有什么东西在闪光。

这是太阳光折射在什么东西上面，而且一闪一闪地在动。他让飞行员降低飞机，看到冰峰的阴影下，有一个黑而不动的像人一样的黑影。怎么，还有两个黑影？

他把飞机降落在一块较平的冰面上,然后上了冰山,黑影是两个——一个小男孩和一条爱斯基摩雪橇犬。小男孩已经昏了过去,但还活着。那条犬无力地哀叫着,已经衰弱得一动也不能动了。

吸引了飞机上巡逻队员注意力的闪光物质是一把粗糙的小刀,刀尖向下插在不远的冰上,在风中摇曳着。

(二)内在语

论雷峰塔的倒掉
鲁迅

听说,杭州西湖上的雷峰塔倒掉了,听说而已,我没有亲见。但我却见过未倒的雷峰塔,破破烂烂的映掩于湖光山色之间,落山的太阳照在这些四近的地方,就是"雷峰夕照",西湖十景之一。"雷峰夕照"的真景我也见过,并不见佳,我以为。

然而一切西湖胜迹的名目之中,我知道得最早的却是这雷峰塔。我的祖母曾经常常对我说,白蛇娘娘就被压在这塔底下。有个叫作许仙的人救了两条蛇,一青一白,后来白蛇便化作女人来报恩,嫁给了许仙;青蛇化作丫鬟,也跟着。一个和尚,法海禅师,得道的禅师,看见许仙脸上有妖气,——凡讨妖怪做老婆的人,脸上就有妖气的,但只有非凡的人才看得出,——便将他藏在金山寺的法座后,白蛇娘娘来寻夫,于是就"水漫金山"。我的祖母讲起来还要有趣得多,大约是出于一部弹词叫作《义妖传》里的,但我没有看过这部书,所以也不知道"许仙""法海"究竟是否这样写。总而言之,白蛇娘娘终于上了法海的计策,被装在一个小小的钵盂里了。钵盂埋在地里,上面还造起了一座镇压的塔来,这就是雷峰塔。此后似乎事情还很多,如"白状元祭塔"之类,但我现在都忘记了。

那时我唯一的希望,就在这雷峰塔的倒掉。后来我长大了,到杭州,看见这破破烂烂的塔,心里就不舒服。后来我看看书,说杭州人又叫这塔作保叔塔,其实应该写作"保俶塔",是钱王的儿子造的。那么,里面当然没有白蛇娘娘了,然而我心里仍然不舒服,仍然希望他倒掉。

现在,他居然倒掉了,则普天下的人民,其欣喜为何如?

这是有事实可证的,试到吴越的山间海滨,探听民意去。凡有田夫野老,蚕妇村氓,除了几个脑髓里有点贵恙的之外,可有谁不为白娘娘抱不平,不怪法海太多事的?

和尚本应该只管自己念经。白蛇自迷许仙,许仙自娶妖怪,和别人有什么相干?他偏要放下经卷,横来招是搬非,大约是怀着嫉妒罢,——那简直是一定的。

听说,后来玉皇大帝也就怪法海多事,以致荼毒生灵,想要拿办他了。他逃来逃去,终于逃在蟹壳里避祸,不敢再出来,到现在还如此。我对于玉皇大帝所做的事,腹诽的非常多,独于这一件却很满意,因为"水漫金山"一案,的确应该由法海负责;他实在办得很不错的。只可惜我那时没有打听这话的出处,或者不在《义妖传》中,却是民间的传说罢。

秋高稻熟时节,吴越间所多的是螃蟹,煮到通红之后,无论取哪一只,揭开背壳来,里面就有黄,有膏;倘是雌的,就有石榴子一般红的子。先将这些吃完,即一定露出一个圆锥形的薄膜,再用小刀小心地沿着锥底切下,取出,翻转,使里面向外,只要不破,便变成一个罗汉模样的东西,有头脸,身子,是坐着的,我们那里的小孩子都称他"蟹和尚",就是躲在里面避难的法海。

当初,白蛇娘娘压在塔底下,法海禅师躲在蟹壳里。现在却只有这位老禅师独自静坐了,非到螃蟹断种的那一天为止出不来。莫非他造塔的时候,竟没有想到塔是终究要倒的么?

活该。

1924 年 10 月 28 日

"满意"和"写不出"

孙用

对于一切都满意的人,写不出文章来,是当然的。所以,创作正是苦闷的象征。

不过在现在的中国,对于这样的生活,在所谓"文人"的口里,居然能够说出"是满意极了"的话,倒是可以奇怪的事情。

然而无知无识的公子哥儿却在小报上说道:"我是一个对于生活极满意的人,我觉得人到世界上来的确是来享福而不是来受罪的……"自然啦,仰仗祖宗的遗产和老婆的妆奁而享福着的公子哥儿还有什么不满呢?然而他可曾想到:在中国,最大多数的人却的确是来受罪而不是来享福的?有些青年虽也可以自夸是"真正漂亮"的小白脸,但上海滩上没有许多宰相家的女儿拿着几十万的嫁妆在等着人家去勾引,那也是很明白的事情啊!

公子哥儿又说道:"我觉得吃苦也是一种特权,也是一种天意。为什么我吃得到的苦,你吃不到呢?……要我吃苦我便吃,我并不想表示什么不满。"这其实是不值得"写出来"的,因为第一,使我记起了一张讽刺画:一个资本家对几个工人演说,他的演说辞是,"上帝说,人类到世界上来,并不只为了面包"(大意)。第二,我又想着了不必破坏,无须改造,以现状为最最好的,惰性的戆弟德主义。

我再看他所以满意的原因。据他自己说,他既不是"经济尚宽裕",又不是"根本没有吃过苦",却是因了"对得起自己"和"忠实于自己"之故。所谓"对得起自己"和"忠实于自己",换一句大众的话,就叫作"自私自利"。"自私自利",当然写不出"预言家"的诗。而且在现在的中国,对于这样的生活,稍具人心,也便不能只顾自己的。

然而,公子哥儿的口号是:

生活之满意,我写不出;

享福的世界,我写不出;

人生之一乐,我写不出;

有许多文章,我写不出。

写不出,那就不必来献丑罢,还是去干那老行当,去调脂弄粉,做些似通非通,吟风弄风的歪诗,窃取"诗人"的名号自娱罢!

(选自《杂文选刊》)

(三)对象感

您好!观众朋友,欢迎打开《新闻周刊》。

六年前,2001 年 7 月 13 号,在莫斯科,北京申奥成功之后,我碰到中国体育界的元老之一魏纪中,在开心于北京申办成功之后,我感慨还有七年呢,太长了。之后,魏纪中先生的一句话一直让我记到现在,他说,对于想看奥运的人来说,七年的确太长了,但是对于办奥运的人来说,恐怕七年太短了。时间证明,他的这句话的确太对了。一晃,六年过去了,观众们似乎更加等不及了,但对于办奥运的人来说,到本周,离北京奥运开幕竟然只剩下一年的时间。千头万绪,必须在未来 300 多天里一一化解。在本周,以北京为主,包括全国很多地区都开展了轰轰烈烈奥运倒计时的纪念活动,但是"倒计时"这个词或许又不够准确,因为其实现在的每一天都已经成为北京奥运的一部分。北京奥运早就开始了,我们准备好了吗?世界准备好了吗?我们的内心和态度又准备好了吗?本期《新闻周刊》将用 45 分钟的时间来自问自答。

(选自中央电视台《新闻周刊》)

愚人失袋

从前,有个愚人到京城参加考试。他所带的钱财放在一个带锁的皮袋中。愚人十分担心他的财物被人偷去,于是便将皮袋的钥匙系在自己的腰带上,从不离身。他想只要钥匙还在,人家便开不了皮袋,也就没什么可怕的了。于是他对皮袋看得不那么严了。

果然有一天,愚人取钱的时候发现皮袋没有了,怎么也找不到,看来是让人给偷走了。他的朋友很为愚人着急,劝他说:"快去报官吧,不然晚了,就是抓到小偷,只怕你的钱也追不回来了。"愚人却现出一副满不在乎的样子:"我都不急,你急什么呢?告诉你吧,贼人虽然把我的皮袋偷去了,但他却没法用我皮袋里面的东西。"看着朋友一脸惊奇的样子,愚人笑了。他得意扬扬地掀开衣襟,从腰间解下钥匙在朋友眼前晃了晃说:"幸亏我想得周到,一天到晚都把皮袋的钥匙拴在腰带上,贼人没法偷走。既然他得不到我的钥匙,光偷了个皮袋去,他用什么来把我的皮袋打开呢?"

这个愚人也真是会自我安慰,皮袋都没了,剩一把钥匙有什么用呢?更何况小偷用别的办法一样能把皮袋打开呀。可见我们不能够盲目地自我麻痹,安于现状,否则就会遭受损失。

(选自陈金安主编《中国寓言故事》)

6 种美丽小窍门

1. 用黑色还是海军蓝色眼线笔配合蓝色眼影?当使用蓝色眼影时,希望你根据妆容的效果来决定用黑色还是海军蓝色眼线笔。黑色可以产生一种戏剧般的效果,而海军蓝则看上去更加温柔和谐。

2. 任何人都可以用彩色睫毛膏吗?虽然彩色睫毛膏看上去非常有趣,但除非运用得巧妙,建议女士们在日常化妆时还是使用黑色或棕色睫毛膏,这样看上去会自然得多。

3. 怎样才能使珠光唇膏效果更持久?建议先用普通唇膏把整个唇部描画一遍,然后在表面涂上珠光唇膏。普通唇膏在嘴唇与珠光唇膏之间形成一道屏障,把两者隔开,这样可以使珠光保持得更久。在干燥的嘴唇上直接涂上珠光唇膏会使珠光很快褪色。

4. 当我涂了过于厚重的眼影时该如何修补?在手头预备一盒粉饼,以便修补化妆时过于浓重的色彩。

5. 我的眼睛是栗色的，我应该用同色眼影还是更深一点的？拥有一双栗色眼睛的女士们应该使用比她们眼睛的颜色更深一点的棕色眼影，这样可以产生对比，从而突出她们眼睛的色彩。

6. 如果我的肤色苍白，我可以用橙色唇膏吗？去年春季流行橙色，它对于大多数女性都适用。但对于浅白肤色的你来说，用橙色会使你看上去无精打采。

注：可将以上素材改编成一段主持人节目。

第三节　外部技巧

外部技巧是指思想感情的具体表达方法，是相对于内部技巧而言的。

当我们通过内部技巧调动起内心感受让思想感情运动起来之后，如何用有声语言表达出来呢？这就需要用具体的表达手段和技巧来"形之于声"，这些有声语言的创作方法就是外部技巧。在一篇稿件当中，这些技巧的运用往往不是一种或者两种，而是多种技巧的综合运用。

一、要点概述

外部技巧概括起来主要有四个，分别是：停连、重音、语气、节奏。下面分别进行阐释和示例分析。

（一）停连

停连的意思可以从字面上理解，停就是指停顿，连就是指连接。

停连可以说是有声语言表达的标点符号。语句当中有些地方需要停顿，尤其是层次或段落之间、句群或者词组之间；同样的，语句之间有些地方需要连接,尽管有标点符号,但是从语句关系或者语句含义上来说又不能停顿而需要连接。

停连必须既符合生理特点,也符合心理需要。从生理上说,我们在语言表达的间隙需要喘气,当然,在表现某些特殊生理状况(比如运动、体弱)的时候,则需要再现出特殊的停连;从心理上说,停连要符合思想感情的运动状态,如果要表现特殊的思想内含(比如反问、回味),则需要用特殊的停连准确表达出来。

(二)重音

重音就是在有声语言表达时需要着重强调的词或者词组。

文字稿件往往都是由许多蕴含一定思想感情的语句组成的,这些语句当中的词或者词组并不完全处于并列、等同的地位,其中有些需要着重强调,以便明晰所要表达的语言目的和具体思想感情。

但有一点要注意,就是使用重音并不是一味地加重音调、音量,而是根据具体思想感情运动的态势来确定。忽然放慢语速、忽然降低语调,或是运用夸张的停连技巧,等等,都能够起到突出和强调重音的效果。

(三)语气

在有声语言表达中,语气是思想感情运动状态下语句的声音形式。

通过语气的定义,我们可以知道语气由两方面构成:一方面是具体的思想感情;另一方面是具体的声音形式。前者决定后者,后者反作用于前者,二者相辅相成。

具体的思想感情包含两个方面的内容:一个是语气的感情色彩,一个是语气的分量。这是语气的灵魂。

语气的感情色彩是指语句所包含的喜、怒、哀、欲、惧、爱、憎等态度感情。

语气的分量就是在把握语句感情色彩的基础上,进一步掌握

"度"的要求,把握好感情色彩的分寸、火候。

语气的感情色彩和分量共同构成了具体的思想感情。正是语气感情色彩和分量上的细微差别,造成了丰富多彩的情感表达,形成了语言的个性化,也决定了声音形式的千变万化。

我们在表达不同的思想感情时,有声语言呈现出高低起伏、强弱快慢的变化状态。我们把一个句子在思想感情运动状态下声音的态势,或者说有声语言的发展趋向称为语势。

语势可以大致分为五种基本类型:

(1)波峰类。声音的发展趋向是由低到高再向低。

(2)波谷类。声音的发展趋向是由高向低再到高。

(3)上山类。声音的发展趋向是由低到高。

(4)下山类。声音的发展趋向是由高到低。

(5)半起类。声音的发展趋向是由低到高发展,但上至一半就止住了。

(四)节奏

在有声语言表达中,节奏是指语言抑扬顿挫、轻重缓急的回环往复。节奏在具体的稿件当中是指某一段或者某一句的思想感情运动状态的外部呈现。

具体说来,抑扬,是声音高低的变化,低或较低是抑,高或较高是扬。顿挫,是声音间歇的长短,或停顿或稍顿,都是语流行止的一种显示,行于当行,止于当止。轻重,是声音的强弱变化,表现为相对的轻重对比,一般粗分为:重度、中度、轻度。缓急,是语流节拍、长短、快慢的变化,必须有快有慢、有长有短。

回环往复是指抑扬顿挫、轻重缓急等有规律的变化。声音的回环往复既要符合有声语言表达的规律,又要有美感和艺术性。

节奏技巧主要有四种:

(1)欲抑先扬,欲扬先抑;

(2)欲停先连,欲连先停;

(3)欲轻先重,欲重先轻;

(4) 欲快先慢，欲慢先快。

二、示例分析

(一) 停连

我们常用的停连标注符号是：

挫顿，用 / 或者 ▲ 表示没有标点符号地方的停顿；

停顿，用 // 或者 ∧ 表示较短时间的停顿；

间歇，用 /// 或者 ∨ 表示较长时间的停顿；

连接，用 ⌒ 标注，只用于有标点的地方，表示缩短停顿时间或不停顿；

延长，用 ~~ 标注，表示声音的延长。

1. 停顿

例一：

马车/来接年轻的王子/回他的王国去。//忠心耿耿的亨利/扶着他的主人和王妃/上了车厢，然后自己/又站到了车后边去。///他们上路后刚走了不远，//突然听见/噼噼啦啦的响声，好像有什么东西断裂了。///路上，噼噼啦啦声/响了一次又一次，每次/王子和王妃听见响声，都以为是/车上的什么东西坏了。//其实不然，忠心耿耿的亨利/见主人是那么地幸福，因而感到/欣喜若狂，于是/那几个铁箍/就从他的胸口上/一个接一个地/崩掉了。

（选自《格林童话》之《青蛙王子》）

这个小段落按照情节的发展顺序可以分为三层，所以在这三层当中用的是间歇符号，停顿时间稍微长一点。这三层当中的顿、挫是为了表达上的需要而添加的。有时候由于每个人的表达习惯和方式方法不同，停连方式可以略有不同，但必须让人听着明白舒服。

这一小段当中既有扬停，也有落停。

扬停的地方比如：忠心耿耿的亨利扶着他的主人和王妃上了车厢，然后自己又站到了车后边去。"车厢"之后和"然后"之前的这个停顿就是扬停，要做到"声断意不断"，声音好像出现了停顿，但意思还是连贯的。再比如下一句：他们上路后刚走了不远，突然听见/噼噼啦啦的响声，好像有什么东西断裂了。在"不远"和"突然"之间也是扬停。

落停的地方比如这一小段三个层次最后一个句号，表示一层意思的结束。比如第一句：马车来接年轻的王子回他的王国去。这就是一个陈述句，到了句号就要自然落停，表示完成了一个意思的表述。

例二：

他们列成单行队伍往前走。///通往前方路径的入口处/像个拱门，引向一条/幽暗的通道。这条通道/是由两棵大树/各向对方伸展的枝桩/缠绕生长而形成的。经年累月，通道壁/被常青藤/密不透风地/绞缠遮盖着，连地衣/也大胆地蔓延上来，把不少叶子/打扮成/沉甸甸的墨绿色。//通道本身并不宽，在树干丛中/穿行而过。///才走了一会儿工夫，森林入口处/随即变成一小片光亮的点，被远远地/甩在他们的身后，//树林里是那么地静，就好像所有的树/都向他们弯着身子，倾听他们/往里走的脚步声。

（选自《魔戒之王——霍比特历险记》第八章《苍蝇与蜘蛛》）

这一小段根据句群的意思可以大致分为三个层次，已经用三条斜线的间歇符号划分开了。这段文字里面停顿的地方也不少。

扬停的地方在这一段有丰富的表现，整个第二层有标点的地方几乎都是扬停：通往前方路径的入口处/像个拱门，引向一条/幽暗的通道。这条通道是由两棵大树各向对方伸展的枝桩/缠绕生长而形成的。经年累月，通道壁/被常青藤/密不透风地/绞缠遮盖着，连地衣/也大胆地蔓延上来，把不少叶子/打扮成/沉甸甸的墨绿色。通道本身并不宽，在树干丛中穿行而过。对于这个幽暗通道的描写,是按照视线移动的顺序展开的。视线在移动,我们的语言就不能够结束,因此这一段采用扬停的地方比较多。

落停的地方也有几处,比如第一句:他们列成单行队伍往前走。这是一个开头的起始句,句号处就是一个落停。再如最后一句:树林里是那么地静,就好像所有的树/都向他们弯着身子,倾听他们/往里走的脚步声。前两个逗号处是扬停,到了最后一个句号的地方就是落停了,因为这段意思正好告一段落。

例三:

中国国际旅游交易会/今天在云南昆明开幕,//来自92个国家和地区的/3,800多家参展商/参加了这一/亚洲地区/规模最大的旅游盛会。

(选自《新闻联播》2007年11月1日)

新闻消息的语言逻辑严密、言简意赅,句子长且修饰成分繁杂,要想播读好新闻消息,必须把握好停连技巧。

在这一句话的简讯当中,确切地说,需要停顿的地方只有一处,就是逗号处,而更多的是顿挫,就是把两个较长句子当中的语法结构和句法结构分析清楚后,按照语意和听觉习惯辅以顿挫。

这则简讯的落停处在句尾,表示一段意思的结束。

例四:

由联合国教科文组织实施的一项/大熊猫栖息地监控保护计划/近日在四川雅安启动,//通过建立3个野外监测站,对整个大熊猫栖息地生态链/进行动态全方位监测。//雅安地区现有大熊猫约300只。

(选自《新闻联播》2007年11月1日)

这则新闻简讯有三层意思,所以有两处短时停顿,其他都属于语句内没有标点符号的顿挫。

新闻消息播报应该"少停多连",因为新闻语言的逻辑严密、结构紧凑、节奏明快,所以不能像文学作品一样进行充分的停顿。

这则简讯中,每个句号处都应该处理为落停,表示一层意思的结束。

2. 连接

例五:

哈利庆幸学校已经放假了。可是他仍然逃脱不了达德里那一帮朋友的追打。他们隔一天就来一次。皮尔斯、丹尼斯、麦尔哥和杰姆都是头脑简单的大个子,很显然达德里是最胖最蠢的那个,所以他理所当然地做了头。他们似乎把追着哈利打当成了他们最喜欢的活动。

(选自 J.K.罗琳《哈利·波特》第三章《从天而降的信函》)

连接
例五、例九

这一段描写,我们可以根据作者的语言习惯和风格来进行连接的处理。

第一处连接可以使用直连,打破第一个句号的间隔,将两句连起来,而在句号处只做一个小的顿挫;第二处连接仍然可以使用直连,因为第三句是对第二句的补充说明,从意思上应该归属前一句,所以这里的连接也是打破句号的间隔,只是做一个逗号的停顿:哈利庆幸学校已经放假了。可是他仍然逃脱不了达德里那一帮朋友的追打。他们隔一天就来一次。

第三、第四处连接使用曲连,播读人名、地名等并列词组时,一般都是用曲连,以达到一种似停非停、声断意不断的效果。这样既能够让受众听出来每个词组的区别,又让语言环环相扣、徐徐向前。

例六:

在中国人的传统中,勤奋不仅是一种励志的精神力量,还具有伦理道德的色彩。中国人信奉天道酬勤,认为勤奋符合天理人道的自然规律;传统的中国人讲求"鞠躬尽瘁,死而后已",笃信勤能补拙、业精于勤……在中国人的眼里,修身、齐家、治国、平天下都离不开勤奋。所以,中国人常常向世界自豪地宣称:"中华民族是勤劳伟大的民族。"

(选自 2007 年 4 月 17 日《环球时报》张敬伟《中国人是不是过于勤奋了?》)

这一段中有多处需要连接的地方。

直连的地方有第一和第二连接处,打破逗号的间隔,只做一个小的顿挫即可,这样可以增强语句的逻辑关系和论说力度。

曲连的地方在第二句话分号后面的引用和论证当中,这几处曲连无疑加强了论证色彩,摆事实、讲道理,让论证更具有说服力。

例七:

洛伦兹一生拥有诸多头衔:医生、大学教授、科学杂志的创办者和主编、动物学家、动物行为学创始人、诺贝尔奖得主。奶奶终其一生都是个地地道道的农民。年轻的时候,人们呼她张小姑,出嫁后喊张婶,再后称张大妈,最终成了张婆婆。奶奶 50 岁后,知道她学名的人就没几个了。

1942 年,洛伦兹被德国军队强征为战地医生,在刺刀的威逼下救治德军伤病员。1944 年德军溃败,苏军把他视作德国军医抓俘,投入集中营,饱经拷问折磨。1948 年,获释回奥地利。不久,重操旧业,一边行医,一边从事动物行为学研究,思路仍是那只认他为母的小鹅。奶奶身经民国年间的军阀混战、日本入侵、解放战争、匪患与剿匪、历次政治运动,但都没对她构成太大的荣辱影响,包括"文革"及三年饥荒。奶奶出旱田下水田,日出而作,日落而息,稀的干的一般都能捞个饱。

(选自《广州文艺》董玉洁《奶奶和 1953 年的诺贝尔奖》)

这是一篇写法很新颖的散文,把并无直接关系的"我奶奶"和1953年的诺贝尔奖获得者洛伦兹联系在了一起。文章是讲述生活在同一时代不同国度不同背景下的两个人的某种联系,其实洛伦兹的科学理论"我奶奶"早就在普通的村妇生活中总结出了。

由于文中大量采用了对比和罗列,所以其中的连接技巧就很多。

这一段介绍洛伦兹的头衔和"我奶奶"的称呼时可以用曲连,还有概括洛伦兹、"我奶奶"的经历时也可以用曲连。

其他几处连接是直连,可以打破标点符号而作较短的顿挫,保持语言的连贯性和逻辑性。

例八:

受北海风暴影响,英国、德国、荷兰等国9号遭受潮水侵袭,但并未造成严重损失。在受灾最重的英国大亚茅斯镇,道路和房屋被淹,学校停课,数千人被迫转移。在德国最大的港口城市汉堡,一些低洼地带的积水超过了三米。目前潮水已逐渐退去,各国也已相继解除了洪灾警报。

(选自《新闻联播》2007年11月10日)

新闻消息播报要求"少停多连",所以在这则简讯当中有很多地方可以使用连接技巧。

在介绍几个国家的时候可以采用曲连,而在详细介绍受灾情况的时候可以采用直连。

例九:

数以万计的候鸟近日飞抵鄱阳湖越冬。白鹤、白琵鹭、鸿雁、白枕鹤等珍禽鸟类在湖面飞腾觅食,在水天一色间勾勒出美丽的画卷。

(选自《新闻联播》2007年11月11日)

同样是新闻简讯,这两句话当中的连接也很好把握,就是将四种珍禽鸟类的名称用曲连的方法表达出来即可。

(二)重音

常用的重音标注符号是:
主要重音,用══或者.表示;
次要重音,用──或者。表示。

重音例一、例四、例六

1. 强弱法

例一:

古人说过,在天上行走的没有比得上龙,在地上行走的没有比得上马。马,是军队的根本,国家最大的资本。虽然马对现在社会来说,已经不如古代那么重要,但是它那雄壮、骏逸的身影却深印在人心中。

(选自《十二生肖的故事——骏逸的千里马》)

这段话当中有多处需要强调的重音,我们着重就强弱法来举例。第一句有一组鲜明的对比:"龙"和"马",因此"龙"和"马"是需要强调的重音,是主要重音。而第二句开头的"马",则不需要像前一个强调得那么强烈,只需要稍加强调即可,所以是次要重音。

例二:

近日,经《吉尼斯世界纪录大全》认证机构工作人员确认,德国下萨克森州叙尔胡森教堂钟楼的倾斜度为5.07度,超过了著名的比萨斜塔的倾斜度3.97度,成为目前全球最斜的建筑。叙尔胡森教堂建于公元8世纪,其钟楼建于1450年,高27.37米,因年代久远而逐渐倾斜。

(选自《新闻联播》2007年11月11日)

这一段新闻消息当中两个主要事实的对比需要强调,一个是德国下萨克森州叙尔胡森教堂钟楼的倾斜度,一个是比萨斜塔的倾斜度,所以两个数据"5.07度"和"3.97度"是主要重音,其他几个重音则属于次要重音。

2. 快慢法

例三:

他看见了一幕动人的景象:孩子们爬过墙上的小洞已进了花园,正坐在树枝上,每棵树上都坐着一个孩子。迎来了孩子的树木欣喜若狂,并用鲜花把自己打扮一新,还挥动手臂轻轻抚摸孩子们的头。鸟儿们在树梢翩翩起舞,兴奋地欢唱着,花朵也纷纷从草地里伸出头来露着笑脸。这的确是一幅动人的画面。

(选自王尔德《自私的巨人》)

这一段对于动作的描写很多,其中动词的使用最传神、最生动。动作有快有慢,所以对动词的表现也呈现出快和慢两种不同的处理方法。

像"爬""欣喜若狂""轻轻""伸""露"等就应该用放慢速度的方法加以强调和突出,以传神表达出动作和状态。

而像"翩翩起舞""兴奋"则应该用正常或者略快的速度来表达,达到生动形象的表达效果。

例四:

他每天每个钟头要换一套新衣服。人们提到皇帝时总是说:"皇上在会议室里。"但是人们一提到他时,总是说:"皇上在更衣室里。"

(选自安徒生童话《皇帝的新装》)

这则童话故事大家都不陌生,这一段话通过别人对皇帝的描述来表现这个皇帝酷爱新装的癖好。

在表现他频繁更衣的时候,可以用快节奏强调"每个"钟头;在表现人们态度的时候,可以用慢节奏强调"总是";在表现以往的皇帝和这个皇帝不同的时候,也可以用慢节奏强调两个具有强烈对比的名词"会议室"和"更衣室"。

读出重音,就把童话故事的生动形象和诙谐幽默表现出来了。

3. 虚实法

例五:

<u>忽然</u>,猴子看到路的那端,有一个<u>大</u>饭团<u>慢慢</u>地向他这边滚过来,它便<u>十分</u>高兴地跑了过去,想<u>抓住</u>那个滚动的大饭团,它心里想:"真是<u>太神奇</u>了!香喷喷的饭团<u>一定</u>很好吃,吃了它,就不会<u>肚子</u>饿了!"饥饿的猴子一边流着口水,一边加<u>快</u>脚步,往前面跑着,希望能<u>快点</u>拿到那个<u>好吃</u>而且可以填饱<u>肚子</u>的大饭团。

(选自《日本民间童话故事集》第三集《猴子与螃蟹》)

这一段话出自一个童话故事,所以充满了夸张和形象的色彩。

如何把猴子的行为动作、所思所想生动形象地表现出来,就要看是不是能够准确抓住突出表现其行为和心理的关键词,这也是此段的重音所在。

"忽然"一词不能用太实的声音去表现,而应该用虚声去夸张表现,既表现出猴子略带意外惊喜的样子,又起到前后段落的转承作用。

表现猴子心里所想的时候也可以用虚声。"太神奇"和"一定"是猴子的心理活动,不能用实声去表现,以烘托出猴子内心的窃喜。

最后三个需要强调的重音"快点"、"好吃"和"肚子"可以用实声去表现。要注意主要重音和次要重音的安排,"快点"是主要重音,"好吃"和"肚子"是次要重音。

例六：

快乐王子的雕像<u>高高</u>地耸立在城市上空一根高大的石柱上面。他浑身上下镶满了<u>薄薄</u>的黄金叶片，<u>明亮</u>的<u>蓝</u>宝石做成他的<u>双眼</u>，剑柄上还嵌着一颗<u>硕大</u>的<u>灿灿发光</u>的<u>红色</u>宝石。

（选自王尔德《快乐王子》）

一个句段里面重音不能太多，要"少而精"，但是本段用了很多形容词来表现快乐王子的雕像是多么地奢华和恢宏，这些词语都是需要强调的重音，所以要注意主要重音和次要重音的安排。

"高高""薄薄""灿灿发光"这几个形容词都需要着重强调，但是强调的方法有所不同，"高高"可以用实声来表现，而"薄薄"和"灿灿发光"可以用虚声来表现。

另外，"蓝"和"红"形成对比，"明亮"和"硕大"形成并列。这些修饰名词的形容词并不如那几个突出表现雕像奢华和恢宏的形容词重要，所以可以作为次要重音用实声表现。

（三）语气

在有声语言表达中，语气是指思想感情运动状态下语句的声音形式。下面通过一组言论来体会一下不同的语气：

"没什么事不要找我，有事更不用找我。"

这句话反映了当代人的某种狭隘的自我意识。

"上帝欲使人灭亡，必先使其疯狂；上帝欲使人疯狂，必先让其买房。"

面对不断攀升的房价，人们哀叹道。

"人生如一杯茶，不能苦一辈子，但总要苦一阵子。"

这样把人生和茶相提并论还是比较形象和深刻的。

"旅客车厢内拥挤不堪,无立足之地的人想:我要是有一块立足的地方就好了;有立足之地的人想:我要是能有一个边座就好了……直到有了卧铺的人还会想:这卧铺要是一个单独包厢就好了。世间上的人们啊,大多如同乘客一样。"

刘墉对日渐贪婪的人们发出了以上的感慨。

"80分以下是女子单打,70分以下是男子单打,60分以下就是男女混合双打了!"

这是一位小学生在回答同学关于父母对待自己考试成绩的问题时所做的回答。

"小的时候我必须背着爸爸抽烟,长大了以后我又得躲着儿子抽烟。"

一位烟民谈到自己抽烟的感受不无感慨地说出的心里话。

上面这些只言片语的小短句看起来颇有意思,实际上每句话都表达了一种情感和态度,每句话也都有自己特有的语气语调,细细品味,除了让人一乐,更能够发人深省。对以上这些短句,我们为什么会发笑,为什么会沉思,又为什么会无奈?起到这个微妙效果的正是语句当中丰富多彩的语气。这些语句诙谐幽默,引人深思,既把来自生活的感悟表现得形象生动,又把一种感情色彩和态度巧妙地融入其中。

语气的感情色彩和分量共同构成了具体的思想感情。正是语气感情色彩和分量上的细微差别,形成了丰富多彩的情感表达,也形成了语言的个性化,从而决定了声音形式的千变万化。

1. 喜庆欢乐的色彩

下面这组句段充满了喜庆色彩和欢乐气氛,在表达的时候要注意情感的调动,在准确理解和感受稿件的基础上运用语气。在用声上以明快为主,语势起伏变化比较大,营造一种欢乐祥和的氛围。

例一:

当中国总理从车中跨下来时,人山人海都惊喜地看到了,人山人海都热烈地欢呼了。总理已在车上换上了一身傣族的服装,头戴着水红色的头巾。这时,高升火箭迎空飞起。在彩色的火花底下,龙舟竞渡。群情如此激动……

四月十五日的黎明,允景洪万人空巷,倾城而出,凤凰树上,开满了彩色鲜丽的大花朵;凤凰树下,攒动着鲜丽色彩的傣族姑娘。皓齿玉臂,笑着舞着,到处是清脆的笑声,到处是轻歌曼舞。在市中心的十字街头,群众拥挤而整齐,齐整而狂热地盼着,一时欢声雷动,和谐而有节奏。

(选自徐迟《生命之树常绿》)

语气例一、例五、例六、例八、例十一、例十三

例二:

"看,彩虹!彩虹来了!"我们顺着他手指的方向望去,只见一道半圆形的彩带藏匿在水瀑胸前的浅烟薄雾中,若隐若现。太阳越来越近了,它用力地把自己的光与热掷于瀑布,用自己粗大的手拨开缭绕的烟雾,红黄绿蓝几色相并的彩链愈益发亮。

(选自惠长林《彩虹梦幻曲》)

2. 伤感沉重的色彩

下面这组句段体现的都是伤感和沉重的感情色彩,在表达时注意情真意切,用声相对低缓、深沉,语势比较平缓。

例三:

这一年冬天,气候有些反常:没有落雪,尽打霜。老辈人讲这是干冬和干春的预兆。绿毛坑数万亩老树林子天天早晨结着狗牙霜,常绿阔叶树就像披上了银缕玉衣,成了个白花花的世界,不过

晌午不得消散。绿毛坑峡谷底的那一高一矮两栋木屋,每天早晨、上午都戴着洁白的玉冠。木屋后头那溪山水,也结上了一层硬壳,僵直地躺在那里,失去了往时叮咚流淌的气息。

(选自古华《爬满青藤的木屋》)

例四:

天气很糟,正在下着阴冷的细雨,泥泞的大地被黑暗严密地包缠着。时不时地,从什么地方刮来一阵风;它在树枝中间柔声的叹息,搅得房顶上的湿草发出沙沙的响声,还惹出许多别的不愉快的声音来,用叹息和呻吟所合成的悲惨音乐打破了夜间那种抑郁的沉静。

(选自高尔基《滚来滚去的石头》)

例五:

夜,静得瘆人。深秋的夜风,像剃头刀儿一样扫荡着这黑沉沉、死寂寂的百里大洼。月亮像半张死人的脸,冷光熹微,根本刺不透沉沉夜幕。

(选自蒋子龙《燕赵悲歌》)

3. 赞美肯定的色彩

下面这组句段饱含着肯定和赞美的感情色彩,在表达时注意情感和态度的把握,拿捏好情感的"度",用声上气息饱满但是不能够僵死,要"匀""活",还要"通",语势上行趋势明显,起伏有变化。

例六:

我喜爱苏州,特别喜爱它那恬静的小巷。这倒不是因为"古宫闲地少,水巷小桥多",而是因为在小巷中往往最容易看到生活的巨变,城市的新生,由此而产生一种自豪和喜悦。

(选自陆文夫《苏州漫步》)

例七：
十月下旬的天气，在凌晨的时候，如一层薄薄玉屑铺成的白绒毯子，罩在每家的屋顶之上。霜痕的莹明与洁白，在冬日里虽不是罕见的东西，但是能够领略到这种冷冽中清晨的趣味的人们，也可谓是有幸福的了。

（选自王统照《霜痕》）

4. 批评否定的色彩

下面这组句段带有批评、否定的感情色彩，在表达的时候态度要鲜明，声音稳健有力，气息扎实，准确把握文字中蕴含的深刻含义和态度，用鲜活的语言把其内涵表现出来。

例八：
幺吵吵终于一路吵过来了。这是那种精力充足，对这世界上任何事物都采取一种毫不在意的态度的典型男性。他时常打起哈哈在茶馆里自白道："老子这张嘴么，就这样：说是要说的，吃也是要吃的；说够了回去两杯甜酒一喝，倒下去就睡！……"

（选自沙汀《在其香居茶馆里》）

例九：
赵七爷是邻村茂源酒店的主人，又是这三十里方圆以内的唯一的出色人物兼学问家；因为有学问，所以又有些遗老的臭味。他有十多本金圣叹批评的《三国志》，时常坐着一个字一个字地读；他不但能说出五虎将姓名，甚而至于还知道黄忠表字汉升和马超表字孟起。革命以后，他便将辫子盘在顶上，像道士一般；常常叹息说，倘若赵子龙在世，天下便不会乱到这地步了。

（选自鲁迅《风波》）

5. 开心愉悦的色彩

下面这组句段带有轻松愉悦、让人开心的感情色彩，同时还充满了亲切感。表达的时候要注意用声和气息,多用暖声,以情带气,用情托声。语势力求有起伏变化,以增强语言的表现力。

例十:

你不用客气,任何一个蒙古包都是你的温暖的家,只要你朝火光的地方走去,不论走进哪一家的蒙古包,好客的哈萨克牧民都会像对待亲兄弟似的热情地接待你。渴了你可以先喝一盆马奶,饿了有烤羊排,有酸奶疙瘩,有酥油饼,你可以一如哈萨克牧民那样豪情地狂饮大嚼。

(选自碧野《天山景物记》)

例十一:

啊,只见一道色泽鲜艳的巨大的彩虹,出现在那雨后显得特别蔚蓝的天空之中。它像一道五彩缤纷的拱桥,横跨在峰林之中,一直插进那幽深的山谷。从天空的背景上看,它离开我们是那么远,那么高。从深谷和峰林的背景上看,它距离我们是那么近,那么低,仿佛一伸手,就可以摸到了它。

(选自峻青《天子山一日记》)

6. 发怒生气的色彩

下面这组句段含有发怒生气的感情色彩。人在发怒和生气的时候气息运动一般都比较剧烈,语言节奏不但快,而且冲,所以在表达的时候一定要控制好气息和吐字,同时还要把握好分寸和火候。语势的起伏应该更为强烈,变化更为多端。

例十二:

"然而这又有什么用?现在太迟了!我不愿意往前走了。"觉慧似乎被解除了武装,他的愤怒已经消失了,他绝望地说。"你居然说这样的话?难道你为了鸣凤就放弃一切吗?这跟你平日的言行完全不符!"觉民责备道。"不,不是这样。"觉慧连忙辩解说。

但是他又住了口,而且避开了觉民的探问的眼光。他慢慢地说:"不只是为了鸣凤,"过后他又愤激地说,"我对这种生活根本就厌倦了。"

(选自巴金《家》)

例十三:
军长主持召开军党委会,把军帽猛地朝桌上一甩:"不怕罢官者,跟我坐在这里开会!对那帮乌合之众要夺市委的大权,我雷某决不支持!怕丢乌纱帽者,请出去!请到红色新政权中去坐第一把交椅!"

(选自李存葆《高山下的花环》)

(四)节奏

1. 轻快舒缓

例一:
四月中的细雨,忽晴忽落,把空气洗得怪清凉的。嫩树叶儿依然很小,可是处处有些绿意。含羞的春阳只轻轻地,从薄云里探出一些柔和的光线;地上的人影、树影都是很微淡的。野桃花开得最早,淡淡的粉色在风雨里摆动,好像媚弱的小村女,打扮得简单而秀美。

(选自老舍《二马》)

节奏 例一、例六

这一段对雨后四月天的描写,清新、柔和又灵动。

在表现这一段的时候要能够把握住春天的律动,把四月的细雨、嫩绿的叶子、含羞的春阳、柔和的光线、淡粉的桃花、媚弱的少女,以及人影、树影等——用有声语言表现出来,这些美好的景物都是能够让人产生美感的东西,所以在节奏上讲求轻快舒缓,多扬少抑,多连少停,要让春天的感觉在恰到好处的节奏韵律中舒展开来。

例二：

几个年轻的姑娘赤着脚,提着裙子,嘻嘻哈哈追着浪花玩。想必是初次认识海,一只海鸥,两片贝壳,她们也感到新奇有趣。奇形怪状的礁石自然逃不出她们好奇的眼睛,你听她们议论起来了:礁石硬得跟铁差不多,怎么会变成这样子?是天生的,还是錾子凿的,还是怎的?

(选自杨朔《雪浪花》)

这一段描写为主人公老泰山的出场做铺垫,要营造出"未见其人,先闻其声"的艺术效果,所以对几个年轻姑娘快乐的嬉戏和天真的发问描写得生动、自然。

姑娘们的嬉戏在整个茫茫海景之中显得很跳脱,给人一种轻快自然的感觉,所以在表达的时候一定要抓住整体和细节的关系,有扬抑、有顿挫,要在节奏把握上多几个层次,力求有所变化。

例三：

天气是醉人的温暖,恰好是樱花落尽的时季。细沙的行人道上满是狼藉的粉色花片,有些便沾挂在平铺的碧草上。几树梨花还点缀着嫩白的残瓣。北面与西面山上全罩着淡蓝色的衣帔;小燕子来回在林中穿、跳。这里正是一年好景的残春,到处有媚丽的光景使人流连。

(选自王统照《山雨》)

这段文字描写的虽然是残花遍地,但是并不令人伤感,因为作者还点染了碧草、山上淡蓝色的衣帔和小燕子,可见诗人觉得暮春是媚丽的。

跟随作者的感触,我们先是感受到暮春的温暖,再看到地上的粉色花片,然后是远处的山色和林中的小鸟……这一切都让人流连忘返,这里的景物描写是随着作者的体会和感受进行的,语句关系衔接自然、顺畅,节奏舒缓、平淡、自然。

2. 紧张凝重

例四:

入夜,天空像劈裂开了,暴雨打裂口直泻,台风以每小时二十六里的速度,袭击这海岛。

海喧叫着,掀起的浪遮住了半个天,向海岸猛扑,"哗啦!哗啦!"真要把这海岛的心脏给撞碎似的。

大风把电线杆刮断,全市的电灯熄灭。黑暗中的海岛就像惊涛骇浪里的船一样。远处有被风吹断的哭声……

(选自高云览《小城春秋》)

台风在作者的笔下异常威猛,给人一种身临其境的感觉。

恶劣天气中,人们的心里变得紧张不安,这是一种正常的反应。

表现这样的情景时,要用紧张凝重的节奏欲扬先抑、欲抑先扬,体现出台风的急速和威猛。

例五:

军长用目光环视了一下这设在山间的露天会场,那俯瞰尘寰的架势告诉人们,他,他统帅的这个军,永远是天下无敌的!

这时,只见他脱下军帽,"砰"地朝桌子上一甩,震得麦克风动了一下。

仅此一甩帽,会场便骤然沉寂。静得像无波的湖水,连片树叶儿落下也会听得见。

(选自李存葆《高山下的花环》)

小说中的雷军长是一个大公无私、原则性强、个性耿直、脾气暴躁的军人形象,他有几次"甩帽"的行为,都表现了他的这些性格特点。

在这一小段当中,自信和威严的雷军长一出现,现场就变得紧张凝重起来,因为大家都知道他又要"表态"了。文中对他的行为动作描写得很传神,对现场的氛围也营造得很到位,所以我们在表达的时候要准确感受到现场的氛围,在节奏上尽量地把紧张凝重的氛围表现出来。在雷军长"砰"的甩帽声之前,用欲扬先抑的技巧;而表现雷军长甩帽之后的现场氛围,则又要用欲抑先扬的技巧。

例六:

霎时间,森林里传来让人心惊胆颤的吼声。随着这吼声,尘土漫天,树叶乱飞。突然,天,一下子便黑乌乌地压了下来。整个天空,都是炸雷的响声,震得人耳朵发麻;锯齿形的电光,不时地冲撞天空,击打山峰!转眼之间,三滴一大碗的雨点,敲打着嘉陵江,敲打着高山峻岭……

(选自杜鹏程《在和平的日子里》)

这一段对雷的描写可以说是出神入化。作者完全通过感知觉来描写这一响炸雷的气势,对伴随炸雷前后出现的各种现象言简意赅却精准传神的描述,营造出一场惊心动魄、惊雷响天的场景。

在表现这一小段的时候也要把握好文字信息,听觉是怎样的,视觉是怎样的,感知觉是怎样的。还要把这些琐碎的片段连接在一起,共同表现出一个炸雷带来的震撼,所以在进行有声语言表达的时候一定要把握好节奏,有的时候需要语速快、气息促,比方说"霎时间""突然";有的时候又需要能够撑开、拉住,比方说"尘土漫天""树叶乱飞"。表现紧张的时候不一定就是一味地加快速度,有的时候有快慢对比和变化可能效果会更好。

三、实践练习

(一)停连

敢于斗争 善于斗争 勇于担当——习近平总书记在中央党校(国家行政学院)中青年干部培训班开班式上的重要讲话引发热烈反响

习近平总书记今天在2019年秋季学期中央党校(国家行政学院)中青年干部培训班开班式上发表的重要讲话,在学员中引发热烈反响。

学员们表示,在国内外环境和斗争形势日益复杂的大背景下,习近平总书记的重要讲话具有战略高度和深远意义,作为中青年干部,要经受严格的思想淬炼、政治历练、实践锻炼,发扬斗争精神,增强斗争本领,为实现"两个一百年"奋斗目标,实现中华民族伟大复兴的中国梦而顽强奋斗。

(选自《新闻联播》2019年9月3日)

国务院督查组赴16个省(区、市)开展实地督查

为推动党中央、国务院重大决策部署落地见效,近日,国务院部署开展第六次大督查,派出督查组对16个省(区、市)贯彻落实减税降费、稳定和扩大就业、深化"放管服"改革、优化营商环境、推进创新驱动发展、合理扩大有效投资等情况进行实地督查。

按照党中央关于解决形式主义突出问题、统筹规范督查检查考核等部署要求,国务院第六次大督查突出经济运行和改革发展中的工作重点,聚焦人民群众和市场主体反映强烈的工作难点,注重压减督查规模、精简督查环节、减轻基层负担,重点通过线索核查、暗访督查、一对一访谈等方式,有针对性地推动工作落实。督查期间,对国务院督查组和有关地方提出"八不得"的总体工作要求,即不得召开30人以上的地方工作情况汇报会和座谈会;不得随意要求地方填表格、报材料;不得轮番安排人员到同一市、县或企业等开展督查;不得随意对地方工作下结论、提要求;不得要求地方层层陪同、层层汇报;不得安排与督查主题无关的其他活动;不得以迎检名义层层组织各种自查督查;不得以迎检名义印制文件资料汇编或制作宣传片。

此次实地督查的16个省(区、市)是:天津、山西、内蒙古、辽宁、吉林、安徽、江西、山东、广西、海南、重庆、四川、贵州、云南、甘肃、宁夏。

(选自《新闻联播》2019年9月3日)

国内联播快讯

我国六个新设自贸试验区今日揭牌

今天(30日),我国新设的山东、江苏、广西、河北、云南、黑龙江六个自贸试验区陆续揭牌。至此,我国自贸试验区阵容扩大到18个,空间布局上遍布东西南北中,功能定位差异化明显,展现了我国扩大开放的新作为。

新版人民币今起发行

2019年版第五套人民币今起(30日)发行并陆续在各大银行网点投放,其中新版纸币提高了票面色彩鲜亮度,优化了票面结构层次与效果。新版硬币也提升了面额数字造型的设计美感,提高了流通的便捷性和抗变色能力。

中国基本扭转温室气体排放快速增长局面

生态环境部今天(30日)举行例行发布会,2018年中国碳排放强度比2005年下降45.8%,基本扭转了温室气体排放快速增长的局面,为实现"十三五"应对气候变化目标奠定了坚实基础。

第八届北京国际美术双年展在京开幕

由中国文联、中国美术家协会等主办的第八届北京国际美术双年展今天(30日)在北京开幕,五大洲113个国家的美术家以

640件绘画和雕塑等艺术形式作品,精彩演绎着美美与共的缤纷世界,展览将展出至9月20日。

中国尼泊尔特种部队举行联合训练

"珠峰友谊-2019"中尼特种部队联合训练在尼泊尔举行。在为期13天的联训中,中尼双方混编同训,演练房屋清剿、城市机动、应用和战斗射击、灾难救援等课目,这也是两军第三次举办此项联合训练。

西藏:拉萨雪顿节今天拉开序幕

一年一度的拉萨雪顿节今天(30日)拉开序幕。拉萨雪顿节是第一批国家级非物质文化遗产,为期7天的节日,除了传统的展佛外,还有藏戏展演、传统马术等活动,将全方位展现拉萨的历史文化、民俗风情和发展成就。

国际田联钻石联赛苏黎世站中国选手夺两金

在北京时间今天(30日)凌晨进行的2019国际田联钻石联赛苏黎世站比赛中,中国队总共获得2金、1银、1铜的好成绩。其中,巩立姣获得女子铅球金牌,吕会会摘得女子标枪冠军。

(选自《新闻联播》2019年8月30日)

国际联播快讯

也门一监狱遭空袭 上百人死亡

也门胡塞武装及红十字国际委员会驻也门机构9月1日表示,也门西南部扎马尔省一所监狱当天遭到沙特阿拉伯领导的多国联军战机的空袭,造成至少100人死亡。也门胡塞武装表示,遇袭监狱内关押着约170名也门政府军士兵俘虏。

联合国也门问题特使格里菲斯要求多国联军对此次空袭展开调查。

以军与黎巴嫩真主党武装发生交火

9月1日,以色列国防军与黎巴嫩真主党武装在以黎边境地区发生交火。以色列方面称,黎巴嫩真主党当天向以色列境内发射多枚反坦克导弹，以军发射炮弹还击。黎巴嫩真主党方面则表示，以色列军队的无人机当天入侵黎巴嫩领空并投下燃烧物质，导致黎巴嫩境内发生火灾。

8月下旬以来，以军多次动用无人机对黎巴嫩境内真主党等目标实施袭击。

波兰纪念二战80周年 德总统请求原谅

波兰9月1日举行多场活动，纪念第二次世界大战爆发80周年，以此缅怀战争中的死难者，呼吁人们铭记历史、珍惜和平，避免悲剧重演。德国总统施泰因迈尔当天在波兰小城维隆出席纪念活动。他在致辞中表示，为二战中纳粹德国的罪行而向波兰人民请求原谅。

1939年9月1日，德国法西斯军队轰炸波兰维隆，第二次世界大战随之在欧洲战场全面爆发。

波音737MAX停飞时间再延长

美国航空公司9月1日宣布，将再度延长波音737MAX客机的停飞时间至12月3日。美国其他两家航空公司——联合航空公司和西南航空公司也于近日采取了延长停飞措施。

去年10月和今年3月，印尼狮航和埃塞航空的波音737MAX客机先后发生致命空难。因其安全性受到普遍质疑，该机型在全球范围内遭停飞或禁飞。

飓风"多里安"登陆巴哈马

9月1日，飓风"多里安"升级为最高级别的五级飓风，并登陆巴哈马北部的阿巴科群岛，给当地带来强风和暴雨天气。当地沿海低洼地区的民众已被要求撤离。目前还没有人员受伤或财产损失的报告。

随着"多里安"逼近，美国佛罗里达州、佐治亚州、南卡罗来纳州和北卡罗来纳州已宣布进入紧急状态。

(选自《新闻联播》2019年9月2日)

雨

古人咏自然美,皆爱风花雪月。但我独钟情于雨。

雨有细雨、疏雨、阵雨、暴雨、大雨、小雨、阴雨、霖雨、淫雨、好雨、密雨、烟雨,还有毛毛雨、杏花雨、黄梅雨、豆花雨、桑柘雨、倾盆雨、及时雨,面目各异;每个人眼中的雨,也别有一种情韵。

最缠绵的莫过于春雨。她是那么轻柔,那么温情,在淡淡的细雨中结伴散步,很容易跌入浪漫的氛围。

最惬意的莫过于夏雨。她是那么突然,那么热烈,在哗哗的暴雨中洗涤心灵,胸中的烦躁与块垒一扫而尽。

最潇洒的莫过于秋雨。她是那么飘逸,那么疏放,在霏霏的烟雨中悠然沉思,你会体味到人生成熟的魅力。

最沉重的莫过于冬雨。她是那么冷峻,那么愀然,在咚咚的阵雨中追溯往昔,将勾起你逝去的惆怅,还有依恋的良宵。

我极喜雨中去逛街。密密的雨点驱散了大都市的喧哗、嘈杂和沉闷,于是往日眼中狭窄的街骤时变得宽广漫长;轻灵的雨珠洗尽街心的浊尘、龌龊与猥杂,于是万物渐显明亮纯净的光泽,绿的更绿,红的更红,更好看,一把把七彩雨伞,宛如亭亭玉立的少女,点缀出满街的万般风情。

我更爱雨中去旅游。肃穆的青山原来多妩媚,深幽的绿水恰似好温柔。丛林变得滋润,石阶更显轻盈。雨中看云飞雾起,变幻多端,正如人生莫测;雨中泛舟寻清趣,远近皆朦胧,人在诗意中。

雨天更宜躲进小楼,隐于陋室,约三五知己,或品茶叙旧,议论风发,谈大侠之传奇,侃世道之滑稽;或雨中听丝弦,江南风情曲中论,大弦小弦皆有意。

有雨无朋亦怡然,独坐窗下听雨读书,读诗词曲赋,读散文小品,读好看小说,如沐春雨,如饮陈酒,如见真情。或愁肠百结,蹙眉长叹,替古人垂泪;或喜上眉梢,夙愿如尝,得千古知己。

我与雨有缘,因为好多奇思妙想皆在雨中萌发;我与雨有缘,还因为敏感的心路变幻出诸多精彩迭起的故事。

(选自曹正文《雨缘》)

一靠倾城,再靠倾国(节选)

古代木建筑门窗和栏杆的工艺图案、风格相差不大。栏杆高的一般三尺左右,是楼上、檐下、柱间、廊上的护栅;低的称半栏,大多装有坐槛,设在走廊之间,叫美人靠,又叫吴玉靠。这种形式的栏杆既是空间分隔的装置,又能传情递物,空间似分非分,甚是暧昧,西方建筑术语叫"半公共空间"。

美人靠的基本形式是"下设条凳,上有靠栏",所以又叫作坐凳栏杆。为了美观,靠栏往往探出条凳之外,侧面呈三角形或贝壳形状,一半部分凌空,下面多做水景或弄花治草。一本书中这样形容:"相思闲愁,慵慵懒懒的一靠,那道鹅颈栏杆,就叫作美人靠。"

今天的驴友们探访如徽州、西塘、永嘉这样的江南小镇里,水边徜徉,踩着青石板,脚下是古老建筑的影子,雕花窗被初春的风拍打着。下午坐上长廊上的美人靠,轻抚脱落的红漆,心里几句唐诗翻涌上来,感觉想必也如同轻抚一位迟暮美人脸上斑驳的胭脂晕。

"美人依朱栏"是经典的诗画题材,杜牧写过"砌下梨花一堆雪,明年谁此凭栏杆?"张泌写过"别梦依依到谢家,小廊四合曲栏斜。"李白写过"解识春风无限恨,沉香亭北倚栏杆。"这些属于"半公共空间"中私密的一部分。

亡国的李后主"独自莫凭栏,无限江山",造反的黄巢"独倚危栏看落晖",中央军的岳飞"怒发冲冠凭栏处,潇潇雨歇",地方军的辛弃疾"把吴钩看了,阑干拍遍,无人会,登临意"。这些是"半公共空间"中公共的一部分。

藻井、檩椽、柱式、垂花、雀替、挂落、抱鼓,这些和栏杆一同构成了中国古典建筑的基本元素,但若论中国古典建筑在文学中的意象,别的元素却都无法与栏杆和美人靠比美了。

人人只道美人靠好。浙江一处风景区造了个凉亭,凉亭边上少不得点缀以美人靠,偏偏粗心大意的工匠少做了拉杆,凌空探出的靠背栏杆仅仅靠横杆的榫头支撑——美人靠?十三不靠。

苗族人的建筑也有美人靠,苗语称"豆安息"。全国重点文物保护单位贵州郎德上寨古建筑群中,民居一般面阔三间,上下三层,檐柱吊脚,美人靠就装在吊脚楼二楼堂屋外廊上。

苗人把美人靠叫"豆安息",汉族人却把别的东西又叫成美人靠了。介于椅子和床榻之间的躺椅沙发,原来有个雅名叫贵妃椅,现在人们也叫它"美人靠"。

(选自林大鸟《一靠倾城,再靠倾国》)

(二)重音

"我和国旗同框"活动启动

昨晚(8月30日),由中央广播电视总台发起的"我和国旗同框"活动在广州开启。珠江河畔、广州塔边,999架无人机变换出了五星红旗、"我爱你中国"等图案,这场灯光秀点亮了整个花城夜空。

在夜空中,999架无人机变换出五星红旗、港珠澳大桥、"我爱你中国"等图案和文字,而广州塔塔身也显示出"我们都是护旗手""我和国旗同框"等文字,整个灯光秀点亮了花城夜空,有超过10万人次参加了现场活动。

昨晚,还有港珠澳大桥的建设者、广州首批民间小河长、国家级非遗传承人等各行各业的模范人物来到这里,向国旗集体"表白"。

(《新闻联播》2019年8月31日)

宁夏:塞上江南今胜昔

国务院新闻办公室今天(30日)举行省(区、市)系列新闻发布会,介绍新中国成立70年来,宁夏回族自治区取得的各项成就。

发布厅外,来自"塞上江南"的枸杞、八宝茶,展示着传统的宁夏;而全国首家万吨级3D打印工厂的铸件、世界单套装置规模最大的煤制油项目,则是宁夏探索创新发展的实践缩影。

新中国成立70年来,宁夏经济总量达到3,705亿元,人均粮食产量居全国前列,建立了现代工业体系。

宁夏是西部欠发达地区,西海固素有"苦瘠甲天下"之称。宁夏持续开展大规模扶贫开发,脱贫攻坚成效显著,1982年到2018年累计减贫340万人,相当于全区现有人口的一半,西海固地区彻底结束了"一方水土养活不了一方人"的历史。

9月5日,宁夏将举办第四届中阿博览会,作为古丝绸之路必经之地,宁夏积极融入"一带一路"建设,与欧美、中东等130多个国家和地区开展合作,正在形成全方位、多层次、宽领域的对外开放格局。

(《新闻联播》2019年8月30日)

国内联播快讯

全国第十届残运会暨第七届特奥会闭幕

全国第十届残运会暨第七届特奥会昨晚(9月1日)在天津闭幕,本次赛事共打破124项全国纪录,超35项世界纪录。来自全国各地的6,121名运动员参加了比赛。闭幕式还举行了下届残运会承办城市会旗交接仪式。第十一届残运会暨第八届特奥会将于2021年在陕西举行。

我国已上市68个期货期权品种

记者今天(9月2日)从证监会了解到,截至目前,我国已上市68个期货、期权品种,商品期货成交量连续九年位居世界前列,已成为全球最大的油脂、塑料、煤炭、黑色建材期货市场和第二大农产品、有色金属期货市场,覆盖农产品、金属、能源化工、金融等国民经济主要领域。

国外申请人在华申请发明专利持续增长

记者今天(9月2日)从第十届中国知识产权年会获悉,十八大以来,国外申请人在华申请发明专利累计超过79.8万件,年均增长3.9%;申请商标累计超过108.8万件,年均增长10.5%。国外在华发明专利、商标申请持续增长,国际社会对我国知识产权保护充满信心。

上海正式启用电子驾驶证 行驶证

9月1日起,上海在市域范围内执行机动车驾驶证、行驶证电子证照制度,驾驶人可以通过"随申办""上海交警"等手机App使用电子证照,应对交警路面查验,处理交通违法和事故。

我国南疆首个大型转体桥顺利合龙

我国南疆地区首个大型转体桥——库尔勒新铁中泰铁路专用线跨吐和高速转体桥,近日顺利合龙,这标志着该铁路专用线核心工程建设完成。这座大桥位于新疆巴音郭楞蒙古自治州境内,南疆公路交通大动脉——吐(鲁番)和(田)高速公路穿桥而过。

黄渤海海域 太湖休渔结束

昨天(9月1日),黄渤海海域为期四个月的伏季休渔正式结束。辽宁、山东等地渔船陆续起航,奔赴渔场作业。同时结束休渔的还有太湖,昨天,太湖结束了为期7个月的封湖禁渔期,迎来了秋汛开捕。

(《新闻联播》2019年9月2日)

国际联播快讯

肯尼亚成为东非首个原油出口国

肯尼亚总统肯雅塔26日在港口城市蒙巴萨表示,首批从肯尼亚出口的20万桶原油当天从蒙巴萨运出,标志着肯尼亚成为东非第一个原油出口国。肯尼亚今年计划出口40万桶原油。第二批将在年底进行。肯尼亚的石油勘探始于2012年。根据勘探公司披露的数据,目前肯尼亚石油探明储量预估为7.5亿桶左右。

印尼宣布首都将迁至东加里曼丹省

印度尼西亚总统佐科26日宣布,东加里曼丹省的北佩纳占巴塞和相邻的库泰卡塔内加拉的部分地区将是新首都的理想地点。佐科表示,新首都在地理上具有战略意义,且遭受灾害风险较小。整个迁都计划预计耗资466万亿印尼盾,计划于2024年前开启迁都程序。印尼现首都雅加达面临严重的交通拥堵、城市内涝和环境污染等问题。未来印尼政府将致力于把雅加达打造成商业、金融、贸易和区域国际服务中心。

俄飞船与空间站二次对接成功

载有人形太空机器人的俄罗斯联盟号飞船27日与国际空间站进行了二次对接,获得成功。这也是俄罗斯第一次将人形机器人送到空间站,太空机器人将来有望在航天器外替代宇航员执行危险任务。24日,飞船在首次对接时,因空间站上的自动对接系统设备出现故障而没能成功。随后,飞船一直在空间站外安全距离上飞行。

(《新闻联播》2019年8月27日)

这里一天一天的下着秋雨,好像永没有开晴的日子。落叶红的黄的堆积在小径上,有一寸来厚。踏下去又湿又软。湖畔是少去的了,然而还是一天一遭。很长很静的道上,自己走着,听着雨点打在伞上的声音。有时自笑不知这般独往独来,冒雨迎风,是何目的!走到了,石矶上,树根上,都是湿的,没有坐处,只能站立一会,望着蒙蒙的雾。湖水白极淡极,四围湖岸的树,都隐没不见。看不出湖的大小,倒觉得神秘。

(选自冰心《寄小读者——通讯八》)

秋雨霏霏,飘飘洒洒。如丝,如绢,如雾,如烟。落在脸上凉丝丝,流进嘴里,甜津津,像米酒,像蜂蜜,使人如醺,如梦,如痴,如醉。

(选自郭保林《八月,成熟的故乡》)

满园春色中只有一个角落仍笼罩在严冬之中,那是花园中最远的一个角落,一个小男孩正孤零零地站在那儿,因为他个头太小爬不上树,只能围着树转来转去,哭泣着不知所措。那棵可怜的树仍被霜雪裹得严严实实的,北风也对它肆意地咆哮着。"快爬上来呀,小孩子!"树儿说,并尽可能地垂下枝条,可是小孩还是太矮小了。

(选自王尔德《自私的巨人》)

许多年以前有一位皇帝,他非常喜欢穿好看的新衣服。他为了要穿得漂亮,把所有的钱都花到衣服上去了。他一点也不关心他的军队,也不喜欢去看戏,除非是为了炫耀一下新衣服。他也不喜欢乘着马车逛公园。

(选自安徒生童话《皇帝的新装》)

"写错一字"之后
司马心

中国作协的铁主席,信笔由缰,写错了一个字,居然引起了轩然大波,这是始料不及的。

铁主席应《美文》杂志之邀题词,把"风华正茂"的"茂",下部的一个"戊"字,多加了一"点",变成了一个"戌"。于是有读者"吹毛",说是堂堂作协主席,怎能妄加一"点"?又有网民贴帖,说这一期的《美文》,是给全球华人中学生看的,多了一"点",岂不误人子弟?

然而这个时候,便有杂志编辑出来"挺"铁主席,先说是"印刷的问题",发现不对,又说要"尊重铁主席写字的习惯"。接着又有书法家出来为铁主席一"辩",说清代大才子纪晓岚所书著名一联,不是也将其中的"富"字上面少写一点,而"章"字下面的"早",又贯通了"立"字么?直到史家出来指出,那是纪晓岚故意写错，寓意"富贵无顶""文章通天"，仍不作沉默状。总之铁主席是不会错的，更似乎铁主席是不能错的！

其实铁主席本人，倒是没有出来自辩的。然而例如这样的"为尊者讳"以及无聊帮闲的例子，倒也不是今日铁主席多加了一"点"才有。由此想到的一个显例，便是毛泽东名词的遭遇。伟人有词，《沁园春·雪》，大气磅礴之下，无人可以唱和。词中有"山舞银蛇，原驰蜡象"句，伟人信笔，写成了"原驰腊象"，本也不是什么大事，却有著名诗人，便是后来要一把火烧了自己几百万字的那位，出来予以考证。钩沉索引，旁征博考，大胆假说，随意考证，硬是考出了伟人"并未写错"，那"腊象"，是指柬埔寨那边真腊地方在原野上奔驰的白象也！才高八斗之士，居然从高棉拿来了证据，以足证伟人的"一贯正确"，谁还能说一个"错"字。好在考到后来，伟人听闻此事，感到十分滑稽，于是坦然一言，说那是"笔误"而已，哪里有什么高棉白象云云，才没有"永远正确"下去。未料想"柬埔寨奔象"的闹剧，时隔半个世纪，竟然在另一位主席身上重演，这更是始料不及了！

写到这里，忽然又想起了另一则关于"笔误"的荒唐来——某市市委书记，也是"应邀"，为该市××节题词，结果偏偏那个"节"字，写成了繁体，又偏偏将这个繁体下面的"即"字写错了。谁料衮衮诸公，一致叫好，赶紧拿去制成特大招牌，谁也没有异议，一直沿用了十载。到了书记东窗事发，锒铛入狱，当时叫好之流，又纷纷出来放言，说那书记连一个"节"字都不会写，难怪大节不忠，小节不保，俺们早就看出来啦……这就不是什么"笔误"，而实在是一曲"聪明误"了。

"笔误"的事儿，过去有之，今后还不会绝迹；而"为尊者讳"的帮闲，更是老谱翻新，绵延不断。难怪关于"国民性"的议题，要代代延续；难怪"鲁迅笔法"，有着如此隽永的生命力！

(选自《新民晚报》)

(三)语气

老外怎么看中国人的勤奋

在中国人的传统中,勤奋不仅是一种励志的精神力量,还具有伦理道德的色彩。中国人信奉天道酬勤,认为勤奋符合天理人道的自然规律;传统的中国人讲求"鞠躬尽瘁,死而后已",笃信勤能补拙、业精于勤……在中国人的眼里,修身、齐家、治国、平天下都离不开勤奋。所以,中国人常常向世界自豪地宣称:"中华民族是勤劳伟大的民族。"

我们引以为豪的勤奋美德在老外眼里是怎样的呢?不久前,瑞士《新苏黎世报》载文对中国人的勤奋提出了质疑:随着中国与西方国家经济差距的缩小,难道我们欧洲国家也应像中国经济特区一样,引进每天10小时的工作制吗?该报还认为,华人的"勤奋和求知欲将继续令人不安",因为"加利福尼亚的中小学和大学就如同一个小规模的实验室,向世人展示了华人如何比黑人、白人和拉丁人更注重教育、更为勤奋。按人口比例计算,华人在那里占据的学习位置要超过他人两三倍。"

在不少外国人看来,中国人依然处于不知疲倦的现代化狂奔中。韩国《韩国经济》认为,中国已成为全球工作时间最长的国家之一,而疲惫的中国导致每年60万人过劳死。一些外电还引述了《中国青年报》的一份调查,说75.1%的中青年人对拼命工作甚至"过劳死"的人表示理解,只有18%的人认为"这种健康风险是完全可以避免的。"

中国人那种玩命工作的劲头在让老外们敬佩的同时,也让他们多了一层担忧。"没有人能够和这些连星期天也不愿休息的华人竞争",一位西班牙商人这样表述他的忧虑。显然,在不少外国人眼里,中国人的勤奋成了中国经济能够快速追赶西方经济的主因,这同时也是他们产生忧虑的原因之一,他们担心的是拼命工作的中国人会抢走他们的机会,迫使西方人不得不改变他们悠闲舒适的生活方式。

(选自张敬伟《中国人是不是过于勤奋了?》,
《环球时报》2007年4月17日)

风雨一把伞

杨 萍

小梅和丈夫大伟闹了两年,终于有了结果,大伟已经在离婚协议上签了字,两人约定下午去办离婚手续。中午,小梅就不回家吃饭了,她和男友去了一家酒馆。男友是个有心人,特意送给小梅一束玫瑰花。

午饭后,小梅要去娘家,路不远,步行只需几分钟。老天却不作美,下起雨来。小梅带有一把雨伞,男友却没带任何雨具,两个人合撑一把伞,走在细雨中,也别有一番情趣。

一会儿就到了娘家的门口,男友要进去看看未来的岳母大人。小梅说:"改天吧,我还没办离婚手续呢。"男友只好怏怏不乐地回去了。

小梅进了门,合起伞。母亲迎过来说:"你的伞怎么撑的?看身子都湿了。"小梅看看身子,果然湿了半边,她抻一抻衣服说:"我们两个人合撑一把伞。"母亲问她跟谁合撑一把伞?小梅想,这事迟早要告诉母亲,迟讲不如早讲,就说:"我刚才和男朋友合撑一把伞过来的。""男朋友?"母亲像被针刺了一下,差点儿跳起来,"那大伟怎么办?"小梅低下头说:"我和大伟下午就去办离婚手续。"

母亲坐到沙发上,长长地叹了口气。小梅赶紧安慰母亲说:"妈,你别难过,我跟大伟这些年,受了多少委屈?离婚是一种解脱。"母亲说:"我不是难过,是为你以后的日子担忧,妈真怕你看走了眼。"小梅握住母亲的手说:"妈,你放一百个心,我都三十岁了,不会看走眼的。"母亲说:"可你现在这个男朋友,就没有大伟好。"

母亲从来没见过自己的男友,怎么能乱下结论呢?小梅不高兴地说:"妈,你根本不认识我的男朋友,怎么知道他没有大伟好?"母亲说:"你以前跟大伟合撑一把伞,总是大伟湿了半边身子,你的身子一点没湿;今天你跟这个人合撑一把伞,却是你湿了半边身子,他的身子,应该一点没湿吧?"

小梅一下子愣住了,她忽然想起了大伟的许多好处。那些好处,因为太细小,几乎被生活淹没了。小梅放开母亲的手说:"我找大伟去。"她撑起伞,又走进了雨中。

(选自《健康人生》2006年第5期)

(四)节奏

然而猛可地电光一闪,照得屋角里都雪亮,幔外边的巨人一下子把那灰色的幔扯得粉碎了!轰隆隆,轰隆隆,他胜利地叫着。呼——呼——挡在幔外边整整两天的风开足了超高速度扑来了!蝉儿噤声,苍蝇逃走,蚊子躲起来,人身上像剥落了一层壳那么一爽。霍!霍!霍!巨人的刀光在长空飞舞,轰隆隆,轰隆隆,再急些!再响些吧!让大雷雨冲洗出个干净清凉的世界!

(选自茅盾《雷雨前》)

远方忽然吐出一片耀眼的、惨白的火,愤怒的雷声传来;群山响应着,经久不息,好像有许多空木桶从左岸滚到右岸,又从右岸滚到左岸。等雷声稍歇,又是闪电,这次近多了,呈奇形怪状的树枝形向四面八方伸展,将整个天空切割得支离破碎。……突然,在我们头顶五六丈的上空,发出一声可怕的霹雳,闪电像利剑一样直插下来,天空被彻底破裂了,震碎了!我急忙蹲下,捂起嗡嗡作响的耳朵,屏住呼吸,仿佛感觉到天空的碎片,纷纷落到我的头上、背上。

(选自叶蔚林《在没有航标的河流上》)

那王小玉唱到极高的三四叠后,陡然一落,又极力骋其千回百折的精神,如一条飞蛇在黄山三十六峰半中腰里盘旋穿插。顷刻之间,周匝数遍。从此以后,愈唱愈低,愈低愈细,那声音渐渐地就听不见了。满园子的人都屏气凝神,不敢少动。约有两三分钟之久,仿佛有一点声音从地底下发出。这一出之后,忽又扬起,像放那东洋烟火,一个弹子上天,随化作千百道五色火光,纵横散乱。这一声飞起,即有无限声音俱来并发。那弹弦子的亦全用轮指,忽大忽小,同他那声音相和相合,有如花坞春晓,好鸟乱鸣。耳朵忙不过来,不晓得听哪一声的为是。正在缭乱之际,忽听霍然一声,人弦俱寂。这时台下叫好之声,轰然雷动。

(选自刘鹗《老残游记》)

急救电话(片段)

闻俊费了九牛二虎之力,把陆子永拽上岸,陆子永已经奄奄一息,若得不到及时抢救,随时都有生命危险,而此刻的闻俊也已精疲力竭。

闻俊弯腰寻觅,如获至宝地拣起刚才下水时扔在草丛里的手机,心有余悸地想,亏得临危不乱,要是湿坏手机,陆子永只得听天由命坐以待毙了。他迅速拨了救护号码,通了。闻俊握手机的手有些颤抖,不知是受凉,还是激动。

语音提示:"这里是'120'急救电话,欢迎您使用。请您按现在所在的地区就近选择医院。中心区医院请按1;东市区医院请按2;……"

闻俊从没有拨过急救电话,这串鱼贯而入的语音提示不免令他愕然。闻俊眼花缭乱不知所措,情急之下,他选了1。他和陆子永都住在中心区,陆子永的公费医疗定点医院肯定也在中心区,说不定还能为陆子永日后报销医药费提供方便。再说,中心区集中了大医院,医疗水平高,保障系数大。

手机里传来语音提示:"选择市第一人民医院请按1;选择市

中医院请按2;选择中心区医院请按3;选择……"哎呀,怎么又是拖泥带水的提示!闻俊拦腰劈断了提示,赶紧按了1,这"1"代表市第一人民医院,是全市医院的龙头老大。

电话占线。火烧眉毛,怎么偏偏占线?闻俊不屈不挠地拨,通了,接话的是位女医生。这女子操着一口标准的普通话,闻俊起初吓了一跳,他还以为又是抑扬顿挫的语音提示,听着听着,他才判断出是真人接话,心里踏实许多。

(选自《天池小小说》吴守春小说《急救电话》)

第三章　有稿播读

有稿播读在有声语言艺术创作中占绝大多数,稿件按照创作文体可以大致分为:诗歌、散文、小说、戏剧、消息等。这些文体虽然在表现形式上有所不同,但其内涵实质都是相通的,都是记录、表达和传递某种情感和思想。

我们在进行有稿播读的时候,仅掌握一定的有声语言表达技巧是远远不够的,要想准确地传达原作的思想内涵和精神实质,还要在理解上下功夫。只有在深刻地理解和感悟原作的基础上,辅以语言表达技巧,我们才能真正做到有稿播读"锦上添花"。

第一节　诗歌朗诵

诗歌朗诵是语言艺术工作者必须掌握的业务能力,无论是训练有声语言表达,还是参加专业比赛和考试,都需要有诗歌朗诵的技能和基本功。能否朗诵好诗歌,也成为检验语言艺术工作者业务能力的试金石。

一、要点概述

(一) 语言特点

诗歌有很多种分类方法，这里我们按照古诗词和现代诗歌两大类进行讲解。

1. 古诗词

在中国古代文学史上从最早的一部诗歌总集《诗经》开始，经历了楚辞、汉乐府诗歌、魏晋诗、唐诗、宋词、元散曲，还有后来的明清诗词，在这个过程中古诗词经历了很多演变和发展，其中唐诗和宋词无疑是古诗词的辉煌和鼎盛。

唐诗宋词作为古诗词的代表，其语言颇具特点。

唐诗讲究用韵、四声、律句、粘对、对仗，内容上沿袭宫体，不同时期有着不同的旋律，或慷慨激昂、或缠绵婉转、或英雄气概、或儿女情长，主要分为浪漫派、现实派，山水田园诗和边塞诗等。

宋词依照乐曲节拍填制而成，是一种既能合乐而唱又讲求格律的新体诗，具有高度的音乐性、韵律美和浓郁的生活气息，词分豪放、婉约两大流派。

2. 现代诗歌

现代诗歌是五四以后，随着新思潮涌现出的新体诗，也叫新诗。中国现代新诗是指打破古典诗歌固有的形式与内容，接受外国诗歌和本民族文人与民间诗歌的影响，以现代白话表达现代人的思想情感的一种新的诗歌。新诗自由、灵活、追求意象或象征，越来越显出蓬勃的生命力。

现代诗歌的特点鲜明，具有高度的概括性、鲜明的形象性、浓烈的抒情性以及和谐的音乐性，语言表现形式上并无固定模式，可长可短，可押韵可不押韵，可分行分段排列。

(二) 朗诵技巧

1. 深刻理解

拿到一首诗歌首先要理解诗歌的内容和主旨,要尽可能地查阅关于诗歌本身以及作者的一些资料,了解诗歌创作的背景。

有些诗歌比较浅显,通过阅读就能够把握住诗歌的精神实质和深刻内涵,而有的诗歌则蕴含着深刻的寓意,并不能从字面简单地理解,尤其是一些古诗词,无论是字词的含义还是修辞手法可能都比较复杂,所以一定要在准备阶段查阅大量的资料,以便做到心中有数。

具体来说可以从两方面来理解诗歌:首先是直接查阅诗歌的相关解读资料,通过资料的引导来辅助自己加深对诗歌的理解;其次是研究诗歌的相关背景,一方面是诗作本身的创作背景,另一方面是作者的背景。通过对诗歌背景以及作者的了解也可以把握好诗歌的精神实质和深刻内涵。

2. 品味意境

无论是古诗还是新诗,都十分注重营造诗的意境,都有丰富饱满的意象。要朗诵好诗歌,是否能准确品味出诗歌的意境、感受到诗歌的意象是关键。

诗是很讲究意境的。所谓炼句不如炼字,炼字不如炼意,诗贵意境等,就是讲诗的意境的重要性。但何谓意境?意境就是诗人对社会现象和自然现象感受以后产生的一种情怀,它是外部世界即境的心灵化与内部世界即意的具象化。意境的形成,是诗人的思想感情对客观事物本质的认识不断深化的具体表现;而意境的创造,则是诗人为源于生活的情意寻找一个更为典型的艺术环境的艺术实践。

有些诗歌的意境比较直白,容易体会和把握;而有的诗歌意境深邃,需要细细品味才能够领会得到。诗歌意境的营造体现在每个字、每个词、每个句子,品味出意境的最好途径就是踏踏实实地理解每个字。

要品味出诗歌的意境绝不能狭隘,不能够就诗论诗、就诗念诗,而应该把诗歌的意境放在更为广阔的意识空间里去体味。

3. 把握节律

在具体朗诵当中,除了要深刻理解诗歌所蕴含的内涵,还要在表达时充分体现出诗歌的韵律美。

诗歌的节律表现出音乐性,诗歌既有内在情绪的律动,又有外在声音的回环往复,比如押韵、节奏和声调。诗歌的节律可以对原始的感情起一种节制作用,诗歌的节奏和韵律具体反映的是事物的节奏与人的生理节奏——呼吸的调节及运动感觉,是音节与停顿的有规律的安排。一字一音节,有独立意义的单音节、双音节或多音节构成一个音组,每组后面有或长或短的停顿。古诗有五言的"二二一"节律、七言的"二二三"节律等,新诗则自由开放,独特创造,变化中有规律。

朗诵好诗歌,在具体表达中要注意表现出诗歌原作的韵律和节奏,但也要在规律当中寻求变化,避免形成一种固定节律,破坏了诗歌的音乐美和意境美。

二、示例分析

(一)古诗词

例一:

饮　酒　　陶渊明

结庐/在人境,而无/车马喧。
问君/何能尔,心远/地自偏。
采菊/东篱下,悠然/见南山。

古诗词
例一、例二

山气/日夕佳,飞鸟/相与还。
此中/有真意,欲辩/已忘言。

这首诗主要是表现作者隐居生活的情趣,劳动之余,饮酒致醉,在晚霞的辉映之下,在山岚的笼罩中,采菊东篱,遥望南山,情味深永!陶渊明诗的一大特色就是感觉和情理浑然一体,不可分割。他常常用"忘言""忘怀"等词语阻断对情理规律的探索和揭示,这正是其诗歌回归自然的一种表现。

此诗开头说"结庐在人境,而无车马喧",把自己的房子建筑在人世间,可是听不到车马的喧闹,于是他自问说"问君何能尔",为什么能够达到这样的境界呢?下面他解释道"心远地自偏",因为他的心境早已远离城市的喧嚣。

在表达这四句的时候,要准确把握住陶渊明在诗句中所表现出的一种心境,就是对我们现今也不无启发。我们如今生活在非常喧闹的、快节奏的现代社会当中,已经不可能像当时的陶渊明那样隐居到山林之中。但是只要远离了那些世俗和名利,我们的心情也会变得宁静起来。

"采菊东篱下,悠然见南山"是陶渊明非常有名的咏菊的诗句。"采菊东篱下"是一俯身,"悠然见南山"是一仰头,在"采菊东篱下"这不经意之间抬起头来看南山,那秀丽的南山正是他家乡的庐山,这美景一下扑进了他的眼帘。所以这个"见"字用得非常好,苏东坡曾经说:如果把这个"见"南山改成"望"南山,则一片神气都索然矣。

在朗诵这句的时候,要充分感受到"采菊东篱下"的悠然自得,更要把"悠然见南山"中的这个"见"字所营造的意境表现出来,那是一种豁然开朗的畅快。

下面他接着说"山气日夕佳,飞鸟相与还",山里面的自然景观早晚都不错,在傍晚时分飞鸟结伴而归。

在这样一种自然的、率真的意境中,陶渊明对人生有所感悟,所以"欲辩已忘言"了。这是一种非常微妙的境界,难以用语言来表达,只可意会不可言传。

诗的前四句重在阐明隐居生活的哲理,后六句则意在写隐居生活悠然自在的乐趣。

例二:

望庐山瀑布　李白

日照/香炉/生紫烟,遥看/瀑布/挂前川。
飞流/直下/三千尺,疑是/银河/落九天。

这是诗人李白五十岁左右隐居庐山时写的一首风景诗。这首诗形象地描绘了庐山瀑布雄奇壮丽的景色,反映了诗人对祖国大好河山的无限热爱。

香炉,指庐山香炉峰,可是到了诗人李白的笔下,便成了另一番景象:一座顶天立地的香炉,冉冉地升起了团团白烟,缥缈于青山蓝天之间,在红日的照射下化成一片紫色的云霞。这不仅把香炉峰渲染得更美,而且富有浪漫主义色彩,为不寻常的瀑布创造了不寻常的背景。

接着诗人才把视线移向山壁上的瀑布。"遥看瀑布挂前川",前四字是点题;"挂前川",这是"望"的第一眼形象,瀑布像是一条巨大的白链高挂于山川之间。"挂"字很妙,它化动为静,惟妙惟肖地表现出倾泻的瀑布在"遥看"中的形象。谁能将这巨物"挂"起来呢?"壮哉造化功"!所以这"挂"字也包含着诗人对大自然的神奇伟力的赞颂。

在表达前两句的时候,气息一定要饱满,将情感托住。要把紫烟袅袅升起的状态惟妙惟肖地用有声语言表现出来,还要能够表现出视线的转移,把全景和远景、低处和高处通过语势的变化表现出来。

第三句又极写瀑布的动态。"飞流直下三千尺",一笔挥洒,字字铿锵有力。"飞"字,把瀑布喷涌而出的景象描绘得极为生动;"直下",既写出山之高峻陡峭,又可见水流之急,那高空直落、势不可挡之状如在眼前。

然而,诗人犹嫌未足,接着又写上一句"疑是银河落九天",真是响落天外,惊人魂魄。"疑是"值得细品,诗人明明说得恍恍惚惚,而读者也明知不是,但是又都觉得只有这样写,才更为生动、逼真,其妙处就在于诗人前面的描写中已经为这一形象做好了铺垫。这一比喻虽是奇特,但在诗中并不是凭空而来,而是在形象的刻画中自然地生发出来的。它夸张而又自然,新奇而又真切,从而使得整个形象变得更为丰富多彩、雄奇瑰丽,既给人留下了深刻的印象,又给人以想象的余地,显示出李白"万里一泻,末势犹壮"的艺术风格。

朗诵这两句的时候,语势和节奏都发生了变化,饱满的气息要喷薄而出,把瀑布飞流直下的壮观气势表现出来,欲扬先抑,所以语势的变化则在前一句就开始铺垫。在节奏上,要准确地表现出瀑布迅疾的速度,所以节奏略有提升。最后一句,诗人豁然开朗,语势渐缓下落,最后托住气息,声断意不断,继续保持着这种壮阔的意境,让人回味无穷。

例三:

江城子·密州出猎　苏轼

老夫/聊发/少年狂,左牵/黄,右擎/苍,锦帽/貂裘,千骑/卷平冈。为报/倾城/随太守,亲/射虎,看/孙郎。

酒酣/胸胆/尚开张,鬓/微霜,又/何妨?持节/云中,何日/遣冯唐。会挽/雕弓/如满月,西北/望,射/天狼。

宋神宗熙宁八年,苏东坡四十岁,任密州知州,曾因干旱去常山祈雨,归途中在铁沟打猎,写了这首出猎词。作者在词中抒发了为国效力疆场、抗击侵略的雄心壮志和豪迈气概。

开篇"老夫聊发少年狂",出手不凡。这首词通篇纵情放笔,气概豪迈,一个"狂"字贯穿全篇。接下去的四句写出猎的雄壮场面,表现了猎者威武豪迈的气概:词人左手牵黄犬,右臂驾苍鹰,好一副出猎的雄姿!随从武士个个"锦帽貂裘",打猎装束。千骑奔驰,腾空越野,如此壮观的出猎场面!为报全城士民盛意,词人也要像当年孙权射虎一样,一显身手。作者以少年英主孙权自比,更是显出东坡的"狂"劲和豪兴来。

在朗诵上片的时候,气息状态是积极和饱满的,语言的走势一路长扬,把一个雄赳赳气昂昂的打猎队伍表现得生龙活虎,给人以身临其境之感。

如果上片主要写在"出猎"这一特殊场合下表现出来的词人举止神态之"狂",下片更由实而虚,进一步写词人"少年狂"的胸怀,抒发由打猎激发起来的壮志豪情。"酒酣胸胆尚开张",东坡为人本来就豪放不羁,再加上"酒酣",就更加豪情洋溢了。过片一句,言词人酒酣之后,胸胆更豪,兴致益浓。此句以对内心世界的直抒,总结了上片对外观景象的描述。接下来,作者倾诉了自己的雄心壮志:年事虽高,鬓发虽白,却仍希望朝廷能像汉文帝派冯唐持节赦免魏尚一样,对自己委以重任,赴边疆抗敌。那时,他将挽弓如满月,狠狠抗击西夏和辽的侵扰。

朗诵下片的时候,语势要有所变化,要欲扬先抑,所以过片一句可以语势落下,表现酒酣的状态,到了后面来了兴致抒发情怀的时候,语势又上扬,节奏随之变化,略微加快,直至把词推向高潮。

这是苏东坡豪放词代表作之一。词中写出猎之行,抒兴国安邦之志,拓展了词境,提高了词品,扩大了词的题材范围,为词的创作开创了崭新的道路。作品融叙事、言志、用典为一体,调动各种艺术手段形成豪放风格,多角度、多层次地从行动和心理上表现了作者宝刀未老、志在千里的豪气。

(二)现代诗歌

例四:

炉中煤　　郭沫若
——眷念祖国的情绪

啊,我年青的女郎!
我不辜负你的殷勤,
你也不要辜负了我的思量。
我为我心爱的人儿,
燃到了这般模样!

啊,我年青的女郎!
你该知道了我的前身?
你该不嫌我黑奴卤莽?
要我这黑奴的胸中,
才有火一样的心肠。

啊,我年青的女郎!
我想我的前身,
原本是有用的栋梁,
我活埋在地底多年,
到今朝才得重见天光。

啊,我年青的女郎!
我自从重见天光,
我常常思念我的故乡,
我为我心爱的人儿,
燃到了这般模样!

诗人用拟物法把自己比作熊熊燃烧的"炉中煤",又用拟人法把祖国比作"我心爱的""年青的女郎"。全诗就建立在这一组核心意象之上。

"炉中煤"的意象具有丰富的审美意蕴:

第一,"炉中煤"的熊熊燃烧象征诗人愿为祖国献身的激情;

第二,"炉中煤"黑色外表下"火一样的心肠"象征劳苦大众"卑贱"的地位和伟大的人格,"炉中煤"既指"小我",也指"大我"——诗人所代言的劳动人民;

第三,"炉中煤"的前身"原本是有用的栋梁","活埋在地底多年"以后终于"重见天光",象征诗人不愿庸碌一生而渴望有所作为的愿望,也象征劳苦大众中潜藏的改造世界的巨大能量将要释放出来。

"女郎"这一意象暗示诗人对祖国的爱有如情爱一般热烈,"年青"一词则暗示了祖国在五四革命时代里充满蓬勃向上的生机。郭沫若在《创造十年》里说过:"五四以后的中国,在我的心目中就像一位很葱俊的有进取气象的姑娘,她简直就和我的爱人一样……《炉中煤》便是我对于她的恋歌。"这段话清楚地说明了本诗中比拟的意义和作用。

"炉中煤"这一意象,熔物的特性、"我"的气质和时代精神于一炉;写"煤"之燃烧,即抒"我"之激情,亦抒人民之情、时代之情。艺术形式与所抒情思十分和谐。从章法看,首节总述爱国之情和报国之志,第二节侧重抒爱国之情,第三节侧重述报国之志,末节与首节取复叠形式,前后呼应,将全诗推向高潮。从格式、韵律看,每节五行,每行音节大体均齐;一、三、五行押韵,一韵到底;而各节均以"啊,我年青的女郎"一声亲切温柔而又深情的呼唤起唱,造成回环往复的旋律美。诗情随诗律跌宕起伏,韵味深长。

在具体朗诵时,要能够体会到作者心底的深情,每一句开头的"啊",千万不要实实在在地用大嗓门喊出来,而是要拿捏好每个"啊"的用声,要"以情带声""用情托声",寻求一种变化,这种变化来自对诗作的理解和感受。

例五：

双桅船　舒婷

雾打湿了我的双翼，
可风却不容我再迟疑。
岸呵，心爱的岸，
昨天刚刚和你告别，
今天你又在这里。
明天我们将在
另一个纬度相遇。

是一场风暴、一盏灯，
把我们联系在一起。
是一场风暴、另一盏灯，
使我们再分东西。
不怕天涯海角，
岂在朝朝夕夕。
你在我的航程上，
我在你的视线里。

1979.8

《双桅船》是诗人运用朦胧诗的写法，采用象征、意象来表达人的主观情绪，从而彰显人性。全诗表现了诗人双重的心态与复杂的情感。一方面，是理想追求的"灯"；另一方面，是爱情向往的"岸"。"雾打湿了我的双翼/可风却不容我再迟疑。"诗中所表现的情绪与心态，既是诗人自我的、个性的东西，同时，又是那个特定时代的青年们所普遍感受到而难以言表的东西。诗人以她细腻的心，运用象征的技巧，把它完美地表达出来。

"双桅船"，就是一种象征。全诗的目的不在于描写一只客观的双桅船，而是借用双桅船这一具体形象来表现诗人自己，表现诗人双重的心态与复杂的情感。或者说,诗人觉得,我就像一只双桅船。双桅船中的"双桅"又暗示着某种深层的含义。双桅并在,意味着诗人心目中爱情与事业并立又相区别的心理。另外,诗中的"岸""风""风暴""灯"等都具有明显的象征性。"岸"象征着女性的爱情归宿,"风"意味着时代紧迫感给诗人的动力,"风暴"暗指诗人与同代人所经历的不平常的年代风云,"灯"则与光明信念在一起。

诗人在《双桅船》中所要表达的是一种心态、一种情绪、一种感情历程。而落在语言上,却是"船""岸""风暴""灯"等具体形象,并把这些具体形象加以组合,形成一幅完整的有动态过程的画面。全诗意象清新,组合自然,使诗人内在强烈的情绪得以自如的表达。由于感情达到了最合适的依附体,所以该诗的每一句都可以说是一语双关。

本诗的语言自然流畅,诗中所蕴含的感情凝重而又细腻,既有浓浓的个人感叹,又有开阔的时代情怀。朗诵时千万不要大声地嘶喊,背离诗作的内涵,应该感受和体会诗句当中的每一个象征、每一个意象,调动和激发内心的激情,情绪饱满、意味深长地朗诵好。

三、实践练习

(一)古诗词

送杜少府之任蜀州　　王勃

城阙辅三秦,风烟望五津。
与君离别意,同是宦游人。
海内存知己,天涯若比邻。
无为在歧路,儿女共沾巾!

出塞　王昌龄

秦时明月汉时关,万里长征人未还。

但使龙城飞将在,不教胡马度阴山。

凉州词　王之涣

黄河远上白云间,一片孤城万仞山。
羌笛何须怨杨柳,春风不度玉门关。

早发白帝城　李白

朝辞白帝彩云间,千里江陵一日还。
两岸猿声啼不住,轻舟已过万重山。

江雪　柳宗元

千山鸟飞绝,万径人踪灭。
孤舟蓑笠翁,独钓寒江雪。

乌衣巷　刘禹锡

朱雀桥边野草花,乌衣巷口夕阳斜。
旧时王谢堂前燕,飞入寻常百姓家。

钱塘湖春行　白居易

孤山寺北贾亭西,水面初平云脚低。
几处早莺争暖树,谁家新燕啄春泥。
乱花渐欲迷人眼,浅草才能没马蹄。
最爱湖东行不足,绿杨阴里白沙堤。

泊秦淮　杜牧

烟笼寒水月笼沙,夜泊秦淮近酒家。
商女不知亡国恨,隔江犹唱后庭花。

山行　杜牧

远上寒山石径斜,白云生处有人家。

停车坐爱枫林晚,霜叶红于二月花。

无题 李商隐

相见时难别亦难,东风无力百花残。
春蚕到死丝方尽,蜡炬成灰泪始干。
晓镜但愁云鬓改,夜吟应觉月光寒。
蓬山此去无多路,青鸟殷勤为探看。

虞美人·春花秋月何时了 李煜

春花秋月何时了?往事知多少。小楼昨夜又东风,故国不堪回首月明中。
雕栏玉砌应犹在,只是朱颜改。问君能有几多愁?恰似一江春水向东流。

渔家傲·秋思 范仲淹

塞下秋来风景异,衡阳雁去无留意。四面边声连角起,千嶂里,长烟落日孤城闭。
浊酒一杯家万里,燕然未勒归无计。羌管悠悠霜满地,人不寐,将军白发征夫泪。

浣溪沙·一曲新词酒一杯 晏殊

一曲新词酒一杯,去年天气旧亭台。夕阳西下几时回?
无可奈何花落去,似曾相识燕归来。小园香径独徘徊。

饮湖上初晴后雨 苏轼

水光潋滟晴方好,山色空蒙雨亦奇。
欲把西湖比西子,淡妆浓抹总相宜。

题西林壁 苏轼

横看成岭侧成峰,远近高低各不同。

不识庐山真面目,只缘身在此山中。

念奴娇·赤壁怀古　　苏轼

大江东去,浪淘尽、千古风流人物。故垒西边,人道是、三国周郎赤壁。乱石穿空,惊涛拍岸,卷起千堆雪。江山如画,一时多少豪杰。

遥想公瑾当年,小乔初嫁了,雄姿英发。羽扇纶巾,谈笑间、樯橹灰飞烟灭。故国神游,多情应笑我,早生华发。人生如梦,一尊还酹江月。

卜算子·黄州定慧院寓居　　苏轼

缺月挂疏桐,漏断人初静。谁见幽人独往来,缥缈孤鸿影。
惊起却回头,有恨无人省。拣尽寒枝不肯栖,寂寞沙洲冷。

醉花阴·薄雾浓云愁永昼　　李清照

薄雾浓云愁永昼,瑞脑消金兽。佳节又重阳,玉枕纱厨,半夜凉初透。

东篱把酒黄昏后,有暗香盈袖。莫道不消魂,帘卷西风,人比黄花瘦。

声声慢·寻寻觅觅　　李清照

寻寻觅觅,冷冷清清,凄凄惨惨戚戚。乍暖还寒时候,最难将息。三杯两盏淡酒,怎敌他、晚来风急。雁过也,正伤心,却是旧时相识。

满地黄花堆积。憔悴损、如今有谁堪摘。守着窗儿,独自怎生得黑?梧桐更兼细雨,到黄昏、点点滴滴。这次第,怎一个愁字了得?

满江红·怒发冲冠　　岳飞

怒发冲冠,凭栏处、潇潇雨歇。抬望眼、仰天长啸,壮怀激烈。

三十功名尘与土,八千里路云和月。莫等闲、白了少年头,空悲切。

靖康耻,犹未雪。臣子恨,何时灭。驾长车,踏破贺兰山缺。壮志饥餐胡虏肉,笑谈渴饮匈奴血。待从头、收拾旧山河,朝天阙。

钗头凤·红酥手　　陆游

红酥手,黄縢酒,满城春色宫墙柳。东风恶,欢情薄。一杯愁绪,几年离索。错、错、错。

春如旧,人空瘦,泪痕红浥鲛绡透。桃花落,闲池阁。山盟虽在,锦书难托。莫、莫、莫。

钗头凤·世情薄　　唐婉

世情薄,人情恶,雨送黄昏花易落。晓风干,泪痕残。欲笺心事,独语斜阑。难、难、难。

人成各,今非昨,病魂常似秋千索。角声寒,夜阑珊。怕人寻问,咽泪装欢。瞒、瞒、瞒。

青玉案·元夕　　辛弃疾

东风夜放花千树。更吹落、星如雨。宝马雕车香满路。凤箫声动,玉壶光转,一夜鱼龙舞。

蛾儿雪柳黄金缕。笑语盈盈暗香去。众里寻他千百度。蓦然回首,那人却在,灯火阑珊处。

(二)现代诗歌

雨巷　　戴望舒

撑着油纸伞,独自
彷徨在悠长、悠长
又寂寥的雨巷,
我希望逢着
一个丁香一样的
结着愁怨的姑娘。

她是有
丁香一样的颜色,
丁香一样的芬芳,

丁香一样的忧愁,
在雨中哀怨,
哀怨又彷徨;

她彷徨在这寂寥的雨巷,
撑着油纸伞
像我一样,
像我一样地
默默彳亍着
冷漠、凄清,又惆怅。

她静默地走近,
走近,又投出
太息一般的眼光
她飘过
像梦一般地,
像梦一般地凄婉迷茫。

像梦中飘过
一枝丁香地,

我身旁飘过这女郎;
她默默地远了,远了,
到了颓圮的篱墙,
走尽这雨巷。

在雨的哀曲里,
消了她的颜色,
散了她的芬芳,
消散了,甚至她的
太息般的眼光
丁香般的惆怅。

撑着油纸伞,独自
彷徨在悠长、悠长
又寂寥的雨巷,
我希望飘过
一个丁香一样的
结着愁怨的姑娘。

1927年夏

再别康桥　　徐志摩

轻轻的我走了,
　正如我轻轻的来;
我轻轻的招手,
　作别西天的云彩。

那河畔的金柳,
　是夕阳中的新娘;

波光里的艳影,
　在我的心头荡漾。

软泥上的青荇,
　油油的在水底招摇;
在康河的柔波里,
　我甘做一条水草!

那榆荫下的一潭,
　不是清泉,是天上虹;
揉碎在浮藻间,
　沉淀着彩虹似的梦。

寻梦?撑一支长篙,
　向青草更青处漫溯;
满载一船星辉,
　在星辉斑斓里放歌。

但我不能放歌,
　悄悄是别离的笙箫;

夏虫也为我沉默,
　沉默是今晚的康桥!

悄悄的我走了,
　正如我悄悄的来;
我挥一挥衣袖,
　不带走一片云彩。

1928 年 11 月 6 日

我爱这土地　艾青

假如我是一只鸟,
我也应该用嘶哑的喉咙歌唱:
这被暴风雨所打击着的土地,
这永远汹涌着我们的悲愤的河流,
这无止息地吹刮着的激怒的风,
和那来自林间的无比温柔的黎明……
——然后我死了,
连羽毛也腐烂在土地里面。

为什么我的眼里常含泪水?
因为我对这土地爱得深沉……

1938 年 11 月 17 日

有的人——纪念鲁迅有感　臧克家

有的人活着,
他已经死了;
有的人死了,
他还活着。

有的人
骑在人民头上:"呵,我多么伟大!"
有的人
俯下身子给人民当牛马。

有的人
把名字刻入石头,想"不朽";
有的人
情愿作野草,
等着地下的火烧。

有的人
他活着别人就不能活;
有的人
他活着为了多数人更好地活。

骑在人民头上的
人民把他摔倒;
给人民作牛马的
人民永远记住他!

把名字刻在石头上的
名字比尸首烂得更早;

只要春风吹到的地方
到处是青青的野草。

他活着别人就不能活的人,
他的下场可以看到;
他活着为了多数人更好地活着的人,
群众把他抬举得很高,很高。

1949 年 11 月 1 日

淡淡的云彩悠悠地游　　汪国真

爱,不要成为囚
不要为了你的惬意
便取缔了别人的自由
得不到总是最好的
太多了又怎能消受
少是愁多也是忧
秋天的江水汩汩地流

淡淡的雾
淡淡的雨
淡淡的云彩悠悠地游

第二节　散文播读

　　散文播读是有声语言艺术表达的主要类型。和诗歌朗诵一样,散文播读在文艺作品演播以及各种比赛和考试中都是最常被选择的语言表达形式之一,它可以在篇幅不大、时间不长的情况下充分表现出播读者的语言基本功和文学艺术修养。

一、要点概述

（一）语言特点

我们这里说的散文是狭义的散文，也就是现代散文。现代散文是一种自由、灵活地抒写见闻感受的文体，它形式精粹亲切，主题多表达对人生或自然的感悟。

散文与记叙文的最大区别在于，散文中所写的人生、自然、事件、景物等，都是从自身感悟出发的，是作者对事物特殊意义和美的发现。这种发现，是知觉、思维、感觉的综合结果，体现着作者的深思妙悟，是散文的情、理、意、味。而记叙文记录生活中的人和事，并不从作者的感悟出发。

散文的取材十分广泛，人间万象、宇宙万物、各色人等，宏观微观无不涉及，而这些材料一旦出现在文章中，就立即刻上了作者的主观感悟，代表作者的人生经验、观点感受。所以，同样的材料，不同的作者看到的内涵是不同的。这里，我们把散文的取材叫"形"，把作者的感悟叫"神"。散文的特点就是：形散神聚。

散文的写法较其他文体更活泼自由，不拘一格。常见的方式是抒情，即使是记叙，也是带有强烈感情色彩的。散文常把记叙、抒情、议论等融为一体，夹叙夹议。表现手法上能出奇制胜，让读者产生新鲜、独特的阅读感受。散文的结构追求自然而然的境界。在材料选取上，一般运用联想手法。

总体来看，抒情的散文有时气势磅礴，有时低吟浅唱；记叙的散文如诗如画，曲径通幽；议论的散文情真意切，精彩纷呈……但是，不管作者怎样安排文字，怎样组织材料，归根结底还是为了表达对人生或自然的特殊感悟。

(二)播读技巧

1. 把握脉络

一篇好的散文,其脉络一定是清晰的。所以拿到一篇散文稿件后,首先要理清思路,找到文章的脉络和线索,线索是串联散文的"红线",找准散文的线索,就为深入理解和播读散文奠定了基础。

散文的体裁多种多样,散文的写法也不拘一格,所以分析和理解一篇散文就要准确捕捉到字里行间渗透着的思想内涵。有的散文相对比较容易理解,有的散文就相对难理解一些,因为读者的阅历和修养不同,提炼出的散文的深刻内涵就会有差别,在朗读散文的时候也就会出现二度创作的优劣之分。

怎样才能很好地把握散文的脉络,准确找到散文的"红线"?除了仔细阅读、细心品读原作,摸清脉络外,其他方法不外乎两种:一种是直接查阅作品的解析资料,越详细、越丰富越好;一种是了解作者及其创作背景。了解作者,除了了解作者的风格特点之外,最好还了解作者的其他文学作品,全面了解其语言表现手段和文学艺术特点。另外,了解这篇散文的创作背景也能够有效地辅助我们理解散文。

2. 形神兼备

散文的最大特点是"形散神聚",若能很快找到这一统领全文的"神",就能准确地把握文章主旨,从而为散文播读创作奠定一个良好的基础。在散文中,集中表达作者思想感情、反映作品主旨的词句就是"文眼",散文播读创作能够准确抓住这"点睛"之笔,就能透视文章的"心灵",理解作者的写作意图。

做到播读散文形神兼备,就要在播读创作之前先感悟和把握到这个"形"和"神"。

准确把握散文中的"形"也许并不太难,因为在散文稿件的字里行间到处都渗透着这个"形"。准确地领会和感悟散文的"神",恐怕要花更多的功夫去品味、去体验。这种品味和体验和我们的阅历与艺术修养息息相关,也和我们平时的积累关系密切。对散文的感悟力和理解力需要生活的积累,所以体验生活、感悟生活、思考生活尤为重要了。

由于年龄或者阅历的限制,我们可能无法更精准地透过散文稿件的文字去理解和感悟散文的精神实质,但是我们可以通过一些相关体验或者间接经验去尽量地接近散文的深刻内涵。

总之,要想播读好散文,在表达中真正做到形神兼备,在进行播读前做好案头准备工作,比一遍遍盲目地上口播读更切实有效。

3. 融情于声

"一切景语即情语"。大凡散文都要采用借景抒情、寄情于物、托物言志或象征等手法来含蓄、形象而具体地表情达意。"画龙点睛",唯有"点睛"方能出神,"画龙"之后才好"点睛",而"画龙"即融情于"声"的过程,所以那些蕴涵于字里行间的精深内涵,需要我们细细品味。

好的散文能够营造出一种"意境",那么什么是意境?通俗地讲,就是作者想通过文章表达的思想、立意、情感,它与文章中所描绘的具体景象达到水乳交融、完美融合的境地,使文章中的情景具有某种象征的意义。如巴金《灯》中的"灯",许地山《落花生》中的"落花生",茅盾《白杨礼赞》中的"白杨",张抗抗《地下森林断想》中的"地下森林",屠格涅夫《门槛》中的"少女"和"门槛",高尔基《海燕》中的"海燕",等等。

播读散文的关键一环是有声语言表达,对散文的理解和感悟对散文播读尤为重要。播读前的准备工作是播好散文的基础,对播好散文起决定性作用。

播读散文的具体做法,就是通过激发和调动情感,用恰当和谐的吐字发声去把文字稿件表现出来。这其中无论是用声也好、吐字也罢,并无统一标准,这些技巧的实际运用完全依赖于我们对散文稿件的理解和感悟。所以,不同播读者表现同一篇散文时,往往会产生风格迥异但各具特色的艺术审美感受,然而这不同的表达却能够比较一致地表现散文的意境,能够把散文所蕴含的精神实质体现出来,这就是一种"融合"的境界。

二、示例分析

例一:

白杨礼赞
茅盾

白杨树实在不是平凡的,我赞美白杨树!

当汽车在望不到边际的高原上奔驰,扑入你的视野的,是黄绿错综的一条大毯子;黄的,那是土,未开垦的处女土,几百万年前由伟大的自然力所堆积成功的黄土高原的外壳;绿的呢,是人类劳力战胜自然的成果,是麦田,和风吹送,翻起了一轮一轮的绿波——这时你会真心佩服昔人所造的两个字"麦浪",若不是妙手偶得,便确是经过锤炼的语言的精华。黄与绿主宰着,无边无垠,坦荡如砥,这时如果不是宛若并肩的远山的连峰提醒了你(这些山峰凭你的肉眼来判断,就知道是在你脚底下的),你会忘记了汽车是在高原上行驶,这时你涌起来的感想也许是"雄壮",也许是"伟大",诸如此类的形容词,然而同时你的眼睛也许觉得有点倦怠,你对当前的"雄壮"或"伟大"闭了眼,而另一种味儿在你心头潜滋暗长了——"单调"!可不是,单调,有一点儿罢?

然而刹那间,要是你猛抬眼看见了前面远远地有一排,——不,或者甚至只是三五株,一二株,傲然地耸立,像哨兵似的树木的话,那你的恹恹欲睡的情绪又将如何?我那时是惊奇地叫了一声的!

那就是白杨树,西北极普通的一种树,然而实在不是平凡的一种树!

那是力争上游的一种树,笔直的干,笔直的枝。它的干呢,通常是丈把高,像是加过人工似的,一丈以内,绝无旁枝;它所有的丫枝呢,一律向上,而且紧紧靠拢,也像是加过人工似的,成为一束,绝无旁逸斜出;它的宽大的叶子也是片片向上,几乎没有斜生的,更不用说倒垂了;它的皮,光滑而有银色的晕圈,微微泛出淡青色。这是虽在北方风雪的压迫下却保持着倔强挺立的一种树!哪怕只有碗那样粗细罢,它却努力向上发展,高到丈许,二丈,参天耸立,不折不挠,对抗着西北风。

这就是白杨树,西北极普通的一种树,然而绝不是平凡的树!

它没有婆娑的姿态,没有屈曲盘旋的虬枝,也许你要说它不美丽,——如果美是专指"婆娑"或"横斜逸出"之类而言,那么白杨树算不得树中的好女子;但是它却是伟岸,正直,朴质,严肃,也不缺乏温和,更不用提它的坚强不屈与挺拔,它是树中的伟丈夫!当你在积雪初融的高原上走过,看见平坦的大地上傲然挺立这么一株或一排白杨树,难道你觉得树只是树,难道你就不想到它的朴质,严肃,坚强不屈,至少也象征了北方的农民;难道你竟一点也不联想到,在敌后的广大土地上,到处有坚强不屈,就像这白杨树一样傲然挺立的守卫他们家乡的哨兵!难道你又不更远一点想到这样枝枝叶叶靠紧团结,力求上进的白杨树,宛然象征了今天在华北平原纵横决荡用血写出新中国历史的那种精神和意志。

白杨不是平凡的树。它在西北极普遍,不被人重视,就跟北方农民相似;它有极强的生命力,磨折不了,压迫不倒,也跟北方的农民相似。我赞美白杨树,就因为它不但象征了北方的农民,尤其象征了今天我们民族解放斗争中所不可缺的朴质,坚强,以及力求上进的精神。

让那些看不起民众、贱视民众,顽固的倒退的人们去赞美那贵族化的楠木(那也是直干秀颀的),去鄙视这极常见,极易生长的白杨罢,但是我要高声赞美白杨树!

(原载于《文艺阵地》1941年3月第6卷第3期)

散文《白杨礼赞》是我国现代散文中的一篇力作,它不仅思想博大精深,而且结构严谨完美,具有不同凡响的艺术魅力。大凡好的散文,都是拢中见散,散拢结合的。《白杨礼赞》即是如此。看上去,开阖自如;朗读起来,跌宕有致。

散文中,反复歌咏"不平凡"的白杨树。"不平凡"三字,是抒发赞美之情的基础,也是文章的线索。"白杨树实在是不平凡的",我们在播读这一句时用声应该峻拔有力,赞美之情破空而来。随后又要用极富表现力的语言描述白杨赖以生存的"景美",到白杨自身的"形美",进而揭示白杨内在的"神美",由远及近、由表及里,尽显白杨的"不平凡"。在播读中,虽不见以"美"字直接赞美和抒情,但白杨的形象却美不胜收,尽得风流。

散文开头不急于描写阐发,而是轻宕一笔:忽而是"黄绿错综的一条大毯子",忽而又是"宛若并肩的远山",我们要抓住文中所展现的黄土高原上的景致,用形象生动的语言为人们勾勒出这个"黄与绿主宰着,无边无垠,坦荡如砥"的壮观景象。

"景"如此,"形"呢?白杨的"干"(绝无旁枝)、"枝"(紧紧靠拢)、"叶"(片片向上),由平视而仰视,突出白杨的高大。播读时应该用形象的语言使听者的想象更加丰富,用有声语言勾画出一棵棵、一排排笔直向上、坚毅挺拔的白杨树的形象。

"神"是"礼赞"白杨的根本。在议论和抒情中,直陈白杨的象征意义,使白杨形神毕现。至此,景、形、神三美合一,一个高大丰满的白杨形象矗立在读者面前。播读时,我们的语言要充满力量,也要展示出我们语言的功力和魅力。

接下来,用拟人和对比的修辞手法,用昂扬的语调进一步给白杨树以高度的评价。两个"没有……"似乎要否定白杨树的美,这是欲扬先抑。"但是……"一转,变抑为扬,否定的是"好女子",肯定的是"伟丈夫"。此段连用了四个"难道"引领的反问句,层层揭示出白杨树的象征意义,引导人们去思考。赞美之情到这里也发展到了顶点。同时,此处也是思想内容的精华所在,展现了一种更为阔大、深远的境界。所以,播读这几句的时候要把握好语气和节奏。

在篇末,应该以昂扬的调子高声赞美白杨树,有力地结束全文,以此与开头形成呼应。这样才能让作者所表达的白杨树的意义,在抒情性的表达和议论语气的点染下,表现得更加鲜明突出。

在播读前准确地把握原作的精髓和作者创作的深刻内涵,才能体现出茅盾写作的意图和初衷。

三、实践练习

散文播读
练习

济南的冬天
老舍

对于一个在北平住惯的人,像我,冬天要是不刮风,便觉得是奇迹;济南的冬天是没有风声的。对于一个刚由伦敦回来的人,像我,冬天要能看得见日光,便觉得是怪事;济南的冬天是响晴的。自然,在热带的地方,日光是永远那么毒,响亮的天气,反有点叫人害怕。可是,在北中国的冬天,而能有温晴的天气,济南真得算个宝地。

设若单单是有阳光,那也算不了出奇。请闭上眼睛想:一个老城,有山有水,全在天底下晒着阳光,暖和安适地睡着,只等春风来把它们唤醒,这是不是个理想的境界?小山整把济南围了个圈儿,只有北边缺着点口儿。这一圈小山在冬天特别可爱,好像是把济南放在一个小摇篮里,它们安静不动地低声地说:"你们放心吧,这儿准保暖和。"真的,济南的人们在冬天是面上含笑的。他们一看那些小山,心中便觉得有了着落,有了依靠。他们由天上看到山上,便不知不觉地想起:"明天也许就是春天了吧?这样的温暖,今天夜里山草也许就绿起来了吧?"就是这点幻想不能一时实现,他们也并不着急,因为有这样慈善的冬天,干啥还希望别的呢!

最妙的是下点小雪呀。看吧,山上的矮松越发的青黑,树尖上顶着一髻儿白花,好像日本看护妇。山尖全白了,给蓝天镶上一道银边。山坡上,有的地方雪厚点,有的地方草色还露着;这样,一道儿白,一道儿暗黄,给山们穿上一件带水纹的花衣;看着看着,这件花衣好像被风儿吹动,叫你希望看见一点更美的山的肌肤。等到快日落的时候,微黄的阳光斜射在山腰上,那点薄雪好像忽然害了羞,微微露出点粉色。就是下小雪吧,济南是受不住大雪的,那些小山太秀气!

古老的济南,城里那么狭窄,城外又那么宽敞,山坡上卧着些小村庄,小村庄的房顶上卧着点雪,对,这是张小水墨画,也许是唐代的名手画的吧。

那水呢,不但不结冰,倒反在绿萍上冒着点热气,水藻真绿,把终年贮蓄的绿色全拿出来了。天儿越晴,水藻越绿,就凭这些绿的精神,水也不忍得冻上,况且那些长枝的垂柳还要在水里照个影儿呢!看吧,由澄清的河水慢慢往上看吧,空中,半空中,天上,自上而下全是那么清亮,那么蓝汪汪的,整个的是块空灵的蓝水晶。这块水晶里,包着红屋顶,黄草山,像地毯上的小团花的小灰色树影;这就是冬天的济南。

(原载于《齐大月刊》1931年4月第1卷第6期)

落花生
许地山

我们屋后有半亩隙地。母亲说:"让它荒芜着怪可惜,既然你们那么爱吃花生,就辟来做花生园罢。"我们几姐弟和几个小丫头都很喜欢——买种的买种,动土的动土,灌园的灌园;过不了几个月,居然收获了!

妈妈说:"今晚我们可以做一个收获节,也请你们爹爹来尝尝我们的新花生,如何?"我们都答应了。母亲把花生做成好几样的食品,还吩咐这节期要在园里的茅亭举行。

那晚上的天色不太好，可是爹爹也到来，实在很难得！爹爹说："你们爱吃花生么？"

我们都争着答应："爱！"

"谁能把花生的好处说出来？"

姐姐说："花生的气味很美。"

哥哥说："花生可以制油。"

我说："无论何等人都可以用贱价买他来吃；都喜欢吃它。这就是它的好处。"

爹爹说："花生的用处固然很多；但有一样是很可贵的。这小小的豆不像那好看的苹果、桃子、石榴，把最美的果实悬在枝上，鲜红嫩绿的颜色，令人一望而发生美慕之心。他只把果子埋在地底，等到成熟，才容人把他挖出来。你们偶然看见一棵花生瑟缩地长在地上，不能立刻辨出他有没有果实，非得等到你接触他才能知道。"

我们都说："是的。"母亲也点点头。爹爹接下去说："所以你们要像花生，因为它是有用的，不是伟大、好看的东西。"我说："那么，人要做有用的人，不要做伟大、体面的人了。"爹爹说："这是我对于你们的希望。"

我们谈到夜阑才散，所有花生食品虽然没有了，然而父亲的话现在还印在我心版上。

（选自许地山《许地山散文选集》）

奶娘的遗言
郑拾风

1944年夏，带着妻小逃离桂林，经历过黔桂路上那场九死一生的磨难，终于回到离别五年的四川老家。1945年春节是在老家过的。可就在合家团聚的年夜饭桌上，我忽然想起一个人而悲从中来。为了怕眼泪夺眶而出破坏全家的兴致，我借故离开了饭桌。

我想起我的奶娘。自从她那个抬轿子的独子1937年劳累致死之后,每年春节总是在我家里过的。而这个春节,她没有来,也永远不会来了。我回到久别的老家的那天晚上,母亲叹口气说:"你奶娘前年冬天就死了,是活活冻死的,在城墙边缩成一团,手里还紧紧攥着一只包袱,里面就是她那件浆洗得发白的布衫。那年大年夜,我们才听到她的死讯。哪天死的,谁也说不清。"母亲推断,奶娘断气在腊月廿四以前而不是以后,大概是对的。

要是腊月廿四那天她还活着,她一定穿上那件布衫的。腊月廿四,传说是灶王爷上天的日子,也是我的生日,也是我这位奶娘不能忘怀的日子。母亲告诉我,我出生的那一天,漫天飘舞罕见的大雪,我一坠地,冻得嘴唇发紫,连呱呱之声也没有。在场的人都说这娃娃活不成了。多亏这位善良的奶娘,把我抢到手里,很快解开自己的棉袄用火热的胸脯暖和我,半晌,我才哭出第一声。她名为奶娘,其实已五十出头,没有奶的。当晚我祖父就很感激地说:"把娃娃给她做干儿吧!"她就愉快地接受了。

没几年,我家境不妙,她受雇到别家,但还是没忘记我这个儿子。至少每年我过生日,她必到。亲儿子死后,她很快就衰老了,呆钝了,失掉了工作,失掉了记忆力,连自己的生辰年月也忘记了。她沦为乞丐,对人家的施舍或呵斥总是笑眯眯的,别人背地都叫她"傻婆婆"。但我的生日她仍然不会忘记。只消全城街上响起卖"灶疏"(黄纸印成的祭送灶王的疏文)的喊声,她就被唤醒了,立即换上她那件唯一的体面的布衫,提两块油糍粑,颤巍巍地到我家做客,给儿子祝贺生日来了。无论我家再苦,母亲也要留她住几天,过了春节再走。

她讨饭,总是绕开我家住的那条街走。我离开四川的前两年,曾去邻县盐务局当过小雇员。有一次,请假回县城住了一两天,她听到风声,马上哭哭啼啼离开县城到附近乡镇去乞讨。她伤心地说:"我的儿子当了官,我怕给他丢脸啊!"我当时曾遍寻不着,事后才听到她这句使人揪心的话,我可敬而又可怜的娘啊!我哪里是什么官啊?

几十个春节过去了,每一想到我这位瘦小精悍、白发稀疏的奶娘倒毙雪地的情景,细细咀嚼她留下的寓意深刻的遗言,总是感到莫名的歉疚和深沉的悲哀。如果我做了什么官儿,难道真会厌弃、忘掉曾给我以温暖和生命,那多灾多难的"母亲"么?

(选自郑拾风《热炒冷餐》)

一雨难成秋
仲梓源

一连几天,南京的天空总是没能晴得彻底,时不时天空拉过来一大片乌云,却也难成气候,好像并不痛心疾首的妇人,偶尔挤出几滴泪儿,以示其好像有些动情。

南京的秋天就是这样,一只"秋老虎"当道,谁也别想轻轻松松地进入秋天,就算偶尔下下雨,偶尔打打雷,那都是在"逗你玩儿"呢。

如果下的真是倾盆大雨倒也好了,那颗粒硕大、来势凶猛的雨滴怎么着也会把热气腾腾给打压下去,但是就怕那种稀稀拉拉、若隐若现的小雨,不但没能把热浪挡住,还无端给空气中增添了许多湿气,就连飒爽的风,也给稳住了。

相比之下还是北京的秋天来得干脆一些,只要一下雨,地面温度准保一个急转直下。雨停了,空气也清爽极了,睡到半夜还会觉得有些凉,拉上棉被继续做梦,那是一种享受。

如果换了南京,就算半夜的温度不高,你还得开着空调,因为空气中依然弥漫着水汽,像价格不菲的保湿霜涂在了全身一样,潮润润,开着空调的好处就是能够抽湿。

今天临近黄昏,天空又拉扯过来一片乌云,看起来好像厚厚的,因为透不出一点晚霞的娇羞,心里倒还是真的盼望着有一场痛快淋漓的大雨,就像憋屈了很久想大哭一场一样,"大哭"才会有哭过后的"大痛快",不疼不痒地湿湿眼眶,那充其量算作"矫情"。

终于老天又开始"矫情"了，街上的人们，有的也跟着"矫情"，撑起了雨伞；有的根本对这种"矫情"不理不睬，该怎么着还怎么着，就算那稀稀拉拉的雨点打湿了头发的表层也不曾用什么东西去遮挡，依然朝着自己的方向行走在大街上。

说不好南京的秋天确切在什么时候会来，记忆中好像到了"十一"的时候还是挺热的，就算过了"十一"长假，也只有老人才会穿上长袖外衣，不过那个时候的夜里，空调是可以暂时歇歇了，如果偶有湿热来袭，年轻人也才会重又打开空调安睡一觉。

北京的春秋是乱穿衣的季节，衬衫、毛衣，甚至羽绒服都会同时出现。南京的春秋虽然也乱穿衣，但是短短几天人们就会整齐划一地穿上了一样季节的衣服了，所以在南京的日子最好不要准备太多的春装或者秋装，人们往往脱下冬衣挨过几天就可以换上夏装，换下夏装再挨过几天就又可以穿上冬装了。我以前在南京的时候，有时夏天来得太快，等到秋天的时候我又会穿上春夏换季节时还没来得及收进衣橱的春装。

《春》里面有这样一句："盼望着，盼望着，春天的脚步近了……"，我对秋天的盼望却从来比盼望春天还急切，一方面是盼望着沸腾的夏天赶快"戛然而止"，如同人不能持续高烧一样，火辣的夏天把我们推向沸点就行了，谁都受不了长时间地沸腾；另一方面也是希望热闹了一个夏天的心情和思绪赶快冷却下来，带着对火热夏天的回味和对秋天收获的渴望，让秋天在人们心里的分量有如黄金一样，是金灿灿的。

(原载于《扬子晚报》2006年9月21日)

第三节　寓言、童话、小说、戏剧

寓言故事、童话故事、小说片段、戏剧台词等体裁的表达具有很多相似之处，比方说对情节的把握、对人物的把握、对细节的处理、对语言的掌控等。这些作品的演播是考查和检验语言艺术工作者基本功和表现力的有效途径。

一、要点概述

（一）语言特点

1. 篇幅短小

无论是寓言故事还是童话故事，无论是小说片段还是戏剧台词，虽然经过删节之后都是短小的文学作品，但是都能够独立成篇，便于在短时间内进行语言表达。

2. 叙事为主

这些短小的文学作品一般都含有故事情节，有故事情节就需要叙事，所以叙事性是节选作品的主要特点。

3. 间或抒情

一般来说寓言故事、童话故事、小说片段、戏剧台词等短小的文学作品大都以叙事为主，但是也有不少片段以抒发内心情怀为主。

4. 刻画人物

像寓言故事、童话故事、小说片段、戏剧台词等短小的文学作品都是通过具体人物的行为、动作、心理来刻画人物的，从而反映这个典型人物的特点和作品所蕴含的道理。

5. 细节生动

寓言故事、童话故事、小说片段、戏剧台词等都包含生动的细节描写，通过这些细节来刻画人物形象、推动情节发展。

(二)演播技巧

1. 理清脉络

处理稿件的第一步都是要仔细认真地阅读和分析原作,这是有声语言艺术创作的基础。寓言故事和童话故事篇幅比较短小,结构和内容都比较完整;小说和戏剧台词的片段,则都是经过删减或者截取而来的,虽然也都能独立成篇,但是绝不能断章取义。有条件的话最好还是把原作通读一遍,就算条件不允许,也要弄清楚整个作品的来龙去脉,明确所截取片段在作品中的位置和作用以及所表达和反映的思想内涵、精神实质。

2. 分析人物

大多数的寓言故事、童话故事、小说片段、戏剧台词等都会有人物(或者拟人化的动物、植物形象)以及人物的行为、动作、心理描写。这不但是此类文学作品的写作手法和技巧,也是我们进行有声语言表达二度创作时的重要依据。

刻画人物主要通过其行为、动作、语言、心理等描写来进行,所以我们在用有声语言进行表达的时候也要从这些细节入手,对人物的细节描写进行思考和设计,看人物的语言是否符合其性格,看人物的行为举止是否符合其特征,看人物的心理过程是否符合其逻辑。

3. 感受细节

感受细节的方法有很多,既可以用自己的直接生活体验去感受,也可以用间接经验去完成,还可以通过想象和联想去分析、判断,从而完成细节设计。

比方说分析人物,就一定要明确人物的性别、年龄、体态、样貌;分析动作,就一定要想象出动作的前因后果以及动作的高、低、轻、重、缓、急等。

细节分析得越细致,细节的表达才会越生动、具体,作品演播也才会更加传神。

4. 形之于声

有了以上准备工作做基础,接下来就要"形之于声"。在这个关键环节,除了用气发声要注意变化,吐字归音要有所讲究,更为重要的是在具体表达时力求真实、自然,不矫揉造作、不拿腔拿调,切忌有拙劣的表演痕迹,或者语言动作太过夸张。

无论选择哪种文学体裁的作品进行演播,都要把原作所赋予的思想和内涵表现出来,不能只是简单地念字出声,或者只是浅薄地"望文生义""见字生情"。

二、示例分析

(一)寓言故事

盲人摸象

很久很久以前,印度有一位国王,他心地善良,很乐意帮助别人,对臣民们也是如此。

有一次,几个盲人相携来到王宫求见国王。国王问他们说:"有什么事我可以帮你们的吗?"盲人们答道:"感谢国王陛下的仁慈。我们天生就什么也看不见,听人家说,大象是一种个头巨大的动物,可是我们从来没有见过,很是好奇,求陛下让我们亲手摸一摸象,也好知道象究竟是什么样子的。"

国王欣然应允,就命令手下的大臣说:"你去牵一头大象来让这几个盲人摸一摸,也好了结他们的心愿。"大臣遵命去了。

不一会儿,大臣便牵着大象回来了,"象来了,象来了,你们快过来摸吧!"

于是,几个盲人高高兴兴地各自向大象走了过去。大象实在太大了,他们几个人有的摸到了大象的鼻子,有的摸到了大象的耳朵,有的摸到了大象的牙齿,有的碰到了大象的身子,有的触到了大象的腿,还有的抓住了大象的尾巴。他们都以为自己摸到的就是大象,仔仔细细地摸索和思量起来。

过了好一会儿,他们都摸得差不多了。国王问道:"现在你们明白大象是什么样子的了吗?"盲人们齐声回答:"明白了!"国王说:"那你们都说说看。"

摸到象鼻子的人说:"大象又粗又长,就像一根管子。"摸到象耳朵的人忙说:"不对不对,大象又宽又大又扁,像一把扇子。"摸到象牙的人驳斥说:"哪里,大象像一根大萝卜!"摸到象身的人也说:"大象明明又厚又大,就像一堵墙一样嘛。"摸到象腿的人也发表意见道:"我认为大象就像一根柱子。"最后,抓到象尾巴的人慢条斯理地说:"你们都错了!依我看,大象又细又长,活像一条绳子。"

盲人们谁也不服谁,都认为自己一定没错,就这样吵个没完。

我们认识事物,一定要从多个角度多方面去考察,才能得到最全面的了解。如果只知道局部就以为自己已经全明白了,从而片面地看待事物,就不免会闹出盲人摸象这样的笑话。

(选自陈金安《中国寓言故事》)

这则寓言故事说明了要辩证地去看事物的哲学道理。故事里既有有趣儿的情节,又有丰富的人物对话和行动,所以表现起来略微有一些难度。所谓"难",并不是把这些情节、对话和动作用有声语言表达出来难,而是在寻求变化上难。因为想要把这么多的人物、这么多的语言和动作区别开来,并使故事情节生动形象,确实需要仔细地分析和设计。

具体说来,对人物要有设计,比方说国王长得什么样?他的语言可能是怎样的?每个盲人又是什么样?每个盲人的语气和节奏可能是怎样的?还有这些人的行为动作、面部表情等都要进行仔细的想象和设计。只有分析和设计细致到位,我们的演播才会形象生动。

（二）童话故事

三个纺纱女

格林兄弟

从前有个女孩,非常懒惰,怎么都不愿意纺纱。

终于有一天,母亲感到忍无可忍,就打了她一顿,她号啕大哭起来。正巧这时王后乘车从门前经过,听见了哭声,吩咐把车停下来,进屋问那位母亲为什么打女儿。做母亲的怎好意思说自己的女儿如何懒惰,于是就回答说:"我叫她不要再纺了,可她就是不听,在纺车上仍然纺个不停。我穷啊,哪买得起那么多的亚麻呀。"

王后听了说道:"我最爱纺纱。让你的女儿随我进宫去吧,我有的是亚麻,她愿意纺多少就纺多少。"

母亲听了这话,打心眼儿里高兴,满口答应下来,王后便带着女孩走了。

她们到了王宫之后,王后领着女孩上了楼,把三间库房指给她看,只见库房里装满了最好的亚麻。"喏,你就为我纺这些亚麻吧,"王后说道,"你什么时候纺完了,就嫁给我的长子。"

女孩听了心里一阵惊恐——即使她每天从早纺到晚,纺到她三百岁的时候,也休想把那么多的亚麻纺完。剩下女孩独自一人时,她就哭了起来。她就这样哭哭啼啼地坐着,一晃儿三天过去了,还没动手纺纱呢。第三天,女孩不知如何是好,忧心忡忡地来到窗前。恰在这时她看见有三个女人走了过来:第一个女人的一个脚板又宽又平;第二个的下嘴唇很长,耷拉到下巴上;而第三个的一只大拇指非常宽大。这三个女人走到窗下停住了脚,问女孩为什么忧心忡忡,她就向她们诉说了自己的苦恼。"只要你不嫌我们丢人,"她们对女孩说道,"请我们参加你的婚礼,说我们是你的表姐,并且让我们与你同桌喝喜酒,我们就帮你把这些亚麻纺完。"

"我非常乐意。"女孩回答说。

说罢,女孩就让这三个长相奇特的女人进屋来。她们进来后刚一坐下就开始纺纱。每次王后来,女孩生怕王后发现,便把那三个纺纱女藏起来,而让王后看已经纺好的纱。王后看了之后,对她赞不绝口。

库房里所有的亚麻都纺完了,这三个纺织女便跟女孩告别,临行前对她说道:"你可千万不要忘记了对我们许下的诺言,这关系到你自己的幸福啊。"

女孩领着王后看了三间空荡荡的库房和堆得像小山似的纱线,于是王后就安排了婚礼。

"我有三位表姐,"女孩说,"她们待我非常好。在我自己幸福如意的时候,怎么也不愿意冷漠了她们。请允许我邀请她们来参加婚礼,并且让她们在婚宴上和我们坐在一起。"

王后和王子欣然同意。婚礼那天,三个纺纱女果然来了。她们打扮得怪模怪样的,很令人发笑。新娘马上迎上去说:

"欢迎你们,亲爱的表姐们。"

"你的几个表姐怎么长得这么丑?"王子问道。随后,他转身走到那个大脚板女人身边,问道:"您的一只脚怎么会这样大呢?"

"踏纺车踏的呗。"她回答道。

新郎又走到第二个女人身旁,问道:"您的嘴唇怎么会耷拉着呢?"

"舔麻线舔的呗。"她回答说。

然后他问第三个女人:"您的大拇指怎么会这样宽呢?"

"捻麻线捻的呗。"她回答说。

王子听罢三人的回答,大惊失色,于是就说:"我美丽的新娘今后绝不再碰纺车一下。"

就这样,女孩从此再也用不着干纺纱这个讨厌的活儿了。

(选自格林兄弟《格林童话》)

这则童话故事出自著名的《格林童话》,故事告诉我们一个浅显的道理:待人一定要真诚。

  童话故事中有曲折的故事情节,有几个主要人物,还有很多对话。要把这些都表现好,还是先要理清故事的脉络,分析人物和细节,尤其是人物的语言。

  比方说懒惰的女孩、女孩的母亲、王后、三个纺纱女还有王子,他们的外貌、语言和动作都各不相同、特点鲜明,分析和把握这些人物的语言和性格特点,是演播好这则童话的关键。

  演播这则童话故事时最复杂的就是人物的语言了。每个人有每个人说话的语气,每个人有每个人说话的节奏,尤其是童话的最后,王子问三个纺纱女的时候,每个纺纱女回答时都应该具有自己的特点,比方说大脚板纺纱女说话声音可能是低沉宽厚的,嘴唇耷拉的纺纱女说话时发音可能是含混的,而宽拇指纺纱女说话可能是气息饱满的。

  总之,对人物和情节都要做符合逻辑的分析判断,进而做出合情合理的想象和设计。

(三)小说片段

人到中年(片段)

谌容

  时间一点一点地过去,傅家杰紧张地坐在陆文婷床边,已经两夜没有合眼了。他觉得自己也到了疲劳的顶点,也在断裂了。

  又不知过了多久,忽然,一阵撕裂人心的哭叫声,震动着每一个病房,也把傅家杰从麻木的疲惫状态中惊醒。

  只听见隔壁房间里一个女孩子的声音在厉声哭叫:"妈,妈妈呀!"接着是一个男子呜呜的哭声。再接着是一阵混杂的脚步声,好像很多人朝隔壁拥去。

  傅家杰也奔到病房门口。他看见,先是一张病床从房里推了出来。床上严严地罩着一条白被单,蒙着一位死者的遗体。接着露出护士白色的身影,她轻轻地推着这活动床。一个十六七岁的姑娘,猛地从房中追了出来。她头发散乱,浑身颤抖,扑过来双手

痉挛地抓住床沿,泪流满面地哀哀哭叫:

"别推她走!别推她走!我妈妈睡着了!她会醒的,会醒的呀!"

往来探视病人的家属被堵塞在过道里。人们让开一条道,用静默来表示对这位陌生的死者的哀悼。所有的人都屏住呼吸,不敢移动脚步,似乎怕惊扰了被单下安息着的灵魂。

傅家杰也呆立在人群中,双脚像被钉子钉在那里了。他那明显变得消瘦的脸上,两个颧骨凸起。浓眉下布满红丝的眼睛里闪着泪花。他把汗湿的手掌紧紧捏成拳头,仍然克制不住周身簌簌地颤抖。他几乎想用手蒙住耳朵,不愿再听那凄厉的哭声。

"妈,妈妈呀!你醒醒,醒醒呀!他们要把你推走了!"那女孩子疯狂地喊着,扑过去要掀那被单,好不容易才被两旁的人拉住。

那个尾随在床边痛苦的中年男人,一边哭,一边反复喊着一句话:"我对不起你呀!……我对不起你呀!"

这绝望的喊声像一把尖刀刺进傅家杰的胸膛。他睁着眼,紧盯着从他面前缓缓推过的这张床,紧盯着那无情的白被单下隆起的遗体。突然,他像触了电似的,猛然朝陆文婷的病房跑去。他一口气跑到她的床前,一头扑在她枕边,闭着眼,喘着气,嘴里只喃喃地重复三个字:"你活着!你活着!你活着!"

他那粗重的喘息声,惊醒了半睡中的陆文婷大夫。她睁开眼来,朝他望了望,又好像并没有看见他。

这呆滞的目光,使傅家杰浑身发抖,他失声喊道:"文婷……"

陆文婷的眼光又停留在傅家杰脸上,仍然是那种冷漠的眼光。这眼光令人胆寒心碎,使人感到她的灵魂已经飞离身躯,正在太空中遨游。

(选自谌容小说《人到中年》)

谌容的小说《人到中年》可以说是一篇关于中年知识分子的赞辞,作者用大量笔墨刻画了一位近于完美的42岁的女大夫陆文婷。陆文婷心地是那么善良,那样富有责任心,那样热爱祖国,总之是那样美好。然而,这部小说又绝不是一篇赞辞,它同时还提出了非常严峻的社会问题:心灵如此美好的陆文婷大夫,以及其他许多和她类似的中年知识分子,他们的境遇又如何呢?他们是这个社会的栋梁,可这个社会又给他们安排了怎样的位置呢?正是这些发人深省的现实问题,使这部小说具有强烈的批判色彩,并引起当时中年知识分子的广泛共鸣。

小说的情节围绕病危时的陆文婷的内心活动而展开,作者采用了纵横交错、穿插铺排的结构,将主人公朦胧的幻觉、臆想和亲友、同事、病友对她的回忆,以倒叙、补叙、追叙、插叙等各种方式交错着表现出来,编织成一幅绚丽多姿的生活画卷,多方面表现人物美好的内心世界。

这里所节选的片段出自《人到中年》的第二十章,讲述的是这一天,陆文婷大夫的病情略有好转。但是她漠然呆滞地躺在病床上,两只眼睛直视着一个地方,似乎对四周的一切幸与不幸都很淡漠。就在这个时候,医院病房里又有人因病离世了,整个病房过道里都弥漫一种悲痛的气氛,傅家杰看着这一幕很有触动,但是陆文婷却是那么默然。

这一段通过对景物的描写,对人物的表情、行动和语言的描写,共同制造了一种悲凉的气氛,从而刻画了此时陆文婷对生死漠然的状态。然而这种让人感伤的情绪都是通过对隔壁病房发生的事情的描写以及对傅家杰行为、心理的刻画而来的。

这一段主要描写围绕隔壁病房传出来的动静和傅家杰的各种反应,在具体表达的时候,要体会和感受傅家杰的复杂心理,还要情景再现医院病房过道里发生的那一幕让人揪心的生离死别的场面,从景物、动作、语言上准确细致地分析和把握。

(四)戏剧对白

雷雨(片段)

曹禺

蘩漪:(一字一字地)我希望你不要走。
周萍:怎么,你要我陪着你,在这样的家庭,每天想着过去的罪恶,这样活活地闷死么?
蘩漪:你既知道这家庭可以闷死人,你怎么肯一个人走,把我放在家里?
周萍:你没有权利说这种话,你是冲弟弟的母亲。
蘩漪:我不是!我不是!自从我把我的性命、名誉交给你,我什么都不顾了。我不是他的母亲。不是,不是,我也不是周朴园的妻子。
周萍:(冷冷地)如果你以为你不是父亲的妻子,我自己还承认我是我父亲的儿子。
蘩漪:(不曾想到他会说这一句话,呆了一下)哦,你是你父亲的儿子。——这些月,你特别不来看我,是怕你的父亲?
周萍:也可以说是怕他,才这样的吧。
蘩漪:你这一次到矿上去,也是学着你父亲的英雄榜样,把一个真正明白你,爱你的人丢开不管么?
周萍:这么解释也未尝不可。
蘩漪:(冷冷地)怎么说,你到底是你父亲的儿子。(笑)父亲的儿子?(狂笑)父亲的儿子?(狂笑,忽然冷静严厉地)哼,都是没有用、胆小怕事、不值得人为他牺牲的东西!我恨着我早没有知道你!
周萍:那么你现在知道了!我对不起你,我已经同你详细解释过,我厌恶这种不自然的关系。我告诉你,我厌恶。我负起我的责任,我承认我那时的错,然而叫我犯了那样的错,你也不能完全没有责任。你是我认为最聪明、最能了解的女子,所以我想，你最后会原谅我。我的态度，你现在骂我玩世不恭也好，不负责任也好，我告诉你，我盼望这一次的谈话是我们最末一次谈话了。(走向饭厅门)

蘩漪：(沉重的语气)站着。(周萍立住)我希望你明白我刚才说的话，我不是请求你。我盼望你用你的心，想一想，过去我们在这屋子里说的，(停，难过)许多，许多的话。一个女子，你记着，不能受两代的欺侮，你可以想一想。

周萍：我已经想得很透彻，我自己这些天的痛苦，我想你不是不知道。好，请你让我走吧。

(周萍由饭厅下，蘩漪的眼泪一颗颗地流在腮上，她走到镜台前，照着自己苍白的有皱纹的脸，便嘤嘤地扑在镜台上哭起来)

（选自曹禺戏剧《雷雨》第二幕）

四幕悲剧《雷雨》通过周、鲁两个家庭、8个人物、前后30年间复杂的纠葛，写出旧家庭的悲剧和罪恶。曹禺在《雷雨》中，描写五四以后一个带有封建色彩的资产阶级家庭的黑暗生活，故事以封建家长、资本家周朴园为中心，展开了由周朴园直接和间接造成的各种复杂尖锐的矛盾冲突，揭露了旧中国的家庭和社会的罪恶。

节选的这一段表现了周萍和蘩漪之间的纠葛，这是剧中诸多线索中的一条。在第二幕当中，《雷雨》的情节迅速发展，几条线索和矛盾冲突开始出现。这一段周萍和蘩漪的对话，充分展示了两个人物的性格。

周萍是一个十足懦弱的胆小鬼，单凭这一点，他就永远配不上蘩漪，他只有无尽的追悔，悔恨自己过去由直觉铸成的错误。他佩服他的父亲，也和他父亲一样虚伪，所以他觉得他欺骗他的父亲是不对的，然而这并不是因为他有多么爱他的父亲，他只是觉得这样的行为就像老鼠在狮子睡着的时候偷咬了一口。在理智的时候他更恨自己，所以他要把自己拯救出来，他需要新的力量。

蘩漪是被爱情伤得最体无完肤的女子，在《雷雨》的氛围里，繁漪的生命交织着最残酷的爱和最不忍的恨,她将爱与恨的交织诠释得淋漓尽致。她冷漠、诡异、妖艳,她就是那个可悲、可怜、可恨到让人心痛的女人。她是罪人,亦是受害者,她是五四以来追求妇女解放,争取独立、自由的新女性的代表。她敢爱敢恨,对于周家人人都怕的周朴园,她也不放在眼里。但是她对旧制度的反抗方式是畸形的,她常常无助、自卑,甚至自虐。这是繁漪无法摆脱的弱点。

这一段对白当中,有非常丰富的内在语,在用有声语言进行人物塑造的时候,要注意人物的性格特征和语言特点,在表现周萍和繁漪的感情纠葛和矛盾冲突的同时,要注意用语气和节奏等技巧来诠释和表现细节。

三、实践练习

(一)寓言故事

庄子知鱼乐

庄子在濠水桥上与著名的哲学家惠施一起散步。他看见鱼儿在水中悠然自得地游戏,便对身边的惠施说:"这是鱼儿的乐趣啊!"

惠施不以为然地反问庄子:"你不是鱼,怎么知道鱼儿是快乐的呢?"

庄子反唇相讥:"那么,你不是我,怎么知道我不了解鱼的乐趣呢?"

两个人你一言我一语互不相让,惠施辩解道:"我不是你,当然不知道你的感觉。你本来就不是鱼,你肯定也不会知道鱼的感觉。"

庄子到底是做学问的人,十分善于总结问题的症结。他认为两人争论的焦点是,你问我怎么知道鱼儿的快乐,这是你承认我了解鱼的乐趣以后才会提出的问题。于是他告诉惠施：

"那是因为我在桥上的心情很好，所以我就认为鱼儿在水中也是很快乐的。"

这篇寓言是中国古代一场著名的辩论，带有浓厚的哲学意味。惠施的观点是：人只能自知，不能他知；而庄子的观点则是：人既可自知，又能感知其他事物。

徒劳的寒鸦

宙斯想要为鸟类立一个王，指定一个日期，要求众鸟全都按时出席，以便选他们之中最美丽的为王。众鸟都跑到河里去梳洗打扮。寒鸦知道自己没一处漂亮，便来到河边，捡起众鸟脱落下的羽毛，小心翼翼地全插在自己身上，再用胶粘住。指定的日期到了，所有的鸟都一齐来到宙斯面前。宙斯一眼就看见花花绿绿的寒鸦，在众鸟之中显得格外漂亮，准备立他为王。众鸟十分气愤，纷纷从寒鸦身上拔下本属于自己的羽毛。于是，寒鸦身上美丽的羽毛一下全没了，又变成一只丑陋的寒鸦了。

这个故事是说，借助别人的东西可以得到美的假象，但当那本不属于自己的东西被剥离时，就会原形毕露。

（选自《伊索寓言》）

两只口袋

普罗米修斯创造了人，又在他们每人脖子上挂了两只口袋，一只装别人的缺点，另一只装自己的。他把那只装别人缺点的口袋挂在胸前，另一只则挂在背后。因此人们总是能够很快地看见别人的缺点，却总看不见自己的。

这个故事说明人们往往喜欢挑剔别人的缺点，却无视自身的缺点。

（选自《伊索寓言》）

狗、公鸡和狐狸

　　狗与公鸡结交为朋友,他们一同赶路。到了晚上,公鸡一跃跳到树上,在树枝上栖息,狗就在下面树洞里过夜。黎明到来时,公鸡像往常一样啼叫起来。有只狐狸听见鸡叫,想要吃鸡肉,便跑来站在树下,恭敬地请鸡下来,并说:"多么美的嗓音啊!太悦耳动听了,我真想拥抱你。快下来,让我们一起唱支小夜曲吧。"鸡回答说:"请你去叫醒树洞里的那个看门守夜的,他一开门,我就可以下来。"狐狸立刻去叫门,狗突然跳了起来,把他咬住撕碎了。

　　这个故事说明,聪明的人临危不乱,就能巧妙而轻易地击败敌人。

(选自《伊索寓言》)

(二)童话故事

星星银元
格林兄弟

　　从前有个小女孩,从小父母双亡,她穷得没有地方住,也没有床睡,除了身上穿的衣服和手里拿的一块面包外,什么也没有了,就是那面包也是个好心人送的。她心地善良,待人诚恳,但她无依无靠,四处流浪。

　　一次,她在野外遇到了一位穷人,那人说:"行行好,给我点吃的,我饿极了。"小姑娘把手中的面包全部给了他。往前走了没多久,她又遇到了一个小男孩,哭着哀求道:"我好冷,给我点东西遮一遮好吗?"小女孩听了,取下了自己的帽子递给他。然后她又走了一会儿,看见一个孩子没穿罩衫,在风中冷得直发抖。她脱下了自己的罩衫给了他。再走一会儿又有一个女孩在乞求一件裙子,她把自己的给了她。最后,她来到了一片森林,这时天色渐渐暗起来了。走着走着又来了一个孩子,请求她施舍一件汗衫,这个善良的小女孩心想:"天黑了,没有人看我,我完全可以不要汗衫。"想着就脱下了自己的汗衫给了这孩子。当她就这样站着,自己一点东西也没有时,突然有些东西从天上纷纷落了下来,一看尽是些硬邦邦、亮晶晶的银元。虽然她刚才还把汗衫给了人,现在身上却穿着一件崭新的亚麻做的汗衫,小女孩马上把银元拣起装在了兜里,终生不再缺钱用。

(选自《格林童话》)

狐狸和猫
格林兄弟

　　一只猫在森林里遇到一只狐狸,心想:"它又聪明、经验又丰富,挺受人尊重的。"于是它很友好地和狐狸打招呼:"日安,尊敬的狐狸先生,您好吗?这些日子挺艰难的,您过得怎么样?"狐狸傲慢地将猫从头到脚打量了一番,半天拿不定主意是不是该和它说话。最后它说:"哦,你这个倒霉的长着胡子、满身花纹的傻瓜,饥肠辘辘地追赶老鼠的家伙,你会啥?有什么资格问我过得怎么样?你都学了点什么本事?""我只有一种本领。"猫谦虚地说。"什么本领?"狐狸问。"有人追我的时候,我会爬到树上去藏起来保护自己。""就这本事?"狐狸不屑地说:"我掌握了上百种本领,而且还有满口袋计谋。我真觉得你可怜,跟着我吧,我教你怎么从追捕中逃生。"

　　就在这时,猎人带了四条狗走近了。猫敏捷地蹿到一棵树上,在树顶上蹲伏下来,茂密的树叶把它遮挡得严严实实。"快打开你的计谋口袋,狐狸先生,快打开呀!"猫冲着狐狸喊道。可是猎狗已经将狐狸扑倒咬住了。"哎呀,狐狸先生",猫喊道,"你的千百种本领就这么给扔掉了!假如你能像我一样爬树就不至于丢了性命了!"

(选自《格林童话》)

聪明的小伙计
格林

如果主人有一个聪明的小伙计,他既顺从听话,又能凭着自己的聪明才智行事,那主人多幸运啊,他的家又该是多安乐啊!

曾有这样一位聪明的小伙计汉斯,一次主人让他去找回走失的牛,他出去后好长时间没回家,主人想:"汉斯多忠心,干起活来多卖力!"可这么晚他还没回来,主人担心他出意外,便亲自起身去找他。他找了好久,最后总算瞧见汉斯在宽阔的田野的另一头,正一蹦一跳地朝他迎面赶来。"喂!亲爱的汉斯,我打发你去找牛,找到没有?"主人走近问。"没有,老爷。我没有找到牛,不过我也没去找。"小伙计答道。"那你去找什么了,汉斯?""找更好的东西,很幸运找到了。""是什么,汉斯?""三只山鸟。"小家伙答道。"在哪里?"主人问。"我见到一只,听到一只,然后拔腿去赶第三只。"聪明的小家伙回答道。

学学榜样吧!别再为主人或他们的命令犯愁。想干什么,乐意怎么干,尽管去做,到时你肯定会像聪明的汉斯一样机智。

(选自《格林童话》)

(三)小说片段

孔乙己(片段)
鲁迅

小说片段练习

孔乙己是站着喝酒而穿长衫的唯一的人。他身材很高大;青白脸色,皱纹间时常夹些伤痕;一部乱蓬蓬的花白的胡子。穿的虽然是长衫,可是又脏又破,似乎十多年没有补,也没有洗。他对人说话,总是满口之乎者也,教人半懂不懂的。因为他姓孔,别人便从描红纸上的"上大人孔乙己"这半懂不懂的话里,替他取下一个绰号,叫作孔乙己。孔乙己一到店,所有喝酒的人便都看着他笑,有的叫道,"孔乙己,你脸上又添上新伤疤了!"他不回答,对柜里说,"温两碗酒,要一碟茴香豆。"便排出九文大钱。他们又故意地高声嚷道,"你一定又偷了人家的东西了!"孔乙己睁大眼睛说,"你怎么这样凭空污人清白……""什么清白?我前天亲眼见你偷了何家的书,吊着打。"孔乙己便涨红了脸,额上的青筋条条绽出,争辩道,"窃书不能算偷……窃书!……读书人的事,能算偷么?"接连便是难懂的话,什么"君子固穷",什么"者乎"之类,引得众人都哄笑起来:店内外充满了快活的空气。

(选自鲁迅小说《孔乙己》)

祝福(片段)
鲁迅

镇上的人们也仍然叫她祥林嫂,但音调和先前很不同;也还和她讲话,但笑容却冷冷的了。她全不理会那些事,只是直着眼睛,和大家讲她自己日夜不忘的故事:

"我真傻,真的,"她说,"我单知道雪天是野兽在深山里没有食吃,会到村里来;我不知道春天也会有。我一大早起来就开了门,拿小篮盛了一篮豆,叫我们的阿毛坐在门槛上剥豆去。他是很听话的孩子,我的话句句听;他就出去了。我就在屋后劈柴,淘米,米下了锅,打算蒸豆。我叫,'阿毛!'没有应。出去一看,只见豆撒得满地,没有我们的阿毛了。各处去一问,都没有。我急了,央人去寻去。直到下半天,几个人寻到山坳里,看见刺柴上挂着一只他的小鞋。大家都说,完了,怕是遭了狼了;再进去;果然,他躺在草窠里,肚里的五脏已经都给吃空了,可怜他手里还紧紧地捏着那只小篮呢。……"她于是淌下眼泪来,声音也呜咽了。

这故事倒颇有效,男人听到这里,往往敛起笑容,没趣地走了开去;女人们却不独宽恕了她似的,脸上立刻改换了鄙薄的神气,还要陪出许多眼泪来。有些老女人没有在街头听到她的话,便特意寻来,要听她这一段悲惨的故事。直到她说到呜咽,她们也就一齐流下那停在眼角上的眼泪,叹息一番,满足地去了,一面还纷纷地评论着。

(选自鲁迅小说《祝福》)

潘先生在难中(片段)
叶圣陶

　　幸而抱着的孩子眼光敏锐,他瞥见母亲的疏疏的额发,便认识了,举起手来指点着,"妈妈,那边。"

　　潘先生一喜;但是还有点不大相信,眼睛凑近孩子的衣衫擦了擦,然后望去。搜寻了一会,果然看见他的夫人呆鼠一般在人丛中瞎撞,前面护着那大的孩子,他们还没跨过电车轨道呢。他便向前迎上去,连喊"阿大",把他们引到刚才站定的人行道上。于是放下手中的孩子,舒畅地吐一口气,一手抹着脸上的汗说,"现在好了!"的确好了,只要跨出那一道铁栅栏,就有人保险,什么兵火焚掠都遭逢不到;而已经散失的一妻一子,又幸运得很,一寻即着:

　　岂不是四条性命,一个皮包,都从毁灭和危难之中捡了回来么?岂不是"现在好了"?

　　"黄包车!"潘先生很入调地喊。

　　车夫们听见了,一齐拉着车围拢来,问他到什么地方。

　　他稍微昂起了头,似乎增加了好几分威严,伸出两个指头扬着说,"只消两辆! 两辆!"他想了一想,继续说,"十个铜子,四马路,去的就去!"这分明表示他是个"老上海"。

　　辩论了好一会,终于讲定十二个铜子一辆。潘师母带着大的孩子坐一辆,潘先生带着小的孩子同黑漆皮包坐一辆。

(选自叶圣陶小说《潘先生在难中》)

荷花淀(片段)
孙犁

　　她们向荷花淀里摇,最后,努力地一摇,小船窜进了荷花淀。几只野鸭扑楞楞飞起,尖声惊叫,掠着水面飞走了。就在她们的耳边响起一排枪!

　　整个荷花淀全震荡起来。她们想,陷在敌人的埋伏里了,一准要死了,一齐翻身跳到水里去。渐渐听清楚枪声只是向着外面,她们才又扒着船帮露出头来。她们看见不远的地方,那宽厚肥大的荷叶下面,有一个人的脸,下半截身子长在水里。荷花变成人了?那不是我们的水生吗?又往左右看去,不久各人就找到了各人丈夫的脸,啊!原来是他们!

　　但是那些隐蔽在大荷叶下面的战士们,正在聚精会神瞄着敌人射击,半眼也没有看她们。枪声清脆,三五排枪过后,他们投出了手榴弹,冲出了荷花淀。

　　手榴弹把敌人那只大船击沉,一切都沉下去了。水面上只剩下一团硝烟火药气味。战士们就在那里大声欢笑着,打捞战利品。他们又开始了沉到水底捞出大鱼来的拿手戏。他们争着捞出敌人的枪支、子弹带,然后是一袋子一袋子叫水浸透了的面粉和大米。水生拍打着水去追赶一个在水波上滚动的东西,是一包用精致纸盒装着的饼干。

　　妇女们带着浑身水,又坐到她们的小船上去了。

　　　　　　　　　　　　(选自孙犁小说《荷花淀》)

兄弟(片段)
余华

　　我们刘镇的超级巨富李光头异想天开,打算花上两千万美元的买路钱,搭乘俄罗斯联盟号飞船上太空去游览一番。李光头坐在他远近闻名的镀金马桶上,闭上眼睛开始想象自己在太空轨道上的漂泊生涯,四周的冷清深不可测,李光头俯瞰壮丽的地球如何徐徐展开,不由心酸落泪,这时候他才意识到自己在地球上已经是举目无亲了。

他曾经有个相依为命的兄弟叫宋钢,这个比他大一岁、比他高出一头、忠厚倔强的宋钢三年前死了,变成了一堆骨灰,装在一个小小的木盒子里。李光头想到装着宋钢的小小骨灰盒就会感慨万千,心想一棵小树烧出来的灰也比宋钢的骨灰多。

李光头母亲在世的时候,总喜欢对李光头说:有其父必有其子。她这话指的是宋钢,她说宋钢忠诚善良,说宋钢和他父亲一模一样,说这父子俩就像是一根藤上结出来的两个瓜。她说到李光头的时候就不说这样的话了,就会连连摇头,她说李光头和他父亲是两个完全不同的人,是两条道上的人。直到李光头十四岁那一年,在一个公共厕所里偷看五个女人的屁股时被人当场抓获,他母亲才彻底改变了看法,她终于知道了李光头和他父亲其实也是一根藤上结出来的两个瓜。李光头清楚地记得他母亲当时惊恐地躲开眼睛,悲哀地背过身去,抹着眼泪喃喃地说:"有其父必有其子啊。"

(选自余华小说《兄弟》上集)

(四)戏剧台词

日出(片段)
曹禺

(陈白露由左门进,兴致勃勃的)

陈 白 露:(不意见着他们,不知说什么好)咦!月亭,你也在这儿?
(潘立起来,走到桌前点烟卷)

顾八奶奶:(搭讪着)你看,四爷给我治病呢。

陈 白 露:治的是你的心病么?(回过头向着敞开的门,门内依然是说话声与麻将声)刘先生,三番让你和吧。李太太,我少陪了。要什么东西,尽管跟他们要。千万不要客气,我得陪陪我的新朋友了。

潘月亭:新朋友!
顾八奶奶:哪儿来的新朋友?
陈白露:我以为达生在这儿。
潘月亭:你说你那位姓方的表哥?
陈白露:嗯,刚才我还看见他在这儿。
顾八奶奶:白露,不就是一见人就皱眉头的那位先生么?快不要再请他来。我怕他。(向窗走)
陈白露:他就住在这儿。
顾八奶奶:就在这儿?
陈白露:嗯,——达生,达生。

(方达生由右门进。)

方达生:(立门口)哦,你!你叫我么?
陈白露:你在做什么呢?出来跟大家玩玩,好不好?
方达生:我正跟小东西,你的干女儿谈话。(很愉快地)这个小孩很有点意思。
陈白露:你到这里来跟我们谈谈,好吧?(走近达)你来一起玩玩,不要这样不近人情。
方达生:(向潘和顾打量一下,仿佛在自语)哦,这儿有你的爸爸,(看看顾)仿佛,还有你的妈妈。(忽然对露)不,还是让我跟你的干女儿谈谈吧。

(达回转身,把门关上。)

陈白露:这个人简直是没有一点办法。

(选自曹禺《日出》第二幕)

茶馆(片段)
老舍

王利发:哎哟!秦二爷,您怎么这样闲在,会想起下茶馆来了?也没带个底下人?
秦仲义：来看看，看看你这年轻小伙子会做生意不会。
王利发：唉，一边做一边学吧，指着这个吃饭嘛。谁叫我爸爸死得早，我不干不行啊！好在照顾主儿都是我父亲的老朋友，我有不周到的地方，都肯包涵，闭闭眼就过去了。在街面上混饭吃，人缘儿顶要紧。我按着我父亲遗留下的老办法，多说好话，多请安，讨人人的喜欢，就不会出大岔子。您坐下，我给您沏碗小叶茶去。
秦仲义：我不喝，也不坐着。
王利发：坐一坐！有您在我这儿坐坐，我脸上有光。
秦仲义：也好吧！(坐)可是，用不着奉承我。
王利发：李三，沏一碗高的来。二爷，府上都好，您的事情都顺心吧。
秦仲义：不怎么太好。
王利发：您怕什么呢，那么多的买卖，您的小手指头都比我的腰还粗。
唐铁嘴：(凑过来)这位爷好相貌，真是天庭饱满，地阁方圆，虽无宰相之权，而有陶朱之富。
秦仲义：躲开我。去！
王利发：先生，你喝够了茶，该外边活动活动去！(把唐铁嘴轻轻推开)
唐铁嘴：唉！(垂头走出去)
秦仲义：小王，这儿的房租是不是得往上提那么一提呢？当年你爸爸给我的那点租钱，还不够我喝茶用的呢！
王利发：二爷，您说得对，太对了！可是，这点小事用不着您分心，您派管事的来一趟，我跟他商量，该长多少租钱，我一定照办。是！嗻！
秦仲义：你这小子，比你爸爸还滑。哼，等着吧，早晚我把房子收回去。
王利发：您甭吓唬着我玩，我知道您多么照应我，心疼我，决不会叫我挑着大茶壶，到街上卖热茶去。
秦仲义：你等着瞧吧！

(选自老舍《茶馆》第一幕)

第四节　新闻播报

新闻作为一种写作体裁,不同于散文、诗歌、小说、戏剧等文学艺术体裁。新闻播报和散文播读、诗歌朗诵、小说演播、台词朗诵等一样,作为考查语言艺术工作者的一种方式,也是选拔播音主持艺术人才的必考项目。新闻播报能够考查语言艺术工作者语音、表达以及语感等多项技能,同时新闻播报也是新闻节目播音员主持人的看家本领。

一、要点概述

(一)语言特点

1. 准确无误

要坚持新闻完全真实的原则,除了新闻事实真实以外,运用语言也必须准确,包括语音、语法两个方面。准确,就是反映事物最本质、最切实的状况,不含糊、不笼统、不模棱两可。

2. 简洁明快

新闻消息要求快,要求短,这就决定了新闻消息语言要简明扼要、直截了当,不能拖泥带水、拖沓冗长。要尽量用最少的文字及时准确地报道事实真相。

3. 朴素实在

新闻用朴素实在的语言报道新闻事实,这也是区别于其他文体语言的主要标志之一。朴素即自然。自然本身就有一种独具个性的、和谐内在的美。实在,就是表述时忌矫揉造作、渲染夸张。

新闻的语言不能油腔滑调、花里胡哨。

4. 鲜活生动

新闻要及时、准确地反映丰富多彩、发展变化的客观事物,新闻的新鲜感决定了新闻语言的鲜活生动。

(二)播报技巧

1. 语言标准

语言标准体现在两方面:一是标准的语音;二是正确的语法。只有语音标准、语法正确,才能够确保语言传播准确、清晰。

2. 表达规范

新闻讲求客观真实,不能像文学艺术作品那样可以有很多个性化的理解和表达,所以在播报新闻的时候语言表达要相对客观,不能有太多主观色彩和太过夸张的处理,要"感而不入"。加上新闻稿件具有简洁明了的特点,新闻播报的语言表达更注重对新闻事实的客观报道,因此要多连少停、重音少且精,要语势常扬、语尾不坠,不悠荡,不拖腔拉调。

3. 舒展明快

在新闻播报的用声和表达上要尽量做到舒展明快。我们在新闻播报中多使用实声,新闻的客观性要求用实声加强新闻的可信性,声音不能挤捏,要松弛、自然,吐字要颗粒饱满。在表达上,由于新闻的时效性、新鲜感的特点,新闻消息播报的节奏要明快一些,做到"快而不乱"。

4. 朴实大方

朴实大方是对新闻播报总的状态的概括,不仅贯穿在吐字发声、表达技巧当中,还体现在整体语言面貌中。新闻播报和文学作品的表达不同,新闻播报不能角色化、表演化,必须客观公正。

二、示例分析

（一）国内时政要闻

李克强会见世界经济论坛主席

国务院总理李克强/28日下午在钓鱼台国宾馆/会见世界经济论坛主席施瓦布。

李克强表示,当前世界经济形势乍暖还寒,复苏/仍面临诸多/不确定、不稳定因素。发达经济体/和新兴经济体/仍然需要同舟共济,共同应对全球经济领域的重大挑战,巩固世界经济复苏势头。

李克强指出,在外部环境/依然复杂/严峻的情况下,中国经济运行/总体平稳,结构调整/出现积极变化。面对下行压力,我们坚持/稳中求进,主动有为,统筹推动/稳增长、促改革、调结构、惠民生,继续实施/积极的财政政策/和稳健的货币政策,加强/政策协同配合,做好/政策储备,适时/适度/预调/微调,营造良好发展环境,调动/千千万万人的积极性,努力实现今年/经济社会发展的预期目标。中方/愿同世经论坛/保持密切合作。希望论坛继续为促进/国际社会和中国的相互了解/发挥积极作用。

施瓦布表示,李克强总理不久前/在世经论坛非洲峰会上发表的演讲/令人鼓舞,受到各方积极评价,有力增强了非洲人民/应对挑战的信心。中国的改革和发展/有利于促进世界经济复苏与增长。世经论坛/感谢中方的支持,愿与中方加强合作,通过夏季达沃斯论坛等平台,为改进全球经济治理、推动世界经济发展/发挥积极作用。

（选自《新闻联播》2014年5月28日）

分析与提示：会见类消息是时政要闻中比较典型的形式。从导语中我们可以了解到一些基本信息，如句子主干所示：李克强在钓鱼台国宾馆会见施瓦布，于是这一句的重音如标注所示。

消息的主体部分是会见双方分别的发言和表态，其中有大量的停连和重音。我们可以做出如上分析和标注，来辅助我们播读。

通过对消息细节的分析和处理，内容的脉络和逻辑关系都需要表达清晰。此条消息播报的基调应该是积极、友好的、庄重的。播报的语流要流畅自然。对双方发言的播报要准确地表现出外交辞令特有的严密性和逻辑性。

（二）国际新闻

乌克兰顿涅茨克发生激烈交火

乌克兰政府军/26号在东部城市顿涅茨克的国际机场和火车站等地/与东部民间武装、所谓"顿涅茨克共和国"武装分子/发生激烈交火。顿涅茨克市长/27号说，包括平民在内，共有约40人/在昨天的激战中死亡。民间武装称，至少有30名武装分子死亡。

乌克兰政府/"反恐行动"的发言人说,26号下午，在非法占领顿涅茨克市机场的武装分子/拒绝缴械投降后,乌克兰军方出动战机，对武装分子发动了空中打击。

本台记者在机场附近看到,不断有武装分子从机场撤离出来。随着双方交火持续，战火开始向周边蔓延,一颗流弹/在距离记者不到50米的地方爆炸。

据当地居民说,在开火前，武装分子和乌克兰政府/都没有对周围居民发出预警。

刚刚在乌克兰总统选举中胜出的波罗申科/26号表示,将采取/更有效的军事进攻，继续打击东部"分离主义"。而同一天，顿涅茨克民间武装组织宣称，"已经进入战备状态"。

（选自《新闻联播》2014 年 5 月 27 日）

分析与提示：这是一则国际新闻消息。第一段导语部分非常清楚地提供了一系列基本信息：谁和谁在哪里发生了交火以及伤亡人数。对此段的播读，停连、重音等可参考以上标注，一定要注意对事件脉络的清晰把握，否则诸多的主谓关系会扰乱信息的传达，影响传播效果。

主体部分分别从发言人、本台记者以及当地居民的角度报道相关情况，具有较强的叙述性，亟须处理好语句关系和相关表达技巧。一定要在播报中体现出层次，如果脉络不够清晰，会给人听起来"一片"的感觉。

结尾部分分别从另外两个角度对局势加以描述，都是言简意赅且态度鲜明，所以在播报时要注意拿捏好微妙的关系和态度。

（三）社会新闻

青岛：雨中温情一刻 "爱心伞"传递文明

（口导）在青岛，现在只要一下雨，一把把免费"爱心雨伞"就会出现在大街小巷。/前不久发生的感人一幕引发了这场爱心行动。

7月初的一天，青岛突降大雨，一位80多岁的老人/拄着拐棍穿越马路，全身被淋透。/住在对面七楼的郭建良/正巧拍下了感人的一瞬间。

穿绿衣服的这位年轻人，一路追着/给老太太撑起了伞。//本以为事情到此为止，但接下来的一幕/让郭建良再次按下了快门。//因为风太大，雨伞左右摇摆不定，/这时一辆路过的汽车停了下来，一个女孩走下车,取出伞/一起替老人遮雨。//郭建良把这组照片放在了自己的博客上。雨中的背影/感动了许多网友,照片被各大网站及媒体转载,/经多方努力,"爱心伞"的主人/终于被找到了。

(采访)青岛市民"爱心伞"主人仇剑锋:"任何人碰到这种情况,都会伸手去扶她一把,去给她打把伞。"

如今,越来越多的市民/加入爱心行动,/许多出租车司机都在后备厢里多备了一把伞;在写字楼、商场、银行、饭店等公共场所/也都可以看到这样的"爱心伞"。

(选自《新闻联播》2007年8月22日)

分析与提示:这是在中央电视台《新闻联播》中播出的一条社会新闻。在全社会倡导和营造"和谐社会"的今天,这条社会新闻具有很好的舆论导向作用,用一个具体生动的事例把尊老爱幼这一传统美德深入浅出地告诉亿万观众,收到了很好的社会效果。

消息的导语采用"悬念"式结构,没有具体的时间和人物,用"只要……就"的句式让人对新闻事实充满了好奇。在这则导语的语言表达上,找准几个重音:一下雨、免费"爱心雨伞"、感人一幕,便可以把导语的用意轻巧地"拎"出来,同时加大语势的幅度,让整个导语呈现一个山峰类的"弧形",便能够引起观众对这则新闻的兴趣。

消息的主体部分具有极强的叙述性,新闻的其他几个要素都在主体部分的叙述中逐步体现出来,并且事件发展呈现递进的态势,观众能够跟着新闻报道逐步了解新闻事实。在主体部分的语言表达上,着重叙事,并且对几位主人公的行为和细节进行细致描述,同时加大语势的幅度,为把整个事件推向高潮做烘托和铺垫。

在结尾的一段当中,把"爱心伞"传递文明的和谐音符由点到面地推开,让人心里有种如沐春风、意犹未尽的暖意。在语言表达上这一小段显得尤为重要。重音不一定要多、要重,但是语气和情感一定要到位。重音只要选取:越来越多、多备了、也都几个就可以了。这一小段还要注意停连的技巧:在写字楼、商场、银行、饭店等公共场所/也都可以看到这样的"爱心伞"。在"写字楼、商场、银行、饭店等"这几个名词的连接中,不能机械地采用连接的技巧,而是要在播读时情景再现,好像身临其境般地看到了这些动人的场景。虽然这一小段的字数不多,但是情真意切,饱含激情。

通篇的基调都是温暖、赞颂的。

三、实践练习

【壮丽70年 奋斗新时代】创新引擎 驱动高质量发展

习近平总书记指出,自主创新是推动高质量发展、动能转换的迫切要求和重要支撑,抓住了科技创新就抓住了推动我国发展全局的牛鼻子。广大科技工作者以创新为使命,靠自己、抓实干、抢先机,自力更生自强不息,为加快经济高质量发展、建设科技强国打下了坚实基础。

在中国科学院空间科学实验任务运行中心,科研人员正在对一颗卫星做发射前最后的应用系统调试。此前,悟空、墨子、慧眼等科学卫星成功发射并取得了一批重大科学成果。作为空间科学二期先导专项的首发星,虽然技术复杂,但是在多个研究院所的协同攻关下,这颗卫星从立项、研制到发射,仅用了一年时间。

科技创新对推动高质量发展具有强大的驱动作用。作为解决"卡脖子"问题的重要抓手,中科院聚焦关键核心技术,在空间科学、先进核能、量子计算、超强激光等领域取得了一批世界领先的重大原创成果。

党的十八大以来,新型举国体制不断深化发展,自主创新能力大幅提升。在国家重大科技专项支持下,国产大飞机C919成功首飞,北斗导航开启全球服务,嫦娥四号在月球背面着陆,我国在战略高技术领域硕果累累。面向国计民生,传染病防治、新药创制等重大专项也成效显著。截至2019年7月,重大新药创制专项累计获批1类新药44个,这一数量是专项实施前的8倍。

根深方能叶茂,源远才能流长。习近平总书记多次强调:"基础研究是整个科学体系的源头,是所有技术问题的总机关。"面向国际前沿,我国积极部署了一批大科学装置,深耕基础研究,通过科技创新不断积蓄高质量发展的强大动能。世界最大激波风洞的成功研制,为超高声速飞行器等国家重大工程项目的研发提供了不可替代的试验条件;人造太阳实现一亿度等离子体高温可控运行,为核聚变清洁能源利用奠定了基础;中国天眼FAST建成启用后,凭借世界最高的灵敏度和超强的分辨率,短短三年时间就发现认证了80多颗脉冲星,其在天线制造、高精度定位与测量等领域的攻关突破也带动了我国众多高科技领域的发展。

在怀柔科学城,今年就有北京光源、生物医学成像设施,以及子午工程二期3个大科学装置开工建设。截至目前,我国已建成运行29个大科学装置,创新活力正不断激发。

近年来,我国科技投入大幅增加,研发人员总量连续6年稳居世界第一位。研发经费规模和强度实现历史性突破,2018年达到19,657亿元,位居世界第二。一系列引导和鼓励科技创新的政策实施效果也开始凸显。2018年,全国技术合同成交额为1.78万亿元,科技进步贡献率增加到58.5%,创新正成为推动中国经济高质量发展的新引擎。

(选自《新闻联播》2019年8月27日)

国内联播快讯

2019中国国际智能产业博览会开幕

今天,2019中国国际智能产业博览会在重庆开幕,近60个国家和地区的代表参会,国内外参展企业达843家。本届智博会聚焦智能制造、5G科技、工业互联网等领域,其间将举行46场论坛活动，100余场发布活动，并开展3项国际品牌赛事和5项专业赛事。

第十届残运会暨第七届特奥会开幕

昨晚，第十届全国残疾人运动会暨第七届特奥会在天津开幕，来自35个代表团的6,121名运动员将参加43个大项的比赛，其中残运会34项、特奥会9项。本届运动会还首次大幅增加了冬季体育比赛项目和群众性比赛项目。

全国人大常委会启动渔业法执法检查

为全面了解渔业法贯彻实施情况，深入查找影响法律实施的症结问题和深层次原因，督促法律实施主管部门落实法律责任，保证渔业法全面有效实施，全国人大常委会启动渔业法执法检查。

检查组将于9月至10月，分赴天津、辽宁、上海、浙江、福建、山东、湖北、海南等8省市进行检查，同时委托河北、江苏、安徽、江西、湖南、广东、广西等7省区人大常委会分别对本行政区域内渔业法的实施情况进行检查。

上海港国际中转业务增速明显

今年上半年，全球集装箱吞吐量第一大港——上海港实现2,153.6万标准箱的吞吐量，比去年同期增长5%。其中，国际中转集装箱量增速明显，并首次实现占全港吞吐量的10%以上。

国家广播电视总局优秀电视剧百日展播活动启动

"我爱你中国——国家广播电视总局优秀电视剧百日展播活动"启动仪式，昨晚（8月25日）在山东青岛举行。从8月下旬开始，中央广播电视总台、各省级卫视、主要视频网站将陆续推出包括《激情的岁月》《希望的田野》《奋进的旋律》等一批优秀电视剧，庆祝新中国成立70周年。这些作品聚焦中华民族从站起来、富起来到强起来的伟大奋斗历程，特别是反映党的十八大以来的历史性成就和历史性变革，充分表现新时代中国人民追求美好生活的奋斗实践。

电视剧《伟大的转折》今晚开播

电视剧《伟大的转折》今晚起在央视综合频道开播。该剧讲述了毛泽东等老一辈无产阶级革命家指挥中央红军转战黎平、智取遵义、四渡赤水,粉碎敌人围追堵截,带领红军走向胜利的故事。

龙舟世锦赛 中国队夺得两金

第14届世界龙舟锦标赛昨天在泰国落幕,中国队在200米和500米直道竞速赛上夺得两枚金牌,其中在200米直道竞速的比赛中,更是以39秒251的成绩打破世界纪录。

(选自《新闻联播》2019年8月26日)

【时代楷模】杨春:扫黑除恶 初心为民

今天的《时代楷模》为您讲述一位警察的故事。在福建省宁德市有一名叫杨春的警察,他从部队退役后从警28年,一直奋战在打击犯罪、守护平安、服务群众的第一线,先后参与组织侦破各类刑事案件3,000多起。今年1月,他因突发疾病,倒在了扫黑除恶一线。

这是2018年2月26日进行的一次扫黑抓捕行动,指挥这次行动的就是宁德市公安局蕉城分局副局长、扫黑办主任杨春,辖区内的每起涉黑案件他都带头经办。

古溪村是宁德市区一个城中村,有15,000多流动人口。一伙黑恶势力长期盘踞在村里敲诈勒索。可是村民害怕被报复,没人敢举报。

杨春和扫黑队的民警先后500多次进村走访调查。涉黑涉恶案件牵扯的人员常常有几十人甚至上百人,线索错综复杂,民警要一一梳理调查取证,杨春就牵头带着大家天天挑灯夜战。

随着扫黑除恶的深入,各种说情的、威胁的电话也来了。

2018年年底,古溪村的涉黑犯罪组织案一审宣判,所有被告人全部认罪。

这起案件成为扫黑除恶专项斗争开展以来,宁德市破获的涉黑"第一案"。当警察是杨春儿时的梦想。1991年,从海军退伍后,他被选中到刚组建巡防的宁德公安艇上工作,当警察这一干就是28年。无论是担任普通民警还是副局长,有危险,他总是冲在最前面。今年1月23日,因为积劳成疾,杨春突发心梗,倒在自己的岗位上,年仅49岁。去世前,他还在和民警讨论涉黑案件。

(选自《新闻联播》2019年8月28日)

【新中国的第一】第一艘核潜艇成功下水

核潜艇以核反应堆作为动力装置,水下持续航行时间可以达到60到90天,是大国战略威慑力量的重要标志。1970年,我国自主研制的第一艘核潜艇成功下水,中国成为世界上第五个拥有核潜艇的国家。

核潜艇出现在20世纪50年代初,是大国战略威慑力量的重要标志。1958年,我国启动核动力潜艇工程项目,1965年8月,我国第一代核潜艇正式开始研制。

核潜艇,最重要的是潜艇内的核反应堆,这是整个潜艇的动力之源。为了减少上艇风险,科研人员在大山深处建立了一个与海上环境条件一模一样的陆上模式堆,进行模拟试验。为了尽早解决核潜艇的动力问题,他们必须争分夺秒。

没有电脑,仅有一台手摇计算器,靠拉计算尺、打算盘,1970年8月30日,核潜艇陆上模式堆实现了满功率运行。之后仅仅四个月,1970年12月26日,我国自主研制的第一艘核潜艇成功下水。艇上零部件有4.6万个,需要的材料多达1,300多种,全部自主研制,没有用国外一颗螺丝钉,我国也成为世界上第五个拥有核潜艇的国家。

1974年8月1日,第一艘核潜艇被命名为"长征一号",正式编入海军战斗序列。

向海而兴,中国正迈向建设海洋强国的崭新征程,中华民族向海图强的世代夙愿正逐步变为现实。

(选自《新闻联播》2019年8月30日)

【时代楷模】余元君：一生只为洞庭安澜

今天(8月9日)，中共中央宣传部追授余元君"时代楷模"称号。余元君生前是湖南省洞庭湖水利工程管理局总工程师，一生致力于洞庭湖的保护和治理。

2019年1月19日，余元君到湖南省岳阳市君山区协调指导蓄洪安全建设工作，突发疾病，经抢救无效，不幸殉职，年仅46岁。

万里长江，险在荆江，难在洞庭。2017年初，在湘阴县城西垸浩河口堤身护坡除险方案即将进入招标阶段时，余元君实地勘察后发现，打牢水下基础才是除险重点，提出要修改护坡加固方案。

经过多轮调研和反复论证，余元君的建议最终得到专家认可。方案实施后，大堤稳固，经受住了洪水考验。

20多年来，余元君一直尽全力让国家的每一分钱都花在刀刃上。其间，他主持技术评审和招投标项目数百个，经手的资金上百亿，始终廉洁自律，牢牢守住底线。

(选自《新闻联播》2019年8月9日)

【爱国情·奋斗者】韩四虎：47年扎根大山 守护百姓健康

今天的《爱国情·奋斗者》，为您讲述一名乡村医生的故事。

韩四虎是内蒙古武川县的乡村医生，腿有残疾的他，在过去的47年里，年复一年地奔波在大山深处，为48个自然村的8,000多位村民送医送药，守护村民的健康。

韩四虎今年66岁，他所在的武川县西乌兰不浪镇，山丘交错，村庄散落。262平方公里的土地上，大大小小的村落就有48个。尽管腿脚不便，年过花甲，韩四虎依然坚持走村串户，为村民们看病。隆冬时节，北方大山风雪弥漫，寒风刺骨。为了不落下一个孩子，韩四虎经常拖着残疾的左腿，推着自行车，走上十几公里的山路。

47年来，韩四虎走村串户，为每一个孩子接种疫苗，并建立接种档案。因为他的认真、负责，他工作这些年，当地没发生过一起疫苗相关传染病。

这几年，韩四虎自学了电脑知识，给村民们建立了电子健康档案，同时也将自己积累下来的经验传授给卫生院里的年轻医生。

(选自《新闻联播》2019年6月18日)

【时代先锋】崔道植：64年坚守一线的刑侦专家

他，被誉为警界传奇，凭一枚弹壳就能拨开案情迷雾，仅靠半枚指纹就能锁定真凶。他身经百战，屡建奇功，被称为中国警界重大疑难刑事案件痕迹鉴定的"定海神针"。今天的《时代先锋》为您讲述著名公安刑侦痕检专家崔道植的故事。

今年已85岁高龄的崔道植浑身透着与年龄不符的精气神，走路快行动敏捷，说话底气足思维清晰。从警64年，他参加了上千起案件的现场勘查，7,000多件鉴定痕迹物证，无一差错。

"白宝山暴力袭警、持枪抢劫杀人案"曾被列为1997年"中国刑侦一号案"，当时，北京、新疆两地都发生了恶性枪击案，但现场除了几枚残留的弹头和弹壳，别无线索。

作为我国最早研究枪弹痕迹的专家，在射击弹壳与弹头中辨别纤如发丝的各种痕迹，是崔道植的"独门绝技"，经过3天2夜的鉴定，崔道植最终得出结论：两地案件的弹壳均为同一支步枪所发射，可将两地案件并案侦查。一周后警方因此迅速锁定并缉捕到罪犯白宝山，情况与崔道植的判断完全符合。

2002年，黑龙江省一对母子在家中遇害，现场遗留的只有报纸上半枚带血的指印。一度，由于检验难度大，多家权威鉴定机关给出了"指印特征少，不具备认定条件"的结论，案件一拖就是5年。

2007年，崔道植接到任务，他对上百份指纹仔细比对后，最终在一个嫌疑人的左拇指指印中，发现7处特征点与现场血指印相符，并锁定了真凶。

凭借着多年的实战经验，崔道植练就了一双火眼金睛，在此后的"张君特大系列抢劫杀人案""白银系列强奸杀人案""黑龙江鹤岗杀人抢劫案"等重特大案件中他都作出重大贡献。

1999年,65岁的崔老退休了,但他实际上却从没离开过刑侦一线,至今每年他都会10多次被抽调参与疑难案件侦破工作。退休后,他还带头攻克多项科研难题,主持研究的痕迹图像处理系统、枪弹痕迹自动识别系统等,填补了国内多项技术空白。把一生奉献给党的事业,是他的初心和誓言。

(选自《新闻联播》2019年6月16日)

【爱国情·奋斗者】苗晓红:我爱祖国的蓝天

她曾是新中国第二批女飞行员,驾驶飞机为祖国奉献自己的青春。退休后,她初心不改、情系蓝天,就在前不久,她以82岁的高龄驾驶飞机重返蓝天。《爱国情·奋斗者》今天为您讲述苗晓红的飞行人生。

5月28日上午,北京平谷石佛寺机场,82岁的苗晓红驾驶泰克南P2010飞机,在家人和战友的注视下,冲上蓝天。

起飞、拐弯、爬高、下滑,40分钟的飞行,苗晓红独立完成。一如当年的自己。

作为新中国第二批女飞行员,苗晓红见证了我国空军事业的发展壮大,而她自己,也用几十年的奋斗和奉献,铸就了精彩人生。1956年夏天,我国开始招收第二批女飞行员,当时19岁的苗晓红报了名。

经过层层选拔,苗晓红顺利入伍。此后的近两年里,她和同批学员们开始了艰苦训练。

两年后,苗晓红终于成为一名运输机飞行员,飞上了祖国的蓝天。从1958年到1988年,30年的飞行生涯中,苗晓红安全飞行近5,000小时,从战备运输到抢险救灾,奋勇当先,不畏生死。

苗晓红临危不乱、冷静联系地面指挥,最终凭着过硬的驾驶技术,成功返航。

更惊险的经历出现在1963年,河北遭遇特大水灾,当地急需物资,苗晓红临危受命,驾驶飞机为灾区空投物资。当时气候条件极其恶劣,云高仅100多米,能见度也很差。就在这样的极端条件下,苗晓红圆满完成了空投任务。

对于苗晓红来说,她的榜样就是新中国第一批女飞行员。她们敢为人先的精神,一直鼓舞着苗晓红。尽管时常遭遇险情,但她始终保持着对飞行的热爱。

1989年退休后,苗晓红把自己的经历写了下来,纪实文学《我是蓝天的女儿》等作品,让人们更加了解那段峥嵘岁月。而苗晓红自己也萌生了重返蓝天的心愿。

(选自《新闻联播》2019年6月12日)

【爱国情·奋斗者】庄仕华:爱洒边疆 肝胆相照民族情

有这样一位医生,他扎根边疆47年,和同事们一起治疗了13万多名肝胆病患者。他爬雪山、越戈壁巡诊近40万公里,用脚步丈量新疆全境,把民族团结的种子撒在了天山南北。今天的《爱国情·奋斗者》,我们为您讲述武警新疆总队医院医生庄仕华的故事。

这位患者来自1,400多公里外的阿图什市,胆囊已经萎缩,还患有冠心病、糖尿病等多种疾病,庄仕华耐心地给她讲解即将进行的手术。仅用6分钟,患者腹腔镜胆囊切除顺利完成。一上午3个小时,20台手术全部成功。跟随庄仕华回到他的办公室,密密麻麻绑在椅子上的手术绳引起记者的注意,原来这是庄仕华平日练习手术打结用的。长年累月的练习,手术绳早已把椅子扶手磨得光亮。

为了节省手术时间,让病人少受罪,庄仕华反复做剥离葡萄皮和果肉的"模拟手术"等练习,这一坚持就是20多年。凭着这种执着,庄仕华练就了一手绝活:一台腹腔镜手术不过10分钟,单纯剥离胆囊最快只要1分钟;这也让他创下了13万多例胆囊微创手术的医学纪录。现在庄仕华虽然已经不再担任院长职务了,但他仍然坚持每天做手术、查房、亲力亲为照顾病人,从未间断。

在庄仕华的办公桌上,有这样一个小本子,上面记着所有重病患者的电话。一次住院,终生负责,这是他对病人的承诺。把病人当亲人,把青春献国家,庄仕华说都是因为感恩。1955年,庄仕华出生在四川简阳贫困山区,小时候家里穷,吃饭要靠政府的救济粮,衣服是乡亲和老师们送的,学费是靠国家减免他才从小学读到了高中。从军、学医毕业后,庄仕华选择了扎根胆结石和肝包虫病高发的新疆,这一待就是47年。

边远地区群众看病不便,庄仕华就常带着医疗队走村入户给群众巡诊。庄仕华和牧民帕塔木汗家是老朋友了,23年来,庄仕华对他们家的帮助都被一点一滴记了下来。1996年,帕塔木汗的丈夫掉进废井,虽然被成功救治,但是生活已不能自理,当年庄仕华每周骑车往返10多公里帮着做康复治疗,还给他们家买来一头奶牛,帮着开起小卖部,盖起了新房。

扎根边疆47年,庄仕华带领同事们巡诊近40万公里,为无数患者解除了病痛。他还拿出自己的工资帮助6户贫困的少数民族同胞盖起了新房,资助60多名孩子返回了课堂。

(选自《新闻联播》2019年6月9日)

【走向我们的小康生活】民生为先 探索资源枯竭型城市转型之路

习近平总书记指出,资源枯竭型城市在转型发展中首先要解决好民生问题、保障好困难群众生活。抚顺市在城市转型过程中,把保障和改善民生作为出发点和落脚点,探索出一条资源枯竭型城市转型发展之路。

现在正值伏天,但高温并没有阻挡辽宁抚顺东华园小区舞蹈队的排练热情。

看着如今笑容满面的陈玉芳,很难想象他们一家三年前住在采煤沉陷区的生活状况。

2013年，国家提供地质灾害治理等专项资金，将沉陷区列入棚户区改造计划，抚顺市制定了采煤沉陷区的危房群众整体搬迁规划。2017年3月，陈玉芳一家人告别了住了37年的老房子，和5000多户沉陷区居民一起住进了这片政府投资24个亿建成的小区，陈玉芳家分到了一套94平方米两室两厅的电梯房。2018年9月28日是陈玉芳永远难忘的一天，习近平总书记在抚顺考察时来到了自己家，和一家人围坐在一起唠家常。

总书记在这次考察中指出："在资源枯竭型城市发展转型过程中，首先要把民生保障好，把困难群众的生活保障好，让老百姓的生活过得越来越好。"按照总书记的重要指示，东华园社区扩建了医疗卫生服务站，与市里的大医院实现了远程会诊，还引进智能居家养老项目。社区正准备给每一位超过60岁的老人佩戴智能手环。通过手环，老人足不出小区，在家门口就可以得到养老照顾。老人懒得做饭时，在社区便民食堂通过手环扫码，一个人几块钱就能吃到一顿可口饭菜。

以保障和改善民生作为出发和落脚点，截至目前，抚顺市已先后建成6个像东华园社区一样的采沉安置小区，建筑面积超过100万平方米，29,000户采煤沉陷区居民圆了安居梦。而因煤矿而兴起的西露天矿等矿区，也没有因为资源枯竭而被放弃。根据抚顺市"产业+民生+生态"同步推进规划，西露天矿这个亚洲最大、最深处420米、长度近7公里、容积超过17亿立方的废弃大矿坑，未来将成为抚顺市的"城市绿肺"和文化旅游聚集区，并建成国家工业遗址公园和国家地质公园。

（选自《新闻联播》2020年8月10日）

第四章 口头评述

口头评述指对所提供的话题或者素材进行简短的评述,这种评述并无写好的文稿,属于即兴口语创作和表达。口头评述也是播音主持艺术人才选拔必选的一种考试形式,主要考查候选人的综合文化素质、对问题的思辨能力以及语言组织能力和表达能力。很多人在有稿播读方面表现很突出,在即兴口头评述方面还有欠缺,然而作为一个全面发展的有声语言工作者,应该通过努力真正做到"有稿播音锦上添花,无稿播音出口成章"。

第一节 即兴评述

即兴评述在没有时间准备或者准备时间有限的情况下要完成两个内容:一个是"述",一个是"评"。所谓评述,既要有"述",也要有"评"。有了"述"就可以让人对话题的由头有所了解;有了"评"就能够让人了解你所持有的观点和看法。"述"是"评"的基础,"评"是"述"的升华,所以先"述"后"评",或者先"评"后"述",抑或边"评"边"述",都能够很好地帮助我们完成某种想法和观点的阐发。

一、要点概述

（一）即兴评述的特点

1. 根据素材，借题发挥

即兴评述的话题都是限定的，要么是就某个话题直接进行评述，要么是根据一段素材来进行评述，无论是针对话题还是根据素材进行评述，都是有所限制的，这种"借题发挥"并不能随心所欲、侃侃而谈，而要言简意赅、言之有物。

2. 表达过程，边想边说

即兴评述的表达过程是随机应变、边想边说的。即兴评述的时候，虽然没有文字稿件作为表达的依据，但是我们要有一个大致的腹稿。这种腹稿也是在评述的过程中不断修改和完善的，所以从表面上看整个即兴评述的过程就是一个边想边说的过程。

3. 口语表达，稍纵即逝

口语的表达是稍纵即逝的，说出去的话无法再收回，如果说错了想要纠正的话就只能重新说一遍，而不能像有录制设备的情况下可以倒回来修改。所以，即兴评述对语言表达提出了更高的要求，不仅能够出口成章，还要能够准确清晰。

4. 语言样式，灵活多变

语言表达方式是多种多样的，因为每个人都会有自己的语言表达方式和习惯，人们也希望听到形式多样、个性鲜明的语言表达。语言表达样式的多样可以体现在即兴评述的整体结构、内容逻辑，以及措辞用典、语言特点等方面，所以也许针对同样一件事或一个话题，不同的人来评述会有不同的观点，产生不同的效果。

(二)即兴评述的把握

1. 认真分析,理清思路

在拿到评述的话题或者素材的时候,我们首先要做的是认真审题和分析,在理解的过程中快速地理清思路、把握脉络,哪些内容需要"述"?哪些地方需要"评"?都做到心中有数,并且选择某个立场观点或者评述角度来进行表达。

2. 观点鲜明,思维辩证

评述时一定要观点鲜明。从某件事或者某个题目可以生发出很多不同的观点和见解,但是在有限的时间里面可能只能把一种观点和看法阐述清楚,所以在理清思路后选择某一个自己最想说也是最有把握说好的观点进行准备。在进行评述的时候,无论你选择"开门见山"也好,"曲径通幽"也罢,一定要观点鲜明、言简意赅,最好能够一语中的、切中要害。在观点鲜明的同时还要表现出对问题所持有的辩证态度,在阐释完主要观点之后,用一两句话来进行思辨性总结。

3. 联系实际,旁征博引

一味地说理论证必然会让人感觉索然无味,所以在短短几分钟的即兴评述中,应该适时地用一两个简短的现实事例来形象生动地辅助自己观点的评述,也可以旁征博引、引经据典,用这些众所周知或者具有说服力的例证来支撑自己的观点。

4. 沉着自信,有感而发

大凡说理论证的言论都需要一种理性的态度和肯定的气势。如果缺乏理性则难以自圆其说;如果缺乏肯定则难以说服他人。由此可见,即兴口语表达当中沉着是必需的,自信是必要的,但是有了沉着自信,并不能想当然地侃侃而谈,要确保在有限的时间里所说的都经过深思熟虑,并且是有感而发的。

二、示例分析

即兴评述
例一

(一)话题评述

例一:说出你喜欢的一档"选秀节目"并谈谈你的看法。

【评述】

我想经常看电视的人都有这样的感受,从《超级女声》到《快乐男声》,从《梦想中国》到《加油,好男儿!》,从《我型我秀》到《绝对唱响》,一时间各大电视台到了周末都像一个大的秀场。尽管人们对这些选秀节目褒贬不一,舆论宣传也做过不少评论和热议,但是有一档电视选秀节目却让我印象深刻,那就是江西卫视的《中国红歌会》。

当人们在抱怨选秀节目泛滥成灾、抱怨"秀场就是名利场"时,一档没有炒作、没有刻意造势的《中国红歌会》悄然兴起,红遍了大江南北,从革命发源地井冈山,一直唱到革命圣地延安,并且深受观众喜爱,舆论一片看好。

与很多选秀节目刻意迎合青少年"追星"的心理不同,《中国红歌会》在选手要求上没有门槛。从年逾80岁的长者,到年方四五岁的小孩,只要会唱红歌的人,就可以来一展歌喉。一个人,一家人,甚至一个社区演出队,都可以不拘形式同台竞技。真是这边唱来那边和,男女老少齐参与。在这里,看不到选手的失态,歌迷的失控。没有歇斯底里的哭声,没有不知所谓的眼泪,只有会心的笑声。《中国红歌会》将"秀"的大众化、平民化、娱乐化精神发挥到了极致。而且我知道今年为庆祝十七大的胜利召开,中国红歌会在井冈山进行了"庆祝十七大·放歌井冈山"的专场红歌比赛,引起了社会各界强烈反响。

我喜欢看选秀节目,但是更喜欢看像《中国红歌会》这样能让我受到教育和得到精神鼓舞的选秀节目。

例二:你是怎样看待网络的。
【评述】

在这个信息高速发展的时代,网络使人们的学习、工作和生活变得更加方便快捷,也让我们的生活变得丰富多彩。

有一次老师让我查找一位历史人物的资料,我翻阅了许多书籍,还是没能找到,真是心急如焚。可是后来上网一查,不一会儿,便找到了资料。还有一次我在电视上看到有一个村的几十户农民种植了好几亩绿色蔬菜,一直没有销售出去。一个懂电脑和网络的人帮他们上网找客户,没过几天,便把村里成堆的蔬菜销售一空,这些蔬菜原本等待腐烂的命运,就这样被网络完全改变了。

像这样的例子举不胜举,可见网络在人们的生活中越来越不可或缺了。但是我们也必须明白,网络在给我们带来益处的同时,也存在着消极和负面影响。

一些青少年不能正确对待网络,通宵达旦打游戏、聊天、浏览不良信息,沉迷于虚拟世界,甚至不顾身体健康,无节制上网。我曾听说一个男生在网吧打游戏,不吃不喝,也不休息。到了第三天早上,因为体力不支而昏倒在地,送到医院抢救,却为时已晚,死因是疲劳过度。父母含辛茹苦抚养大的少年,就这样被虚幻的网络游戏夺去了宝贵的生命。

由此看来,网络也是一把双刃剑。也许人们会因此对网络产生一些偏见,可在我看来还是应该辩证地看这个问题。如果没有正确使用网络的功能和资源,便会像刚才提到的那位少年一样,沉迷于上网而无法自拔;但是如果你能积极健康地利用网络功能和资源,它便不是一把无形的剑,而是一位生活的好帮手。

要使每一个人都正确认识网络并非易事,我认为教育、管理是关键。一些网吧、游戏室为利益所驱使,明明标有"未成年人不得入内"的醒目字样,可还是我行我素地招徕学生。像这样的行为,希望有关部门一定要严格管理。另外学校与家长也要对沉迷于网络的青少年进行教育和劝诫。还应该对网上的不良信息加以杜绝和制止。

希望我们的网络能够成为一个真正"健康绿色的网络"。

(二)材料评述

例三:108 城今起开展无车日活动,领导带头坐公交。

本报讯(记者夏命群)今起至9月22号,首届中国城市"公共交通周及无车日活动"将在国内108个城市同时举行。北京、上海、天津、杭州等城市均宣告加入这一活动,并将正式签署"无车日"承诺书。

作为承诺的一部分,活动期间,市政府领导必须带头参与活动,带头乘坐公共交通、步行或骑自行车上下班;各承诺城市应至少实施一项新的注重实效的绿色交通措施;切实改善公共交通状况。

"世界无车日"活动最早起源于1998年的法国。至今,国际上已有超过1,000个城市开展过"无车日"活动。据建设部副部长仇保兴介绍,根据测算,开展"无车日"一天,全国可节省燃油3,300万升,减少有害气体排放约3,000吨,并有数百人免受交通事故伤害。希望未来市民通过公交出行的由现在的20%左右提高到50%。

(选自《京华时报》2007年9月16日)

【评述】

从这条消息当中我们了解到全国一共有108个城市同时开展首届中国城市"公共交通周及无车日活动",这真是让人拍手叫好!因为开展这个主题活动,一定会对我们重新认识人与自然的关系、重视改善环境起到积极的促进作用。

随着经济的发展、社会的进步,越来越多的普通市民已经购买了私家车或者正准备购买私家车。面对"无车日"这样的行动和号召，是不是很多市民就会放弃使用私家车了呢？经济发展的现实告诉我们，中国步入汽车社会的趋势似乎不可阻挡。但是，我们尚未步入汽车大国，而能源消耗、环境污染、交通拥堵这些现实问题就开始困扰着各个城市。一边是对现代生活方式的渴望，一边又在倡导绿色的出行方式，在理想与现实之间，城市，是否应该及早作出选择？

  问题的关键是，市民为什么热衷于购买和使用私家车？生活条件好了，消费水平提高了，这只是购买和使用私家车的前提和基础，更重要的是人们都想出行方便，不愿再去追赶和挤公交车、地铁。这种想法当然无可厚非，任何人也都能够理解，所以解决好公共交通才是解决城市交通和大气污染问题的关键。但要想让市民自觉自愿并愉快地接受公交，政府和公交公司还要做很多实实在在的工作，比如：增加高峰车次，搞好乘车环境，提高服务质量等。

  其实提倡公交出行目的不外乎两个：一是环保，二是缓解交通压力。车少了，空气自然就好些，人们才能真正体会城市的美好。

  为了宣传这些理念，许多城市的政府官员"带头乘坐公交"，还有多款新型环保公车投入使用，此外，还有划定公交专用道、出台市民乘坐公交进行优惠等措施。事实上，公交优先的理念就存在于市民们这些琐碎的要求里，如果这些要求能够一一得到实现，那么这个城市的管理就会发生革命性的变化。否则，"公交周"和"无车日"所倡导的绿色交通的理念，就会慢慢成为一句空话。

  因此，我认为"无车日"也好、"无车周"也罢，但愿不是作秀，希望长此以往坚持下去才好。

例四："敲门日"：有多少人认识自己的邻居？

  在刚刚举行的杭州第四届邻居节上，专门设立"敲门日"活动，鼓励大家敲开邻居的宅门，打破"都市冷漠症"这道邻里之间无形的墙。2007年6月13号，小区居民们喜气洋洋地张罗着自己的节日——邻居节。当日，上海市紫荆花园首届"邻居节、睦邻月"活动拉开帷幕，社区内800余位居民通过"社区运动会""邻里比厨艺""拉家常"等形式,营造出和谐温馨的社区氛围。

"百万买宅,千万买邻",这是中国传统文化对"邻居"这两个字最高的评价,可见邻居在我们生活中是多么重要。现如今,当你花百万元置下房宅后,可曾认识自己的邻居,可曾感受到邻居的价值……"敲门日"正在敲醒每一个人。

(改编自新华网2007年11月15日)

【评述】

我们都知道,人,首先是社会的人。我们从"个体人"到"社会人",从父母家搬到学校宿舍,从学校宿舍再到单独居住,学习工作忙碌起来,你还会和邻居那样熟悉吗?你知道隔壁住的是谁吗?

我在报纸上看到过这样一则报道,说的是某青年,搬进自己购置的小区后,一年多来几乎没有同邻居说过话,有的甚至连面都没有见过。他说刚住进来时,隔壁的房子还没有人买。有一次出差两个月回来,隔壁已装修完毕,有人入住,但他还不知道邻居是什么人。他说平时上下楼都坐电梯,因此几乎没有与楼上或楼下的住户接触过。有意思的是,搬进来一年后,偶尔在电梯里遇见自己的一个朋友,原来这个朋友也住在这个单元,两个人都搬进来有一年时间了,一个在7楼,一个在10楼,竟然从不知晓。

以前就有"说话之声相闻,老死不相往来""东屋不问西屋事,同在一楼不相识"这样的老话,可这却是现在不少高层小区普遍出现的情况。我们社区居委会工作人员就说,过去是大杂院,住着多户人家,连水管和厕所都共用,邻里间相互照应,相处好了比亲戚还亲。现代城市社区居住结构由"平面式"变成"立体式","公用化"变成"公寓化","钢筋水泥森林"中各家各户相对封闭,彼此交流越来越少。

其实有的时候邻里不熟悉、不走动,会让人心中产生一种莫名的孤独和恐慌。尤其是一些年长或者退休的老人,儿女工作忙碌或者不在身边,没有人照应也没有人交流,长此以往便会产生负面情绪。没有事儿的情况下还说得过去,如果突然家里有个什么急事儿,想找个帮忙的都没有。

所以我觉得,就像刚才那则消息里所说的,"百万买宅,千万买邻",这是中国传统文化对"邻居"这两个字最高的评价,可见邻居在我们生活中是多么重要。让我们有事儿没事儿都要和邻居走动走动,让"敲门日""邻居节""睦邻月"不止在某一天或某段时间存在,而是让邻里之间天天都有和谐融洽的氛围。

三、实践练习

(一)话题评述

①谈谈你理想的中学生(或大学生)生活。
②我最喜爱的电视节目。
③我所理解的"中国制造"和"中国创造"。
④持卡消费你得到多少方便?
⑤我对中小学生用手机的看法。
⑥如何看待中国传统节日和西方节日。
⑦环境保护我能做些什么?
⑧我对网络"恶搞"现象的看法。
⑨如何看待大学生"考证热"。
⑩我的"诚信"观。

(二)材料评述

①据《京华时报》报道,今年29岁的徐青(化名)大学毕业后一直闲在家里,还将一名女网友带回家长期同居。面对父母劝说,他称父母有义务养自己。最近,被啃老长达7年的徐先生和朱女士夫妻将儿子诉至海淀法院,并申请强制执行赶独生子出门。

②教育部通报河南开封杞县、通许县高考替考舞弊案件有关人员处理结果。记者发现,其中经公安机关确认的在校大学生替考"枪手"来自多所湖北、山东高校。经公安机关确认的在校大学

生替考"枪手",已分别由武汉大学、华中科技大学、华中师范大学、武汉理工大学、武汉科技大学、青岛科技大学等高校给予开除学籍处理。

③为了有效控制流浪猫的数量,杭州市政府计划投资30万元,启动流浪猫群落绝育的TNR(诱捕、绝育、放归)项目,这也是目前世界上唯一经过证实,能有效控制流浪猫数量的办法。预计8月将对宠物医院进行公开招标,9月起正式实施。

④7月15日下午5时,河北涞源县山区大雨倾盆,泥石流淹没了京源铁路王安镇段,这时恰巧一列火车开来。在附近的村民卢伟发现这一险情后,奋不顾身拦下火车,避免了一场重大事故。卢伟因此丢失了20多只羊,每只价值2,000元。铁路方面颁给他一面锦旗,并奖励一万元。很多网友表示:太少了。

⑤近年,不少高校积极聘请社会名流,尤其是知名校友入校执教,引起了社会热议。《中国青年报》为此进行民意调查,调查显示,35.4%的受访者赞同学校聘请名人执教,22.2%的受访者反对,42.4%的受访者表示不好说。

⑥近日,东营市文明办联合山东文明网、《黄三角早报》在官方微博上发起"文明游 我代言"的互动话题。微博中提道:除了脚印,什么都不要留下;除了回忆,什么都不要带走。旅游旺季来临,我们在享受美景时,对环境造成了什么影响?给当地人留下什么印象?带去了什么样的文化?文明是旅途中最美的风景,让我们走遍千山万水,不致一污一毁。美景与文明相伴,让我们共同为文明旅游代言!

⑦单杠没了、跳远没了、爬竿没了,甚至连长跑都有被取消的风险。现在的学校体育课究竟怎么了?家长说"我们只有一个娃,怕受伤",学校说"出了事情我们承担不起"。于是,孩子渐渐失去了锻炼基本运动技能的机会,"小豆芽"和"小胖墩"也愈来愈多。日前,教育部体卫艺司司长王登峰在沪透露,教育部已经启动"校园运动风险管理办法"。

⑧"她最多讹我的钱,讹不了我的命,我不救她,她很可能会

死在我面前!"7月27日中午,东莞市虎门镇下着倾盆大雨,66岁的河南籍老太符金变穿过滨海大道时突然跌倒在快车道上。途经的一辆路虎越野车车主见状后及时报警,下车扶起老人并在雨中撑伞守候,直到将老人送上救护车后才离开,目前老太已无大碍。

第二节 主题讨论

主题讨论,就是多个人在一起,每人先播读一遍新闻素材,然后就某个话题进行讨论,阐发观点、各抒己见。这是一种考查和选拔播音主持艺术人才的形式,主要用在初试阶段,对人数众多的应试者的语言表达能力和基本素质有一个较为快速的了解和考查,从而进行复试人选的筛选。

一、要点概述

(一)主题讨论的特点

1. 先播读

主题讨论一般是多人一组(6~8人)有序地进入考场,按照顺序进行指定新闻素材的播读。通过新闻素材的播读,对每一位候选人的语言面貌和表达能力以及体态和综合素质等进行初步的了解和考核。

2. 再陈述

接下来就是根据所提供的新闻素材进行观点和看法的陈述。此时并没有进入实质的讨论阶段,仅仅是各抒己见、发表见解。在这个过程中,可以同时听取其他候选人的观点和看法,为接下来的集体讨论做准备。

3. 后讨论

随后进入实质性的讨论阶段，候选人可以在规定的几分钟之内进行自由讨论和辩论。讨论过程当中并不规定每人发言的时间，也无先后发言的顺序，主要考查候选人的思辨能力、反应能力和综合素质。

（二）集体讨论的把握

1. 播读要规范

新闻素材的播读主要考查候选人的语言基本功和语言表现力，这个环节的播读一定要规范和准确。这里的规范就是要求语音和语法规范，这里的准确就是要求理解和表达准确。

2. 陈述要凝练

在陈述观点的时候，除了要言简意赅、开门见山地阐述自己的看法和观点，还要学会仔细地倾听和分析，看看其他人哪些观点和自己接近？哪些观点和自己不同？并且快速地设计和构思如何论证自己的观点。

3. 讨论要积极

在集体讨论过程中，一般会有这样几种情况出现：一种是所有人都在等着别人发言，自己不愿当"出头鸟"；一种是所有人都抢着发言，"争先恐后"好不热闹；还有一种是有礼有节，适时发言，"该出手时就出手"。

集体讨论时不但要展示个人的思辨能力、表达能力，同时也要注意综合素质的体现。综合素质既包括文化知识基础，也包括个人修养等。所以在集体讨论当中能言善辩固然好，但是顾全大局、有礼有节更能体现一个人的素质和修养，更何况倾听和思考是确保"言之有物、一语中的"的最有效途径。

讨论要积极，并不是在行动上盲目地当仁不让和据理力争，而是要做到思维积极活跃，发言积极踊跃。这正是第三种情况：有礼有节，适时发言，"该出手时就出手"。

二、示例分析

（一）话题讨论

例一：假如我高考落榜了。

【观点一】：卧薪尝胆复读一年

如果高考我落榜了，我肯定会难受的。

我想我首先会分析一下自己为什么会落榜，问题出在哪里。如果是客观原因，会尽量克服；如果是主观原因，我一定会积极地面对这个残酷的现实，调整一下心情，改正原来的错误学习方法，卧薪尝胆准备重新再来。

顺利地考取理想的大学固然好，但并不是每个人都能够如愿以偿的。当我自己遇到了这个不幸，我想我必须正视一切，因为我有我的理想，同时我也要对自己负责、对养育我的父母负责，我绝不能辜负他们对我的期望，我也绝不能放弃自己的理想成为一个丧失勇气的人，所以我一定会重新调整好，鼓起勇气，再一次投入到高考的奋斗当中。

我相信"功夫不负有心人"这句话，我努力了，我脚踏实地地做了，就一定会成功！

【观点二】：选择出国留学

假如高考我落榜了，我不想再耽误一年时间参加复读，因为我觉得一年时间对于我来说太宝贵了，在国内不能就读理想的大学，我会选择出国留学。

我知道出国留学要花很多钱，尽管父母能够支持我一部分开销，但是我更希望到国外通过自己的劳动赚取一部分学费和生活费用。出国留学对我来说也未尝不是一个好的选择。我的性格比较内向,在家很少做家务。如果有机会在国外学习生活,我的交际能力和独立生活能力就会得到锻炼,还能够提高我的外语水平。

尽管有人质疑:在国内都考不上大学,留学回来又有什么竞争力?我却不这么认为,我觉得高考只是一次考试而已,但是学习却是终身的,我想无论在哪里学习,我都会加倍努力的!

【观点三】:天生我才必有用

天生我才必有用!如果我在高考中失利落榜了,我会选择先工作。

并不是每个人都适应高考,如果我落榜了,肯定有各种原因,我既不想复读一年,也没有经济基础出国留学,我会选择工作。这样,一方面我可以自己养活自己,不再让父母负担沉重;另一方面,高考失利肯定是因为我的实力和水平还不够,我会利用业余时间进行学习,现在很多成人教育也是得到国家教育部门承认的,而且学习效果也不错,我想通过成人教育来完成自己的高等教育。

能读理想的大学当然好,但是学习的方式方法很多,而且条条大路通罗马,三百六十行,行行出状元!无论将来做什么工作,我都会努力完成自己接受高等教育的夙愿,并且在工作岗位上作出一点成绩和贡献。

每个人都有自己的理想,能被大学录取可能离实现理想更近了一点儿,但是实现理想并不只有一条路。我想即使考不上大学,通过我不懈的努力和追求,最终还是能够实现自己的理想的。

我信奉:天生我才必有用!

(二)材料讨论

例二:

昨日,国家发改委在其官方网站公布了《国家法定节假日调整方案》(简称《方案》),引起民众强烈关注。

自9日起,国家法定节假日调整方案在新华网、人民网、国家发展改革委网站以及新浪、搜狐等网站上公布并听取社会各界调查。首日调查结果显示,至少七成网民支持国家调整法定节假日。

自9日上午方案公布至17时,五家网站共有约39万名网民参与了调查。从投票结果来看,近九成网民支持国家法定节假日总天数由10天增加到11天,七成多的网民支持增加清明、端午、中秋三个传统节日为国家法定节假日,八成网民支持保留"十一"国庆节和春节两个黄金周,八成多的网民支持将春节放假时间提前到除夕,近八成网民支持将元旦、"五一"及三个新增法定假日与前后周末调整成连续三天的"小长假",九成多的网民支持全面推行职工带薪休假制度。

【观点一】:我希望"五一"假日能继续保留"黄金周"

自从1998年国家对法定假日进行调整以来,"五一""十一"两个黄金周七天长假已经深入民心。此次调整要把"五一"由长假变成短假,肯定会带来一系列的连锁反应。我想和我有一样想法的人希望能够继续保留"五一"长假。

比方说像我们在外地读书的学生,到了"五一"长假,就可以回家和父母团聚。如果假期缩短了,我们不回家吧,有些不甘心,回家呢,路费花了一大笔,可是只能待上两三天,又觉得不划算。我想除了学生,还有很多人和我们的情况、想法差不多。其实"五一"黄金周并不等于旅游周,这是大家回家探亲的一个重要机会,把"五一"长假变短假,无疑会使"十一"变得更拥挤,也不利于传达亲情和外出旅游。

【观点二】:我非常支持在传统节日放假

前几年韩国要和中国争夺端午节,当时舆论发表了很多评论,归根结底就是中国人自己太不重视自己的传统节日。

现在好了,国家出台了新的节假日休假制度,我们就可以有专门的时间来分享和度过中国人自己的传统节日,在得到休假的同时也弘扬了中华民族传统文化。

另外我还觉得,把一年两个黄金周破开一个"五一"长假,分给三个传统节日,既可以减轻黄金周各地的交通压力,又可以引导国人对传统佳节的重视,可算得上是合情合理的。

当然了,大家都觉得"十一"长假和中秋节有的时候会挨得比较近,就建议是不是也合并起来过一个更长的假。我倒觉得没有必要,传统节日本来就是要在那个特定的日子才有意义,如果随意地拼接、移动,那还是不能引起国人对传统佳节足够的重视。

所以我完全支持这个节假日调整方案。

【观点三】:我倒是认为春节假期能否加长些

我们都知道春节是中华民族最重要的节日,中国人习惯到正月十五才算过完年。每次到了春节的时候,各种交通运输都非常地拥挤,车票、机票和船票都是"一票难求"。很多人大部分时间都在路上度过,掐头去尾,实际上在家里过节的时间只有三四天。有的时候还要走亲访友,一个春节假期下来,人不但没有放松,反而更累了。所以我认为,如果说要保留中国传统、弘扬中华文化,首先应该加长春节(假期)。

除了我有这个想法,我想还有很多在外地求学、工作的人都有这个想法。比方说在外地打工的人,如果说老板不放人,那么春节长假往往是路上四天、在家三天,时间也太少了。就算别的节日不休息或者少一些也无所谓。

三、实践练习

(一)话题讨论

(1)如何看待中小学生的补课现象?

(2)怎样看"艺考"现象?

(3)"破万卷"不如"点鼠标"?

(4)"一方有难,八方支援"。

(5)谈谈你最喜欢的节目主持人。

(6)又"囧"又"槑",我来看网络"热字"。

(7)你对明星吸毒事件的看法。

(8)你对假冒伪劣产品的看法。

(9)也谈公共交通。

(10)现代通讯给我们带来了什么?

(二)材料讨论

(1)昨日,教育部通报河南开封杞县、通许县高考替考舞弊案件有关人员处理结果:数十名涉案违规违纪党员干部、公职人员和失职、渎职考试工作人员,被给予相应党纪政纪处分。河南省招办此前表示,2014年该省已查实违规违纪考生165人,其中替考127人。对此,教育部表示,经河南省相关部门调查,此事是一起中介人员在武汉部分高校招募替考"枪手",在河南杞县、通许县联系考生家长收费,并与个别考务工作人员串通,进行替考作弊的案件。

(2)针对近日网上流传的黑龙江省某中学一个班级12人因思想品德方面有突出事迹获高考"加分"一事,当地教育部门回应称,"加分"说法不准确,这些学生获得的照顾政策不是"加分"而是"优先录取",相关评选过程符合规定。针对网民质疑的"雷锋班"有12人获得此项优先录取照顾政策,鸡西市教育部门解释说,是因为这个班级整体学生素质较高。

(3)日前,有网民微博爆料"浙江乐清最牛交警,开假条,打砸医护人员"。对此,昨日,乐清市公安局官方微博回应称,肇事人员确系大荆交警中队民警,因身体原因长期病假治疗,警方已介入调查,待查实后依法依规作出处理。

(4)出国"镀金"演出风正在被制止。很长一段时间,不但维也纳的金色大厅,就是其他国家的那些著名演出场所也成为一些演出团体和个人的"镀金"之所。他们不惜花费重金租下场地,然后四处赠票,以便回国后成为资本,在考评、升级、宣传中也能多一个筹码。这种出国演出,看起来很有光彩,实际是自欺欺人。其实,"镀金"何止在出国中,多少年来,这已经成为思维习惯,几乎在演出的方方面面都有所表现。

(5)每天早晨7点半,中国人民大学的图书馆门前就排起了长龙,同学们等待8点的开门时间一到就冲进去,占到一个心仪的位置,开始一天的学习。走进图书馆,几乎所有人都坐在座位上埋头背单词、做习题或者在键盘上敲敲打打。相对于紧俏的位置,图书馆的书架间却显得十分冷清。

(6)近6年来,武汉大学社会学系讲师、国家社会科学基金项目"农村老年人自杀的社会学研究"项目主持人刘燕舞走进湖北、山东等11个省份的40多个村庄。他发现,农村老人的自杀现象"已经严重到令人触目惊心的地步"。甚至有农村老人称:"喝农药、上吊、投河比亲儿子可靠。"

(7)武汉汉阳城管日前出台新措施,对闯红灯的行人不再强制罚款,而是要求行人在原地替市容监督员"值班",直到抓到下一个违规过马路的行人才可"下岗"。据悉,措施实行一周以来,闯红灯违规行人较此前下降五成。

第五章 模拟主持

模拟主持就是把提供的节目素材,改编成一档短小的、适合广播电视媒体播出的完整节目。模拟主持的内容和形式多种多样,主要有新闻类、社教类、文艺类、体育类等。通过模拟主持训练,可以让学生加强对语言的驾驭能力、对节目的把控能力,对播音主持综合能力的提高有所帮助。

第一节 新闻节目

新闻节目是各大媒体最重要的节目类型。新闻节目除了消息播报,还有新闻评论、新闻专题、新闻访谈等。在播音主持专业训练和人才选拔当中,新闻节目主要是小言论的形式。因为小言论篇幅短小,包含新闻评述,独立成篇、相对完整。

一、要点概述

(一)新闻节目特点

1. 评论为主

新闻节目的主持主要以评论为主,有些消息类节目也可以主持，但还是以播报为主，间或有简短的串联词和一两句评论。对新闻节目主持的训练主要以新闻评论为主，尤其是对新闻事件本身以及相关问题的评述。

2. 叙述为辅

评论中包含对新闻事实的描述，对新闻事件的来龙去脉和关键细节要有简短的描述，这是阐发评论的基础。

3. 有头有尾

新闻节目要有相对完整的结构，有开场白和结束语。开场白就是开头对受众的问候、自我简短介绍和抛出新闻由头；结束语就是对新闻事件的总结和对结论的概括、升华，以及感谢受众的收听收看和礼貌的道别。

（二）新闻节目播音主持

1. 理清脉络

拿到新闻稿件首先要仔细阅读，弄清楚新闻事件的来龙去脉。这个步骤很关键，阅读往往是发现问题的关键环节。

2. 提炼观点

能够在新闻事实中寻找问题、发现问题并提炼出客观公正的观点，这是新闻评论的重中之重。评论要立场坚定、观点鲜明，有些问题可以从多个角度去审视，我们要站在主流媒体的立场上去提炼观点。

3. 辩证评述

在新闻评论中要始终运用辩证的思维，任何新闻事件的发生都有其偶然性和必然性，也都是事出有因和合情合理的。我们在评论当中需要立场坚定、观点鲜明，但是在思考问题的时候也要换个角度加以审视,客观、公正、辩证地去评价才会让人信服。

4. 深入浅出

在对某一新闻事件进行评论的时候应该考虑受众的接受能力和承受能力,而且说理也有技巧,没有人愿意听长篇大论的说教,所以如果在评论时能够深入浅出地从小处着眼,在高处点题,则会达到不错的评论效果。

二、示例分析

例:将下列材料改编成新闻性言论并模拟主持。

高校师生:我们现在是何关系?

一学期结束了,学生还没找到教室。

徐老师在该校属于"人气指数"很高的老师,其选修课是全校选修课中选修人数最多的。尽管如此,在期末考试时,仍有不少学生打电话过来,询问上课教室和作业题目等。

徐老师经常为此感到困惑:真不知道现在的课该怎么上,难道仅仅是老师没有吸引力?

我不敢奢望学生举手回答问题。

"谁来回答这个问题?"西北师大的石老师环顾四周,原本嘈杂的教室顿时鸦雀无声。在将近一分钟的沉默之后,石老师不得不放弃了提问。他说,我不敢奢望同学们举手回答问题。

师生之间,仅是利益与金钱关系?

有学生戏称,现在的课可分为"选逃课"和"必逃课",而课堂现在是上课的各忙各事,逃课的理由万千。

学生陈旭彪感觉,是金钱让人心变冷,欲望沸腾,把纯洁的师生关系变成了赤裸裸的利益与金钱关系。结果就是,"一个学期结束了,你完成了你的任务,我拿到了我的学分,一笔生意做完了,各有所获,两不耽搁"。

学生没有敬畏感，老师没有神圣感!

老师不认识学生，学生不认识老师，师生之情的缺失，使得学生对老师缺乏必要的信任尊重，没有敬畏感，老师也因此对职业没有神圣感，造成恶性循环。

(改编自《中国青年报》2007年11月16日)

模拟主持示例

【模拟主持】

观众朋友大家好，欢迎收看今天的《关注》。

老师和学生永远是大学校园里的主角，可是通过刚才这段短片的报道我们发现，老师和学生这两大主角之间的关系在高等教育大众化的背景下，正在发生着令上一代人瞠目结舌的变化。

一边是老师和学生之间互相指责，老师批评如今的学生冷漠麻木、学风很差，学生抱怨老师讲课枯燥干巴、了无生气；一边是一些大学教师开的博客备受学生拥戴，只要一更新就有学生抢着去坐"沙发"。这样的师生关系是冰冷还是融洽？

一边是学生和任课老师在校园里相遇却如同陌生人不理不睬，老师说现在的学生眼里根本没有老师；一边是学生们正热衷于在网上点评老师，这样的点评还从校内蔓延到校外。师生之间是彼此漠视还是非常在意？

一边是学生自认为师生之间已经演变成赤裸裸的利益和金钱关系，学生花钱拿了学分，老师完成了工作任务，然后各不相干；一边是一些辅导员都感觉自己成了学生的保姆，学生无论遇到什么大事小事，都要第一时间寻求老师的帮助。这样的师生关系是近了还是远了？

一边是大学校长们批评现在的学生不知感恩，对母校没有感情；一边是网络上总有学生在为哪所学校排位应该更靠前打着口水仗，以种种事例、数据来证明自己的学校有多好。师生情谊是浓了还是淡了？

众所周知，师生关系的好与坏直接影响着教学效果的好与坏、培养目标的实现与否，没有和谐的师生关系，哪里能构建和谐校园？

在大学规模不断扩大的今天,在校园里不断涌入特立独行的"80后""85后"乃至"90后"的时候,高校师生关系是如同这篇报道里所说的"渐行渐远"还是别有一番景致?在数字化生存的时代,大学校园里是不是也需要建立一种新型的师生关系?

好,感谢收看今天的节目,明天见!

三、实践练习

将下列材料改编成新闻性言论并模拟主持。

大学生应聘难题:简历还有多少是真的?

又到一年就业时。近年的就业工作中,大学生不诚信就业的事例屡见不鲜:在求职的过程中随意修改成绩单,伪造各种证书,编造干部履历,拔高自己专长……还有人在签约过程中同时和多家用人单位达成协议,签约后又随便违约。人们不禁要问:大学生就业诚信究竟离我们有多远?

诚信危机敲响大学生就业警钟

"在一家用人单位收到的84份简历中,有十几位学生是该校的学生会主席,有20多人同为一个班级的班长。""南京市一家用人单位来我校招生,上午有5名毕业生签约,下午就有3人提出毁约"……这是在东北师范大学的毕业生诚信就业宣誓大会上,一段录像反映的近年大学生就业的诚信情况。许多同学看过之后表示,虽然录像有些夸张,但这些事情并非不可能发生在自己身上。更可怕的是,他们并不认为其中部分情况是关乎诚信的问题。

(资料图片来源:《中国教育报》,孙万帅绘)

东北师范大学历史文化学院团委书记董俊还指出了学生的另外一种心态。一些学生找工作的时候比较盲目,对自己的发展没什么特别的设定和要求,有一个工作就赶快签约,再有其他单位要很快就毁约、再签。这些学生从"签"到"毁"到"再签"都持有一种盲目的跟风或者"这山望着那山高"的心态,其实毁约后重新找的工作不一定比原来的好。

东北师范大学就业指导中心主任王占仁说:"从目前的情况看,不是没有就业信息,而是信息被无序滥用。究其原因主要是一些学生的不诚信行为,任意毁约其实是对就业信息进行破坏性的使用和开采。不但破坏了用人单位的招聘计划,而且侵占了别人的就业机会。"他表示,如果这种不诚信的行为继续发展下去,那么在就业日趋紧张的形势下,毕业生就业将面临诚信危机,和谐的劳动关系也将难以建立。

(选自新华网 2007 年 11 月 16 日)

第二节 社教节目

社教节目也是广播电视媒体中一种重要的节目类型,社教类节目的内容涵盖了生活服务、妇女儿童、法律咨询、医药卫生、教育科技、环境保护、社会问题、社会生活等,其中有些内容可以单独成为一种节目类型,比如生活类、妇女类、儿童类、法律类、教育类等。社教节目多以专题和板块的形式出现,所以此类节目的训练主要通过一些短小的节目片段或者子栏目来进行。

一、要点概述

(一)社教节目特点

1. 形式生活化

社教节目涉及生活的方方面面,受众的层次也千差万别,但有一点是相同的,就是受众希望在轻松愉悦的状态下接收一些有用的信息,所以社教节目的形式应该是生活化的,这样更容易使受众产生亲切感,有一种接近性。

2. 语言口语化

社教节目的语言是口语化的,但这种口语又不完全等同于日常说话,而是经过一定的艺术加工,源于生活又高于生活的一种口语。

3. 表现多样化

社教节目样式繁多,表现形式也多种多样,既可以一个人主持,也可以多人主持,还可以请来嘉宾和现场观众共同完成节目。社教节目可以有互动游戏、座谈或联欢等形式。总之,社教节目并无固定形式,受众喜闻乐见并符合广播电视传播要求的节目形式都可能实现。

(二)社教节目播音主持

1. 确定对象感

社教节目的受众人数众多、层次复杂,其理解能力和接受能力有所差异。面对这种情况,主持社教节目时要有一个明确的定位,确定节目受众群体的主要特征，这样才能够相对准确地把握受众心理。对象感的确定需要我们对受众进行想象和分析，想象得越具体、分析得越清楚，对象感也就越强烈。

2. 加强交流感

社教节目主要是反映社会生活、服务百姓生活的，主持人和受众交流的目的性非常明确。交流感的好坏会直接影响节目的播出效果，进而影响传播效果。主持人心里装着受众，才能增强交流感。

3. 表达生动性

没有人愿意坐在电视机前或守在收音机旁听别人麻木机械地对自己说教，大家都期望和主持人之间有平等的、友好的和生动的交流。主持人的语言表达应该生动形象，分析问题的时候循循善诱，评说观点的时候以理服人，传播信息的时候简洁明了。有一点要注意，就是语言表达要生动，并不是添加一些"水词儿"就生动了，那些"嗯""啊""吧""呢""啦"只会让人厌恶。

4. 体现互动性

社教节目重在关心受众、关注受众和服务受众，想受众所想、急受众所急，这些都把节目和受众以及主持人和受众紧紧地联系在了一起。节目中有很多互动环节，比方说播读受众来信、反馈受众信息等，这样不但增强了节目的可看性，而且能达到较好的传播效果。

二、示例分析

例：将下列材料改编成生活服务类节目并模拟主持。

康乐中心：既能美容还能治病？

在河北省深泽县，这样的小广告在很多居民楼里都可以看到，什么"包治各种性病、皮肤科,100%根治,无效退款",吹得都很厉害。

根据广告上的地址,记者和执法人员一起,顺藤摸瓜,很快找到了这样一家能耐不小的皮肤泌尿专科门诊。

走近一看,说是门诊,其实不过是一个不足10平方米的小屋,也许是听到了风声,门诊屋里已经空无一人,医生早已不见踪影,只留下了一些药。我们看到了用来治疗性病的消炎针剂和一些壮阳药品。

执法人员说,这是一个无证行医的黑诊所,已经不止一次查过它了,但它还是悄悄开业。执法人员当场没收了这家性病黑诊所的全部药品。

离开这家黑诊所,执法人员又发现了一个奇怪的现象。这是一家名叫欣欣的康乐中心。欣欣康乐中心的招牌上写着服务项目是美容、减肥瘦身,它的门窗上却贴着"治疗"和"中成药丸"的字样。

进门后,执法人员发现,这家康乐中心并不大,一侧是三张床,床的旁边,可以看到刚刚用过还未来得及摘下的输液瓶,床底下也存放着大量的输液药品。床的另一侧是一个柜子,里面放着大量用于医疗的药品针剂。在里面的一个小房间里,执法人员又从一个柜子里查出了大量西药和中成药。从药品的种类和数量上可以看出,欣欣康乐中心实际上是在从事诊疗活动。

执法人员说:从表面上看,是康乐中心的牌子,实际上我们发现了大量药品注射器,这是无证诊疗机构,现在我们要封存这里的药品,把这个非法医疗机构依法取缔。

【**模拟主持**】

观众朋友,大家好,又到《生活头条》节目时间了。

关于江湖游医非法行医的话题,我们生活栏目一直以来都在关注,从南到北,从东到西,非法行医的现象屡禁不止,屡打不禁。有人说这江湖游医就像蟑螂,有个洞就能安个窝,有口吃的它

模拟主持
示例

就乐,而且繁殖能力还挺强。

记者日前在河北省深泽县进行了暗中采访,发现在那里竟然有很多医疗广告,有的说能够"包治各种性病、皮肤病,100%根治,无效退款",有的招牌上写着服务项目是美容、减肥瘦身,而它的门窗上却贴着"治疗"和"中成药丸"的字样。可是记者在调查采访中发现,这些其实都是一些非法医疗机构,按照法律都应该依法取缔。

您瞧,这所谓的"康乐中心"是不是典型的挂羊头卖狗肉?而且一个个还都贼大胆。巴掌大的地方,他就敢打鼓开张,别说治病救人了,当小卖部都嫌小!要是在以前,江湖游医为了卖狗皮膏药,一般都在街头巷尾拉个场子耍把式卖艺,那10平方米也不够他们折腾啊!不过,也不是所有的江湖游医都这么小气,也有敢玩大手笔的,而且是动静越大欺骗性越强,要不怎么说"扯虎皮拉大旗"呢,别说,大多数人还就认这面大旗。

超范围诊疗和超范围经营有点类似,但造成的后果要比超范围经营严重得多!这医院的超范围诊疗罪过可就大了,内科大夫看外科,男科看妇科,那不就是里外不分、阴错阳差了吗?轻的,骗人点医药费;重的,就能闹出人命!什么叫"草菅人命"啊?不是把人治死了才叫草菅人命,治好治坏不计后果、拿病人当儿戏,也是草菅人命!我们提醒电视机前的您,千万要提防那些在"救死扶伤"的笑脸背后藏着的草菅人命的心。

在这里呢,我们也提醒广大消费者,不要轻信这些不正规的小诊所,有了病痛或者需要医疗保健,请您选择正规医疗单位,以免上当受骗。

好了,今天的《生活头条》就到这里,稍后请看《生活百事通》。

(改编自中央电视台生活频道《小县城的"专家门诊"》)

三、实践练习

日常"废物"多妙用

1. 有些果冻的包装袋有拉链,容积也比较大,可用作出差时的化妆袋。

2. 现在很多酒瓶造型十分独特,拿它做花瓶再合适不过了,买一些干麦穗插在里面,就成了家里一件十分漂亮的装饰品。

3. 折叠伞的伞套也不要随便丢弃,可以用来存放卷好的袜子,大小非常合适。如果需要透气,剪几个透气孔即可。

(选自《京郊日报》)

如何识别亚麻凉席真伪

有的亚麻凉席的生产厂家为降低成本或弥补生产技术上的不足,大量采用粘胶纤维代替亚麻纤维,有的产品化纤含量甚至超过70%以上。这种产品在市场上很容易蒙骗消费者。购买时,您可用以下4种方法识别亚麻凉席的真伪。

1. 目测法。优质纯真的亚麻针织产品,纹路清晰自然密实,耐拉力强,织物表面光泽自然柔和。化纤光泽过亮。

2. 观察法。透光照射亚麻针织产品,能看到云斑,有时还能找到少量的麻粒子。

3. 手摸法。纯亚麻针织产品手感凉爽,有垂重感,用力握稍有折皱。

4. 燃烧法。取一点亚麻织物的纱线,将其燃烧,如有燃纸味,且灰烬细腻呈白灰色,则证明是麻织物;而化纤织物一般燃烧后都有刺激性气味,灰烬呈球状。

(选自《中国老年报》)

怎样去除衣物上的铁锈渍

衣服沾上了铁锈渍怎么办?以下就是去除衣物上铁锈渍的办法。

可用2%的草酸溶液在50℃左右温水中洗涤除去,然后用清水漂净。把3—4粒维生素C药片碾成粉末后,撒在浸湿的衣服污处,然后用水搓洗几次,也可去除铁锈渍。如是铁锈陈渍,可用

10％的草酸、柠檬酸加水混合液将沾锈处浸湿,然后浸于浓盐水中,1天后洗净即可。

第三节 文艺节目

文艺节目是听众观众喜闻乐见的一种节目形式,因为文学艺术源于百姓的真实生活。文艺节目内容和形式很丰富,按照内容划分有音乐类、文学类、舞蹈类等,按照形式划分有晚会类、综艺类、访谈类、欣赏类等。文艺节目时间可长可短,有5分钟到10分钟的欣赏类节目,也有一两个小时的综艺晚会节目。

一、要点概述

(一)文艺节目特点

1. 形式多种多样

文艺的形式多种多样,文艺节目的样式就更是花样繁多。文艺节目可以根据文艺类型分类,可以根据节目样态分类,也可以根据时间长短分类,还可以根据场地分类。

2. 特色定位鲜明

文艺的每种形式都有自己的特点,文艺节目的不同种类也都各具特色,但是每种文艺节目都必须定位准确、特色鲜明,以满足受众不同的审美追求和期待。

3. 品位层次分明

文艺来源于生活,生活是多姿多彩的,生活中的百姓也是多样的。这种千差万别对文艺形式和文艺节目内容提出了不同的受众需求,有些是群众文艺活动,有些是专业文艺活动;有些是通俗文艺形式,有些是高雅文艺形式;有些是演播文艺形式,还有些是互动文艺形式。

(二)文艺节目播音主持

1. 栏目主持生动形象

主持人在文艺栏目进程中处于中心主导位置,由主持人来串联所有节目。有的时候是一个人主持,有的时候是两人或多人共同主持;有的时候节目现场没有观众,有的时候现场有嘉宾或者少量现场观众。主持人在这种类型的节目当中要生动形象地进行表达,把握好节目的进程和气氛,给人以美好的视听享受。这类节目主要有音乐节目、时尚节目和各种文艺资讯等。

2. 晚会主持端庄大方

晚会主要以主持人串联所有单个节目的形式进行,所以主持人在整台晚会当中就显得极为重要。晚会主持人必须端庄大方,能够"压得住台",还要能够调动现场气氛,最重要的是晚会主持人把控着整台晚会的节目进程。

3. 综艺主持才艺双全

综艺节目的内涵越来越丰富,原本主要指以多种文艺形式汇总在一起表演的样式,现在也包括娱乐性节目和各种互动游戏类节目。主持人不但要串联和掌控节目,还要在节目中唱歌或表演,有时要和嘉宾、观众一起参与到游戏竞赛当中……这就需要主持人不但有很好的语言表达能力,还要才思敏捷、才艺双全。

二、示例分析

例:将下列材料改编成文艺评论节目并模拟主持。

新版四大名著荧屏大比拼　　投资上亿剧情全颠覆

重庆晚报讯　20世纪八九十年代,四大名著《红楼梦》《西游记》《水浒传》《三国演义》纷纷被搬上荧屏,引发了一股古典名著影视拍摄热潮。近日,随着《水浒传》将由吴子牛执导的消息曝光,四大名著都已宣布重拍。

阵容比拼:导演都大腕演员都国际

新版《红楼梦》《西游记》《水浒传》《三国演义》的导演分别为李少红、张建亚、吴子牛和阎建钢,而张纪中还担任了《西游记》的总制片。

在演员方面,新《红楼梦》将起用选秀的演员;新版《三国》将是史无前例的明星大荟萃,拟邀请中国内地与中国港、台地区及日、韩明星加盟。《西游记》也试图把目前国内的明星们"一网打尽"。

创新比拼:唐僧成硬汉曹操当英雄

老版四大名著影视剧基本上都忠实于原著,历史人物的荧屏形象,也伴随了几代人的记忆。但是新版四大名著剧集中,故事情节和人物形象都将有翻天覆地的变化。据张纪中透露,在新版《西游记》中,孙悟空将从猴子变成帅哥,唐僧成为果断干练的硬汉,而沙僧则具有冷幽默。

在新《三国演义》中,曹操也将被塑造成英雄,另外,该剧还将增加一个原著未曾刻画的重要女性角色,这个女性角色与司马懿有很重要的关系,直接对司马家族与曹家关系发展起推波助澜的作用。而原本表现英雄好汉的《水浒传》,新版中也将加入更多的女人戏。

投资比拼:最少数千万最多过了亿

除了阵容和创新上的比拼外,新版四大名著电视剧在投资上也来了个正面PK：《三国演义》的投资最少，为7,000万元；最多的是《红楼梦》，预计投资上亿元；《西游记》的投资则为8,000万元。《水浒传》导演吴子牛对记者表示，他们除了起用强大的演员阵容外，美术、武指、摄影等也要组建国际班底。张纪中则宣称，要利用先进的电脑特技，把《西游记》拍摄成中国版《魔戒》。

(改编自《重庆晚报》2007年10月7日)

【模拟主持】

观众朋友，大家好，欢迎来到每周六晚的《影视快评》。

回顾一下这一周影视圈的新闻，我们不难发现刚刚过去的一周是"翻拍周"。今天，吴子牛版《水浒》开机发布，《三国》也传出新投资方加盟的消息。此前闹得沸沸扬扬的新版电视剧《红楼梦》也计划于本周正式启动。

模拟主持示例

这三大名著翻拍的消息之所以引人关注，还在于盯住它们的大有人在，名著即将成为"翻拍"的"重灾区"。事实上，刚刚获准重拍的三大名著各自拥有多个版本。据媒体称，《红楼梦》既有黄亚洲编剧的40集本，也有六部"《红楼梦》人物系列"；北京某公司要拍摄"三国豪杰系列"，而另一家电视制作中心要拍摄60集的《三国演义》；还有一家公司想拍摄"水浒英雄系列"，而去年某公司已提出由陈大导担当总导演，拍摄《水浒英雄谱》。

这样的消息多了，观众难免有些疑惑：这么多翻拍挤在一起，良莠不齐，能保证质量吗？能不给名著抹黑吗？之前的"四大名著"已各自有了电视剧版及电影版，其中不少已经被加冕"经典"头衔，再翻拍，能超过它们吗？

经典本身已经拥有数量庞大的受众群体，以此为基础衍生出的文化产品因此获得了一定的市场保证。在这种情况下，无论翻拍的结果如何，总能保证一定的收视率，相应的利润也就得到了保障。相比之下，原创剧情况就严峻得多。由于编剧报酬过低、缺乏决定权等原因，剧本始终是中国影视产业的一块短板。与其在一个陌生的剧本上押宝，倒不如在大家耳熟能详的故事里玩玩花样。此外,国人对"翻拍经典"过分敏感的神经,每每在媒体上引起一连串"翻拍争议"。这些争议简直如同额外的宣传。有这样的免费鼓吹在,有什么理由不往"四大名著"里投进大把钞票呢?

如果说每一次劣质的翻拍都会给经典划上一道伤痕,那么累累的伤痕倒可以被看成是经典的勋章了。伤疤的数量标志着经典的人气值,冲着这一点,经典的死忠派们应该为翻拍欢呼。

好了,今天的《影视快评》就到这里,稍候是《电影人生》。

(改编自《新京报》《翻拍是经典的勋章》2007年10月30日)

三、实践练习

要求:将下列素材改编成文艺评论节目并模拟主持。

童心不应被过度消费

随着暑期的到来,亲子演出、暑期培训班、国外游学等各类儿童市场逐渐进入旺季。以儿童为消费主体的教育培训类产品更是琳琅满目,价格从千余元到几万元不等,一些高档产品即使标价虚高,依然吸引不少家长趋之若鹜,其中与影视相关的艺术教育培训特别受欢迎。其实,暑期市场的高热度反映了近年来我国儿童市场的蓬勃发展。中国家庭结构一般呈现"1+2+4"的状态,一个孩子处于父母、爷爷奶奶、姥姥姥爷的养育核心中。可谓"一个孩子有六个钱包",儿童消费在家庭支出中占的比重很大。二孩政策的全面放开又引发了新一波出生人口的增加,带来的市场需求呈几何级的增长。人口红利带来的无限商机,吸引了大批投资者和从业者投入其中。然而,仔细看去,这片热潮涌动的"蓝海"却污染严重,掺杂着与纯净的儿童世界并不相符的功利、欲望、虚假,应该引起社会各界的关注。

与影视相关的艺术教育是儿童健康成长过程中不可或缺的内容。好的教育能给孩子们带来美的感知、美的享受,提升他们的审美情趣,使他们获得与自然、与他人更丰富的情感交流。从音乐、舞蹈,到近几年流行的播音主持、表演,甚至英文戏剧培训……当代家庭对艺术教育的投入热情持续升温,绝大部分儿童都会接受或接触艺术教育。

为什么会出现如此火热的景象?深入研究我们发现,这种高投入来源于高期待。近些年,影视作品中小演员、小嘉宾迅速蹿红,以及部分小童星长大后成为大明星的成功例子,让很多父母产生了"望子成星",让孩子有朝一日站在舞台上,出现在荧屏、银幕里,名利双收的梦想,继而引发了一场浩浩荡荡的儿童造星运动。

在诸多影视艺术形式当中,综艺节目当属造星效率最高的一种。2013 年,湖南卫视的《爸爸去哪儿》让明星带着自家的孩子上节目,引发了一股收视热潮。高收视率带来了高商业价值,《爸爸去哪儿》大电影一举拿下近 7 亿元票房,《爸爸去哪儿》第三季冠名费高达 5 亿元。于是,各大制作机构纷纷上马亲子真人秀项目,《爸爸回来了》《放开我北鼻》《妈妈是超人》等节目如雨后春笋般涌现出来,占据卫视的黄金时段、视频网站的显要位置。这股创作风向,刷新了大众对童星效应的认知,也点燃了行业对童星市场的热情。或奶声奶气、或机灵鬼马的萌娃,成了影视作品追捧的重要商业元素。

与之相对应的是,很多家庭为了实现童星梦,不惜砸重金,把孩子送进艺术培训班以及应运而生的各类儿童才艺大赛、影视剧选角活动中。在"唯结果论"的错误思路影响之下,再加上急功近利的行业风气作祟,部分教育机构重包装而轻内容,重呈现而轻教育。有的以节目选拔为噱头进行招生,实则是集资购买播出时段的"假比赛";有的将汇报演出的场地、舞美、服装打造得光鲜亮丽,针对孩子的课程教学却潦草应付;还有的以出演作品作为诱饵,吸引家长掏钱培训,结果只是让儿童当群众演员。此类培训往往花去家庭高额的费用和时间成本,更重要的是让艺术教育的目的产生了偏差,使孩子们游走于比赛、剧组甚至商业活动中。人前风光,人后却更多是劳累和奔波,孩子们不仅失去了与同龄人共同学习成长的宝贵经历,还有可能因成人化的包装炒作、追求刺激的节目规则等原因受到心理乃至身体上的伤害。

  国家广播电视总局2019年发布《未成年人节目管理规定》，强调未成年人节目不得宣扬童星效应或者包装、炒作明星子女。相关政府部门重拳出击、引导调控，为行业的规范运行创造了良好环境、指明了方向。这条产业链上的从业者也应自律。须知，儿童是一个家庭的希望，更是国家的未来。与影视相关的儿童艺术培训对儿童成长的影响巨大，对社会乃至国家都具有特殊的价值和意义。我们必须以保护童真为前提，以传播"真、善、美"为目标，在生产与儿童相关的文化教育产品过程中做到去娱乐化、去成人化、去低俗化。家长和孩子拥有"童星梦"，也无可厚非。但在"做梦"之前，必须对自身条件和行业现状保持清醒认识——"出道"直至成为真正的明星成功率极低，在童星的养成道路上所要付出的金钱、精力、时间却非所有家庭皆能承受。孩子的成长之路是不可逆的，追梦虽好，但万不可成为成长的负担，更不应用童年的纯真去"试错"。简言之，童真不应被过度消费。与影视相关的儿童艺术教育培训必须严格遵守这一准则，才能实现可持续发展。

（选自《光明日报》2019年8月7日）

参考书目

张颂.播音语言通论——危机与对策[M].2版.北京广播学院出版社,2002.
张颂.朗读美学[M].北京:北京广播学院出版社,2002.
张颂.播音创作基础[M].2版.北京:北京广播学院出版社,2004.
张颂.广播电视语言艺术[M].北京:北京广播学院出版社,2001.
王璐,吴洁茹.语音发声训练手册[M].北京:中国国际广播出版社,2006.
吴弘毅.实用播音教程:普通话语音和播音发声[M].北京:北京广播学院出版社,2002.
付程.实用播音教程:语言表达[M].北京:北京广播学院出版社,2002.
陈雅丽.实用播音教程:广播播音与主持[M].北京:北京广播学院出版社,2002.
罗莉.实用播音教程:电视播音与主持[M].北京:北京广播学院出版社,2003.
姚喜双.播音学概论[M].北京:北京广播学院出版社,1998.
钱谷融.中国现代文学作品选读[M].上海:华东师范大学出版社,1987.
郁炳隆.中国现代文学作品选读[M].南京:江苏教育出版社,1997.

第 1 版后记

完成了《播音主持艺术入门训练手册》的书稿,心里觉得很欣慰。一来是为广大热爱播音主持艺术的青少年朋友做了一点自己力所能及的事情,欣慰来得自然而然;二来是在成书过程中好像把自己曾经走过的路又回顾了一遍,欣慰却来得不期而遇。

回想十几年前的自己,不也是一名播音主持艺术的爱好者吗?"门外汉"时期的我总是苦恼着该怎样才能够把普通话说得圆润动听,该怎样才能够把诗歌散文朗读好。我当时有一本小笔记本,虽然现在已经发黄,圆珠笔的油墨也已渗透纸背,但如今我依然保留着。上面逐行逐页、逐字逐句地抄写着绕口令和一些笔记,记录了我从"门外汉"一路走来的足迹。

时过境迁,现在喜欢播音主持艺术的青少年朋友可以阅读的专业书籍更多了,影音资料更丰富了,广播电视节目更加琳琅满目了,接受专业指导的机会更多了。可是仍然有不少青少年由于各种原因缺乏或者不能够拥有这些条件。

天道酬勤,一个刻苦努力、勤学苦练的人,一个心中有了理想和憧憬的人,必然会脚踏实地、一步一步走向成功大道。从小到大,父母疼爱听话懂事的孩子,老师喜欢刻苦勤奋的学生,最终在工作中人们推崇认真敬业的同事,大概就是这个道理吧。

总而言之,希望青少年朋友能够明确自己的目标,树立起自信心,朝着自己的理想前进。我也谨以一本小书予以帮助,并以一段文字以表鼓励。

说到鼓励,对青少年来说是必要的,人才的发现和培养少不了"鼓励"二字;说到帮助,那应该是有着雪中送炭、画龙点睛的作用的，但是本人水平有限，一本小书对读者来说也许谈不上很大的"帮助"，然而我却在成书的过程中实实在在地得到过不少良师益友给予的莫大帮助。

我要感谢前辈创立的理论基础和积累的实践经验，当年我踏着这些基石走来，现在我依然在这丰厚的基石上前行。感谢中国传媒大学出版社给我提供的机会，让我能够为我所喜爱的事业做一点儿力所能及的事情，尤其要感谢编辑赵欣老师，她为本书的出版不辞辛劳做了很多工作。同时还要感谢和我一起为本书录制示范光盘的康乐、杨璐和彭舒阳几位同学，其中康乐同学还为本书第一章拍摄了发音示范照片，他们认真细致的创作态度体现的正是播音员主持人应该具备的素质。另外，录音师和音乐编辑为示范录音的录制和编辑付出了辛劳，在此一并深表谢意！

本书不揣浅薄，错误和缺点在所难免，期待读者以及专家学者的批评与指正，我将不胜感激！

最后再一次祝愿读者学习进步、梦想成真！

仲梓源
2007年10月22日于北京源苑

图书在版编目(CIP)数据

播音主持艺术入门训练手册／仲梓源编著. -- 3版. -- 北京：中国传媒大学出版社,2020.9（2024.6重印）
（融媒体播音员主持人训练手册）
ISBN 978-7-5657-2598-2

Ⅰ.①播… Ⅱ.①仲… Ⅲ.①广播节目—主持人—工作—手册 ②电视节目—主持人—工作—手册 Ⅳ.①G222.2-62

中国版本图书馆CIP数据核字(2019)第225963号

播音主持艺术入门训练手册（第三版）
BOYIN ZHUCHI YISHU RUMEN XUNLIAN SHOUCE (DI-SAN BAN)

编　　著	仲梓源
策划编辑	赵　欣
责任编辑	赵　欣
责任印制	李志鹏
封面设计	拓美设计
出版发行	中国传媒大学出版社
社　　址	北京市朝阳区定福庄东街1号　　邮　编　100024
电　　话	86-10-65450528　65450532　　传　真　65779405
网　　址	http://cucp.cuc.edu.cn
经　　销	全国新华书店
印　　刷	北京中科印刷有限公司
开　　本	880mm×1230mm　1/32
印　　张	9.5
字　　数	263.9千字
版　　次	2020年9月第3版
印　　次	2024年6月第4次印刷
书　　号	ISBN 978-7-5657-2598-2/G·2598　定　价　38.00元

本社法律顾问：北京嘉润律师事务所　郭建平